特殊教育班级管理与建设

张文京 编著

重庆大学出版社

图书在版编目（CIP）数据

特殊教育班级管理与建设／张文京编著. —重庆：
重庆大学出版社,2017.4（2025.1重印）
特殊儿童教育康复培训教材
ISBN 978-7-5689-0451-3

Ⅰ.①特…　Ⅱ.①张…　Ⅲ.①特殊教育—班级—学校
管理—教材　Ⅳ.①G76

中国版本图书馆CIP数据核字（2017）第058385号

特殊教育班级管理与建设

张文京　编著

责任编辑：陈　曦　　版式设计：张　晗
责任校对：邬小梅　　责任印制：张　策

*

重庆大学出版社出版发行
出版人：陈晓阳
社址：重庆市沙坪坝区大学城西路21号
邮编：401331
电话：（023）88617190　88617185（中小学）
传真：（023）88617186　88617166
网址：http://www.cqup.com.cn
邮箱：fxk@cqup.com.cn（营销中心）
全国新华书店经销
重庆正文印务有限公司印刷

*

开本：787mm×1092mm　1/16　印张：16.75　字数：301千
2017年7月第1版　2025年1月第7次印刷
ISBN 978-7-5689-0451-3　定价：56.00元

总　序

2017 年 5 月 22 日
特殊儿童教育康复文库
编写委员会

进入新世纪以来，面对残疾人和其他特殊需要人群的教育与康复需求，传统的教育与康复越来越受到限制，无法适应新的需要。随着教育公平在大教育过程中的备受关注，残疾人和其他有特殊需要儿童的教育质量问题已是当今特殊教育所面临的一个较为突出的问题。

为适应特殊教育发展新的需要，我校特殊教育专业从 2008 年起开始把残疾儿童的康复项目介入到特殊教育教学过程之中，对特殊教育专业课程体系中的相关服务课程进行了强化和拓展，并力求把教育与康复统整起来，探索教康整合的本科人才培养模式。经过 7 年的努力，现已初步形成了以生活质量为导向、个别化为核心、教育和康复为主线的特殊教育课程体系。为落实 2014 特殊教育三年提升计划的精神，促进医教结合、教康整合的特殊教育专业发展，我们以重庆师范大学的教学科研人员为主要力量，集中各领域具有临床经验和相应科研实力的相关专业人员共同编写这套文库。该文库将分为三个系列，将包含专著、教材、推广指导用书（指导用书和实践指导手册等）、文集等。

1. 特殊儿童教育康复学术专著

该系列将以特殊儿童心理与行为的相关实验研究、特殊教育与康复的理论研究以及特殊儿童卫生学研究等为主要内容。

2. 特殊儿童教育康复培训教材

该系列将以特殊儿童心理与教育相关课程的研究与教材开发为主要内容，包括特殊儿童诊断评估、教学活动设计与实施、教材教法研究、融合教育研究等。

3. 特殊儿童教育康复指导手册

该系列以特殊教育专业思想为基础，以康复为主线，以整合教育与康复相融合的相关学科为主要内容，包括特殊儿童心理咨询与辅导、特殊儿童沟通教育与治疗、特殊儿童知动教育与治疗、特殊儿童行为支持、特殊儿童艺术教育与治疗、辅助科技以及特殊人群职业重建等。

本套文库将力求从教育与康复整合的视角，探索对特殊教育与康复需求儿童的专业化服务模式，以期能帮助这些儿童的家长及老师在服务特殊儿童的过程中能找到更为有效的方法和策略，以提升特殊儿童的生活品质。

前 言

2017 年于重庆师范
大学特殊教育系
张文京

随着国家"十二五""十三五"中长期教育发展规划的执行，随着国家特殊教育课程设置方案和特殊教育课程标准的公布与实施，落实每三十万人口需举办一所特殊教育学校的规定，目前我国有公办特殊教育学校两千余所，还有辅读班及融合教育等多种安置形式。同时，有无数如雨后春笋般兴办的民间特殊教育学校机构。此外还有大约七十所高校举办特殊教育专业，高校招收残障大学生的专业也逐年增多。特殊教育之春已来临。

在创建和谐社会以及特殊教育蓬勃发展的大趋势下，对特殊教育班级管理与建设的关注，成为特殊教育品质保障的重要工作之一。

特殊教育班级是特殊学生离开家庭开始团体生活、步入社会的第一站，有与普通班级管理的相同之处，但因服务对象的差异而有其特殊性。特殊教育班级管理与建设除满足学生群体生活需要，提供学习场景与学习条件以外，还需实施个别化教育服务，以促进特殊儿童的发展与成长。

班级是特殊儿童生命生活的重要场所。

班级管理与建设是特教教师与特殊儿童一起共同谱写的教育诗篇。

本书共分上下两篇。上篇为特殊教育班级管理，介绍了班级管理理论和特殊教育班级管理的主要内容和特点。下篇提供班级建设的要件，给出了一个特教机构的班级管理手册，同时给出了一套较为完整的小学—初中生日常行为及生活能力的培养课程。本书供班级管理与建设的教师使用并供特殊教育专业大学生研究生、相关人员参考。

本书是"重庆市高校特殊儿童心理诊断与教育技术重点实验室"研究项目。重庆师范大学特殊教育课程与教学论研究中心成果。

全书由张文京统筹、规划与修订。

上篇：张文京编写一章第一节、第二节（一），第二章，第三章，第四章；李瑾编写第一章第二节；徐胜编写第五章第一节、第二节（二），第十二章；李春梅编写第五章第三节，第十章；沈明翠编写第六章；陈启敏编写第七章，周巧编写第八章；徐静编写第九章；严小琴编写第十一章。下篇：张文京、徐胜主持，重庆师大儿童实验校全体员工参编《班级管理手册》，张文京编写《小学—初中生日常行为及生活能力教育课程》。

本书在编写过程中，团队成员做了大量的修订、审稿、编校、文字录入工作，感谢卢伟、喻少芳、魏寿洪、李丹、慕雯雯、罗婧、黎莉、李昕芮等同人和重庆师范大学特教专业的大学生的辛勤劳动，感谢所有帮助和支持我们的朋友。

谨以此书献给：

美丽而动人的特殊教育教师；

尽显生命活力的特殊学生；

坚强执着的特殊儿童家长；

热情支持特教事业的社会各界人士。

本书配套资源可扫封底二维码获取。

目 录　上　篇

上篇

第一章   班级管理绪论

本章摘要：本章从班级团体一般性特征及班级团体的社会心理学架构作理论性介绍，并对影响班级管理的因素、班级管理原则、意义、班级管理内容等进行概括性分析，特别强调特殊教育班级管理的支持系统建设。

第一节   班级管理概述

班级是学校的基本单位，是学生离开家庭开始团体生活的尝试，是今后步入职业劳动进入社会的预备阶段。每个学生都置身于一个班级当中，因此，班级对学生成长有直接的影响，而影响的优劣视班级管理的质量而定。

一、班级团体的一般性特征

著名班级研究专家费兰德斯（N. Flanders）说："关于团体动力学的所有理论如要适用于班级这一现实，就得作必要的变更，班级情景的所有局面，则完全异于一般动力学中所研究的团体现象。"

（一）班级团体是以教育教学为目的的特定群体

班级团体不同于工厂团体以生产为目的，不同于军队团体以保卫国家安全为目的，而是以教育教学为目的的特定团体。该团体主要由教师与学生构成。在班级团体中教师是引导者、组织者，学生是参与者，是团体中的一员，与教师互动合作、团结，双方是教与学的关系。教师的责任对于国家来说是将国家的要求、学校的教育目标，结合学生情况转化为班级教育内容；学生则在班级中通过教学活动、班级活动从而接受教育，并从活动中、教师处、同学处获得知识，形成学校生活、班级生活的行为习惯。对于家庭，教师承接了家长对学生的部分期望而进行学校环境里的知识传授、生活关照。班级中的教师、同学是学生在成长期除家庭成员外，接触频率最高、影响最大的人。今天的师生关系、同学关系很可能是日后重要的社会联系。在现代社会，学校生活、班级生活是每个人在成长期的必然经历。可以说，一个人是随着家庭生活、学校生活而长大。

对于特殊儿童来说，受教育的普及度较普通儿童低，能进入学校班级的特殊儿童往往处于不同安置环境中。不论处于何种安置形式下，特殊儿童所在的班级团体仍是以教育教学为目的。对特殊儿童而言，班级、教师、同学对其影响及意义较普通儿童来说更为重要。

（二）班级团体的规定性与规范性

班级团体的教育教学内容，受国家的教育方针、国家课程标准、学校教育观念的制约，教师是将这些意图、内容进行传播的角色。在教育教学中，教师的素养、人格会对学生产生直接的影响。而班级的建成、运作需按一定的规定和法则进行管理、约束，班级管理既有规定性、被决定性又具规范性，只有这样，班级的教育教学才能正常运转。

（三）班级是团体利益与个体需求的整合体，又是团体利益与个体需求的矛盾体

班级团体由教师与无数学生个体组成，班级团体的利益应建立在学生个体的需求与发展上。从此意义来看，班级团体与个体之间是整合统一的，个体的发展融合于团体发展中，个体的诸多活动也借助团体活动而完成。有团体归属的个体，有责任执行团体的决定，有义务履行团体任务。班级团体的整体利益也有可能不能全面照顾到每个个体需求，个体在团体中也可能出现不适应，使个人利益与集体利益产生冲突，而形成矛盾。此外，班级中的矛盾还有可能是学生个体与个体之间的矛盾，学生与教师之间的矛盾等，所以班级团体既是整合体又是矛盾体。

（四）在班级团体中教师学生共度一天重要时光

班级团体是学校的基本建制。教师、学生，尤其是学生，在班级当中度过一天的学习生活，在班级的时光往往是一天的三分之一，而且是白天最重要的时段。

二、班级团体的基本结构

（一）班级的人员构成

班级由教师与学生构成。教师可以由一位教师（称为班主任）及多位教师（各科教师）组成，也可由主教老师与助教老师构成。班级的学生少则十来位，一般在三四十位，目前，我国有的班级学生高达六七十人。一般情况下，每班学生数以 40 人以下为宜；特殊教育班的学生数国家规定为每班 15 人以下。

（二）班级的时间、空间要求

班级团体的学生在每天的学校生活中，大部分时间都在一起，且共处一班。班级运作的持续时间一般从学生入学至毕业，每个班都有属于本班的教室，作为该班主要的学习场所。

（三）班级的产生

班级通常由学校在新生入校时编班，称为异质性编班，又称自然编班，是常入见的编班方法，世界通行。还有一种编班法是同质性编班，即将学习水平相近的学生编在一起，便有快班、慢班之说。编班的权力在学校，教师与学生均接受学校编班的事实后才开始交往，共建班集体。

三、班级团体的社会心理学架构

（一）班内人际互动

班内行为可分为人际行为和个体行为（含个体内行为和个体表现），这当中，人际行为占很大比重，个体行为与人际行为在不断冲突中调节。人际行为是相互影响的多维度、不同程度、多效应、多结果的复杂关系。例如：教师对学生有直接实现团体要求的行为指导，有在日常接触中代表教师个体人格的亲和行为。学生处在班级团体中会接受正式团体所要求的行为，也会接受非正式团体或同辈团体行为要求，在这个所谓的合力场中，同辈们的影响、制约，产生了个体对于团体，或处于团体背景下的自我行为习惯，这一自我行为习惯反映了该生对班级的理解、感受，以及在班级的实际位置、对班级的评价、对班级规则的依循、班级的关系和对教师、同学的选择性，从而形成对班级的情感与态度。

（二）对班级规范的执行

班级规范有正式团体规范，如教室常规、清洁卫生常规、游戏常规等，还有一些非正式团体规范，如：遇事学生自我解决，不得随意向教师告状，男女同学间的互帮、合作等。正式规范与非正式规范可能同一，也可能相悖，个体在双重规范下可能表现出不能适应，也可能协调两者。个体会在长期的磨合中调整、取舍中形成自己对班级各类规范的执行行为，而成为班级所接纳的一员。

（三）班级气氛

班级气氛指班级的价值取向、班级人际关系、人际环境及物理环境给班级成员带来的心理感受和满意程度。班级气氛有两个维度，分别是班级团体状态和班级团体凝聚力，有如团结和睦或猜忌分裂，民主自由或压制专横，勤奋向上或懒怠停滞等。班级气氛决定了学生的情感体验、行为取向和身心的健康状态，影响着学生的身心成长。同时，班级气氛还描画出班级的面貌。

（四）班级团体的基本组织结构

班级团体由正式结构与非正式结构两种形式组成。

1. 正式结构

正式结构指在班主任教师指导下成立的班务工作管理与执行团体，例如：班委会（班长、学习委员、体育委员、生活委员、劳动委员等）、班小组（组长、副组长、组员）；还有少先队、共青团等群团组织，比如：中队长、中队委、小队长、小队委等。班级正式结构的建构目的，一是为了班级的管理与运行，二是为了达到教育目的和教学目标，三是模拟社会团体的结构给学生以体会、参与的机会，以利今后适应社会生活。

2. 非正式结构

非正式结构是未经教师指导，在班级生活中自然形成的群集状况。例如男生、女生的性别群体，居住地缘群体，兴趣相投群体等，这是未经有意推选，而因能力、吸引力等因素而形成的，是班级既有的群集事实。一般情况下教师不干预非正式班级组织的行为，只是在必要时给予引导。

3. 正式结构与非正式结构的关系

正式结构与非正式结构就组织成员来看有时互有重叠或部分重叠，也可能完全不重叠。作为班级教师，在正式、非正式结构中均是关键人物，不论是教师中心、学生中心，还是交互双中心论，在论及班级管理问题时，教师的引导、指导是不可缺少的。教师除了对班级正式结构的人际互动、工作运行应予支持引导外，不可忽略班级存在的非正式结构，非正式结构具有号召力、凝聚力，能量大，在班级中若发挥正向作用，那就是班级管理的推力，若产生负面影响，则是班级管理的阻力。作为教师应调控有度，充分发挥正式结构与非正式结构的交互作用和运用不可分割的关系。

4. 班级正式结构与非正式结构交互中形成的重要结构维度

詹森（G.F.Jensen）与费兰德斯等的研究，指出了班级团体中的关系维度。

师生关系		同学之间的关系	
感情关系维度	学生对教师的尊敬、畏惧、亲疏、好恶；教师对学生的信赖与否，中意与否	情感关系维度	好恶、信赖度、嫉妒、憎恨等
势力关系维度	师生间相互关系	势力关系维度	同学间某些影响关系的配置

续表

	师生关系		同学之间的关系
权力关系维度	师生作出决定、遵守决定的参与度，各自所拥有的权力	角色关系维度	学习、活动、游戏中学生角色里的主从关系
角色关系维度	儿童和教师学习活动中是以教师为中心，还是以儿童为中心	次团体关系维度	次团体（如小组与小组关系，男生团体与女生团体的关系等）
通信关系维度	师生间沟通的网络		

四、班级团体的发展阶段

本尼斯（W.G.Bennis）、贝尔斯（R.F.Bales）均对班级团体发展的过程进行过研究，他们认为的班级团体发展阶段如下所示。

学生在班级中正是遭遇多种矛盾，在解决矛盾中求得平衡，又在新矛盾中成长、发展。

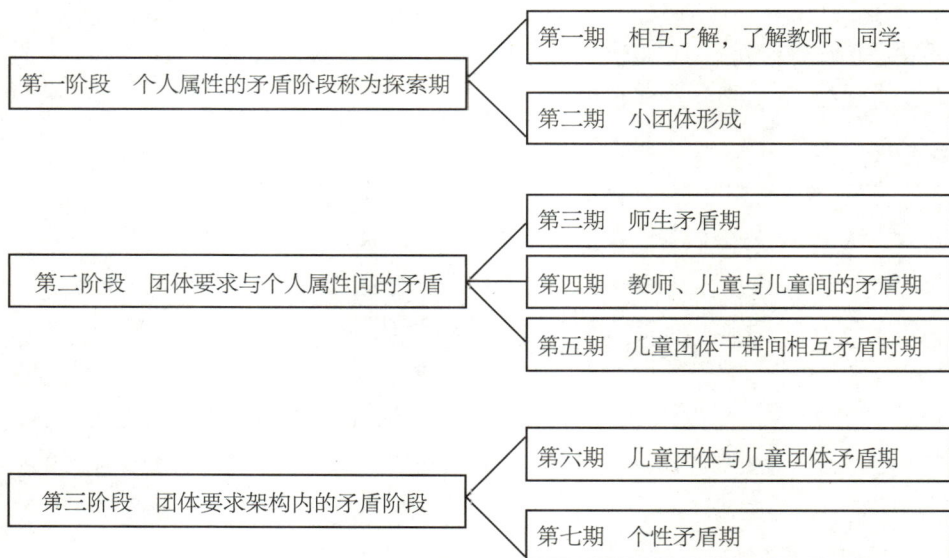

第一阶段　个人属性的矛盾阶段称为探索期	第一期　相互了解，了解教师、同学
	第二期　小团体形成

第二阶段　团体要求与个人属性间的矛盾	第三期　师生矛盾期
	第四期　教师、儿童与儿童间的矛盾期
	第五期　儿童团体干群间相互矛盾时期

第三阶段　团体要求架构内的矛盾阶段	第六期　儿童团体与儿童团体矛盾期
	第七期　个性矛盾期

五、班级团体的作用

（一）满足学生群体生活需求

每一个学生均有群体生活需求，有社会归属需求，班级作为以教与学为特征的群体，为每位学生提供了一个不同于家庭的社会群体，让学生在其中执行群体生活规范，感受群体生活气氛，学习群体生活策略，形成群体生活行为，获得身心的发展与成长，以产生社会归属感。

（二）提供给学生学习场景与学习条件

在班级团体当中，要给学生以充分的学习场景、条件与机会。这里极具学习性，在班级里，学生除学习文化知识外，还学习怎样学习；学生学习团体规范，还学习如何调整自我执行规范；学习人与人的沟通、交往并进行交往。从长远看，班级团体是学生走向社会的第一站，是学会生活的奠基。这里存在着模仿学习、社会性学习、探究式学习及大量的学习机会与学习空间，有各种学习的充分条件。

（三）促进学生发展与成长

班级是学生成长发展之地，学校班级的目的就是要促成学生成长与发展，而学生成长发展的重要关键期，均处在学校班级生活阶段。一方面学生有自然的成长；另一方面自然成长置于有意识的班级教育中，教育便有了促进、推动成长的作用，凭借教育的推力，学生在身体、心理行为上均得到健康成长与发展，在认知、情感、意志方面，在人际沟通、社会适应等方面，均有全面的发展。

（四）在不断判断调整中进步

班级给了学生归属感，促进学生的成长与发展，同时还见证了学生的成长历程。在班级的形成、发展当中，学生从不适应到适应，由个体到归属群体，再进而发展有个性特色的自我。学生的优点与不足，学生的行为习惯的习得、养成，学生的学习态度、特点、水平等，在班级生活的整体与细节，均得到最明确的判定和证明。同时，班级生活又给出了学生发展下一步的依据，并引导学生一步一步地成长进步。

（五）给予个别化教育服务

特殊教育班级较普通教育班级更关注个别化教育服务。教育诊断、个案会，教学活动设计、实施，教学活动空间、资源，教育教学目标，学生日常生活、行为习惯等，都是以个别化教育服务为出发点和核心的。

六、追求理想班级团体

（一）教师理想中的班级团体

学生能服从并接受教师指导，团结、合作，遵守班规班纪，有集体荣誉感，勤奋学习，能自治。

（二）学生理想中的班集体

得到教师的关心，教师公正、公平，同学互动友爱，在班集体中不受人欺侮，在班级中能表达意见、参与活动，有自己的地位，受同学尊重，有自己的好朋友，能自我选择，自己作决定，能对班集体负责，对所在班级感觉满意，并时时感到温暖。

七、影响班级管理的因素

（一）教师是影响班级管理的主要因素

1. 教师的教育观念

教师的教育观念影响着教师管理班级的思路、方向、计划，以及班级管理的部分内容和方法。

2. 教师的素质与人格

教师是学生的表率。教师应热情、句上、积极、公平、宽容、坦诚、坚韧、克服困难、不自私、创造、智慧。

3. 班级管理能力

班级管理能力是影响班级管理质量的直接原因。教师应能够了解班级实际情况，拟订计划，实施计划，评鉴班级管理目标，还应有能力修正计划、发展计划、随机应变、处理突发事件等。教师班级管理的能力通过学习、实践、经验的积累及本人的领悟，是一个长期积淀的过程。

4. 教师间的配合

特殊教育班级管理很讲究教师之间的协同配合，因特教班往往有 1～3 名教师，各有分工，又有共同任务，教师间的默契、理解、协调表现了班级管理领导集体的状况，决定着管理的优劣。

（二）其他客观因素

影响班级管理的原因除教师本身以外，还有一些客观因素。比如：家庭配合、参与程度；学校的理解、支持，学校大环境状况、基本教育经费的投入、基本设备的使用等；社会、社区环境的影响等。以上列举的客观因素，对班级管理会产生影响和作用。但这诸多客观因素均通过教师的管理能力而转化，并产生影响力。即使客观因素中有缺失或有负面影响，教师仍可能将其转化为正面推力。

八、班级管理的原则

（一）安全

特殊教育要安全第一。首先，特殊儿童意外事故易发率高于一般儿童。比如盲生、聋生、智障生、情绪行为障碍学生，因其缺陷的存在常有不安全的事情发生；其次，特殊学生大多数都有第一次伤害，如果因班级管理不当而出现第二次伤害，对学生身心发展会造成更大的障碍和损失，甚至造成不可逆转的后果。班级管理在任何时间和任何地方均应有安全的意识和确保各位特殊学生安全的相应措施。

（二）形成快乐向上的良好班风

学生生活在快乐的班级环境中会养成好的性格和行为习惯，快乐与否是检验班级管理的一项重要指标。

班级管理是对一个班集体的组织营建和管理。每个学生在这个集体中都受到影响和熏陶，确立自己的位置、塑造发展自己。教师在班级管理当中要通过对班级良好行为习惯的训练及养成，形成班级正气和团结和睦的氛围，即通常所说的好班风。好班风对学生心理有暗示、监督、修正、模仿、导向的重要作用，教师一定要竭尽全力建设好班风并充分利用班级的巨大合力进行班级管理及个别化教育。

（三）调动学生自动自制的参与性

班级管理的总领是教师，但并非让教师一人唱独角戏，既导又演，这样的班级管理意义不大。良好的班级管理贵在教师引导下将所有的计划、目标转化为学生的行为，而且是主动的自制行为，即形成"我需要这样做""我必须这样做""我不能那样做"的氛围。当学生看见教室脏了能够主动将教室打扫干净；到晚上九点半能放弃正看得起劲的电视，自觉上床休息；当某同学损坏了他最心爱的玩具时，能克制自己不去斥骂同学，而是平静地讲清道理。这样，班级管理可谓培养了学生的自觉主动性。

（四）全面与重点、整体与个别相联系

班级管理应从班级整体和全面等各类问题处理和行为培养着眼。在具体管理中还应注意对重点问题的解决和对个体的培训，将重点、个体融于全面的整体当中。

班级管理应该有阶段性，还应对出现的问题作重点处理、重点管理。比如：在开始阶段，资料管理重点在收集学生基本资料，如家庭资料、个人生长发育资料、测验资料。而资料管理进行阶段应重在收集学生行为资料、学习资料。又比如：如果出现了家长与教师配合欠佳造成的管理困境，此时则应将协调教师家长的关系，鼓励家长以教育教学管理作为重点。如果只有全面管理而忽略阶段性重点管理，就会耽误迫切问题的解决，或形成面面俱到，却面面均不到的停滞、被动局面。

班级管理在对学生整体的培养中还应有对学生的个别化教育。尤其是特殊教育中对学生的个别化教育显得更为突出。对一些学生的不适应行为的矫正，有时甚至需要一对一的教导。特殊教育班级管理还应注意树立起领头作用、样板作用

的学生榜样。这里要指出的是，领头、样板不能只限于一位或几位学生有展示自己才华和能力的机会，要让人人参与、各负其责。因此，发展每位学生的才华、能力，培养各自之责也是个别化教育的内容。需指出的是，班级管理中的个别化教育有时一对一，但更多时候是通过班集体的活动来帮助学生。这就要求教师在集体活动当中融入每个学生的教学目标。

（五）正面教育为主，强化正向行为

特殊教育管理应以正面教育为主，教师应明确告诉学生所期待的行为为何，并且让学生理解所谓的"好"行为的性质、内容。当学生出现正向行为时要及时给予鼓励、表扬，促进其正向行为的出现和发展。同时忽视、惩罚负向不良行为。正面教育、强化正向行为时要把握住赞美多于纠正、"要这样做"多于"不准这样做"的原则。

（六）定期评量

班级管理要获得高质量、高水平，保证其功能性，真正培养出学生的好习惯、应具备的能力，不只流于日常见子打子、被动应付、得过且过或淹没于盲目繁杂事务的境地就要从以下方面努力：拟订班级管理的总计划、分计划、长计划、短计划，实施目标管理，并坚持按目标定期评鉴，最后依据评鉴结果修正、坚持、中止某计划。这些都是为班级管理的重要环节，故各类计划应以目标形式给出，并需给出评鉴标准以保证计划的实行和评鉴的准确。

九、班级管理的意义

（一）为学生营建出适合学习的物理和心理空间

学生要进入正常学习状态必须有良好的学习环境。学习环境含物理环境和心理环境。特殊儿童对物理环境的需求与普通儿童一样，除需无污染、安静、安全、清洁以外，还因特殊儿童障碍各异而有特殊需求。如：盲生需各楼层的盲文指示、声音提示，厕所、教室、图书馆等的盲文指示及无障碍通道等物理空间。聋生教室除安置电铃外，还应有灯光等视觉信号，保证上下课指令的传达。如果没有支持性环境，各类特殊学生就不易进入学习生活。除物理环境外，学生还需良好的心理环境，这包括教师与学生、学生与学生之间的心理调适。一位学生只有在安全、尊重、关心、平等、和谐、互助、竞争、有学习欲求的心态下，才能主动参与学习生活。当然，心理环境有时还需通过物理空间的创设来满足，比如：教室规划、环境布置（课桌椅的安置、排列形式、教室分隔）等。

（二）完成教育教学目标

让教师、学生在良好的物理环境和心理环境中完成教育教学目标，是班级管理的目的，所以班级管理需以教育教学目标作为指导来拟订班级管理计划、决定班级管理内容并实施管理。

（三）培养学生的良好行为习惯，形成学生自治

班级管理很重要的意义是发现学生已有的正向行为及潜力，矫正不良行为，塑造适应于家庭、学校、社会的行为习惯。在培养学生的同时，教师也在塑造自己的行为习惯。达到学生自治，培养学生自我选择、自我调控、自我修正，负责任、有担当，成为自尊、自立、自强的人是班级管理的终极目的，是班级管理中师生的共同追求。

十、特殊教育班级管理项目

班级管理包含如下项目：

- 班级管理绪论
- 班级常规管理
- 班级环境与时空管理
- 班级人际关系
- 家庭教育与家长成长
- 班级安全教育与管理
- 班级卫生健康教育管理
- 班级心理辅导
- 班级资源及资料运用与管理
- 义工管理
- 一日活动管理
- 班级管理评价
- 班级管理手册
- 小学、初中生日常行为及生活能力教育手册

第二节 班级管理规定与支持系统建设

班级管理内容多且杂。班级管理首先需要详细、周密、全面的计划，并建立有效的支持系统。而在实际教育教学中，老师常注意了教学规定的拟订而忽视了班级管理规定的运作，注意了本班管理而忽视提供支持服务。班级管理应是出了问题及时处理，不是忙于应付、常慢一拍、预测性差。有鉴于此，特将班级管理计划的拟订，形成班级管理手册与支持系统的建构作为首要问题提出。

一、班级管理计划及班级管理手册

（一）班级管理计划的意义

1. 班级管理的起始

班级管理计划是班级管理的第一步。班级管理计划可以说是教师对班级管理

的全面思考与谋划。班级管理状况如何，与第一步的思考与谋划是否准确有效关系密切。当然如果没有计划的制订，没有第一步的启动就不会有第二步和第三步的迈进，所以班级管理计划又是班级管理工作的基础。

2. 指明班级管理的方向与目标

班级管理计划令教师知道自己要做什么。计划中的各目标指出了管理的方向又明确了管理的内容和顺序，使教师在希望、努力的同时成竹在胸，按顺序、按步骤、有阶段、有重点，从容不迫地执行班级管理计划，进行班级管理。

3. 选择班级管理方法及策略

有了管理计划，教师要设想出怎样完成计划的各种方法。比如：常规训练多培养习惯，大量采用积极行为支持策略；学生基本资料收集则可采用调查法、测验法、自然实验法等。管理中还有更多的策略方法运用。

4. 给出评鉴依据

管理计划形成之后，执行计划、评鉴工作也要同步进行，计划中的目标内容实际上也是评鉴的目标与内容。

（二）班级管理计划的依据

1. 班级实际情况

班级管理计划的形成首先源于班级实际，班级的实际包含学生实际、教师实际、班级环境实际等，这是拟订计划的最主要线索。

2. 学生生活、家庭生活及社区生活对学生的要求

班级管理计划要根据生活本身对学生的要求和希望来拟订，因为班级管理的目标就是为使学生做到适应家庭、学校、社会而努力。

（三）班级管理计划类别

班级管理计划因角度不同大致可分为：总计划、分计划、长计划、短计划，其中总计划、分计划是就计划涉及的范围而言，长计划、短计划是就计划持续的时间而言。

1. 总计划

总计划所指：总计划涉及班级管理的全部内容、所有方面。总计划的拟订使教师能对班级的全貌了然于心，对班级管理有统筹的安排，便于依实际情况调配各分计划。要求整合、全面。

总计划涉及时间：总计划的时间跨度应有 6 年或 9 年的安排，这是较为宏观的设计。总计划还应有一学年度及一学期

> **总计划所含项目**
> ①班级基本情况（学生总人数、男女生人数、年龄、接受教育情况、智力分布状况、适应能力分布状况、缺陷状况、行为状况、身体状况、家长家庭状况、住宿情况等）；
> ②专任学生简况摘录（按个案研判含项目）；
> ③各分计划；
> ④计划执行时段及各时段实施内容；
> ⑤执行计划的方法设想；
> ⑥评鉴。

的安排。

2. 分计划

分计划是总计划的分支，是构成总计划的基础，是总计划的一个方面，班级管理有多少内容就有多少分计划。如：班级常规管理计划、班级时空管理计划、班级资源管理计划、寒暑假计划等。没有分计划，就不可能有总计划。分计划详见以后各章节。

3. 长计划

长计划的时间从 1 学期至 6 年或 9 年的计划。

4. 短计划

时间在一学期以下均称为短计划。

总计划、分计划，长计划、短计划有区别，但时有交叉，不可截然分开。比如：长计划可以是总计划，也可是分计划，短计划亦如此。总计划、分计划均可长也可短。

（四）班级计划拟订流程

班级管理的计划拟订流程可以归纳为：

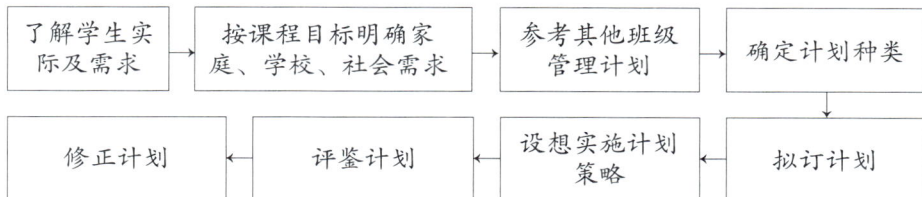

```
了解学生实 → 按课程目标明确家 → 参考其他班级 → 确定计划种类
际及需求      庭、学校、社会需求   管理计划

修正计划 ← 评鉴计划 ← 设想实施计划 ← 拟订计划
                      策略
```

（五）班级管理手册的制定

1. 班级管理手册所指

班级管理手册是在班级管理按计划执行两三个学期以后，教师集体总结班级管理经验，并联系本班实际而编拟的涵盖班级管理所有内容的实施方案，是班级所有教师和学生须共同遵守的条文。

2. 编拟班级管理手册

（1）确定手册参编人员，一般为班级所有教师。

（2）召集参编人员会议，选出负责人。

（3）集体讨论。

（4）编写人员进行所承担条目的编写工作。

（5）负责人汇集编写条目，进行初改。

（6）召集编写组会，集体讨论修改稿。

（7）负责人在此基础上再修改，形成试用稿，印发至各

> **集体讨论**
>
> 拟订编写班级管理手册的目的、原则、基本要求。确定手册大类。讨论各大类下的主要内容分布。编拟负责人，给出编写基本格式和范例。分配落实基本参编人员的编写任务。相关人员讨论各具体项目编写步骤、涉及内容等，并详细讨论和分析本班相关工作。

位教师手中。

3. 按班级管理手册开展工作

因本手册是班级管理教师自己编写的，所以执行手册各项时，可以说是按自己的规定和要求行事。在对各项目、细目完全熟悉情况下开展工作，是管理的进步与提高。各位教师也能依据手册相互沟通、理解、督促。

本书下篇专门展示一个特教机构的班级管理手册样本，供编拟手册时参考。

二、特殊教育班级支持系统建设

特殊教育班级是一个特殊的群体，这个特殊群体教育质量的好坏，除了依靠特殊教育班级自身的努力，更需要特殊教育班级支持系统各构成要素的整合力量共同发挥作用。有关班级支持系统建设此处作概述性介绍，有关班级支持系统的具体操作在本书第三章《班级环境与时空管理》中详细介绍。

（一）支持的定义

支持是指提供一些资源或策略，以增进一个人的利益，帮助他从统合的工作或生活的环境中，获得必要的资源、讯息与关系，进而使个人的独立性、生产性、社区统合性与满足感都得到提升（Schalock，1999）。因此，我们将之延伸为提供给教师一些资源或策略，以使教师从统合的教学工作或生活的环境中，获得必要的资源、讯息与关系，进而使教师的教学独立性、生产性与学校及学生交流的统合性和对工作的满足感都得以提升。同时提供给学生有效且适当的支持以利于学生的独立、发展和自我成长。

（二）支持的功能

支持的功能会因支持目的不同而有所不同，主要包括以下几个方面。

	代表活动
照顾	倡导、监督、指导、评估、沟通、训练、照顾、交往、收集资料
工作协助	咨询、科技辅具的购置与使用、训练、增进工作表现、危机处理、调整工作和重新设计工作
行为支持	功能分析、多元化教学、因果安排、安排生态环境、教会适应行为、建立行为后效并最少使用惩罚
居家生活协助	个人保养 / 照顾、移动 / 行动、穿着、居家环境改造、沟通装置、食物料理、家事管理、休息 / 陪同
社区使用	车辆共乘、参与娱乐活动、使用社区的机会、处理公共关系
健康协助	医疗门诊、药物服用、康复介入、督导、紧急措施、避开危险、咨询、转介

（三）支持的来源

- 自己：给予自我决定的机会，培养形成自我选择、自我决定的能力，形成价值观。
- 他人：包括家人、朋友、同事、共同居家者、教师。
- 科技：辅具、工作／居家环境改良、行为技术（支持）。
- 服务：目前可得的康复措施。
- 社区：完善社区内的两个支持系统。

自然支持系统

由特殊需求者的父母、亲属、邻居、同伴、同事等形成的对特殊需求者在生活、学习和工作方面提供持续的支持。

社会支持系统

由政府、机构和各类专业人员（教师、社会工作者、心理学、教育学、医学和其他的康复专业人员，如物理治疗、言语治疗等）为特殊需求者提供的从制定政策法规到康复技术方面的各类支持。

一个重要的原则是：我们应该首先寻求自然支持系统。

（四）支持的强度及内容

支持强度	内　容
间歇性	视需要而定，不是经常需要（譬如：失业时）；其强度可能高可能低。
有限性	固定性质，时间有限，可能需要几位人员，但不是密集的支持（譬如：一定期限的职业训练，或是毕业前后的转衔支持）。
广泛性	规律的（譬如：每天）、数个环境的（譬如：工作与住家）、没有期限的（譬如：长期的居家支持）。
全面性	具有持续、密集、包含所有环境、终生提供服务。一般需要较多的人员，干预度也高。

（五）对支持系统的需求

- 加强各系统的合作与交流。
- 班级教学人员的合作（班主任与任课教师、各科教师、不同年级教师与学生、学生与学生的团结、协调）。
- 家校合作。
- 调整与改变。

（六）支持系统构成

1. 支持性行政系统

这是一个各级领导及相关行政部门由上而下的自始至终、一贯地理解、重视以及支持与管理运作。所涉及的各级职能部门，不论是在经济发达的地区还是在经济欠发达的地区，若形成了由上而下的无缺环的行政支持管理系统，则各项工作就能良性运行。

支持性行政系统首先要从政策规定上支持特殊教育的各项工作，还要从教育管理考核上支持本项工作。当然，支持性行政系统还会给予场地、无障碍环境、经费、人员编制、教材设备、教学资源、教师职称评定、学生升学就业等的支持。

2. 学校支持

（1）学校支持的教育理念。目前，我国诸多学校的教育观念有写在墙上的、说在口头上的和实际执行的三种。有的学校是三者合一，有的则不然。这里指的是学校所执行的课程、学校环境、学校人际关系、学校的教学活动、学校与社会（区）交往等所有教学行为所表达的理念。

（2）学校的导向与气氛。学校物理环境有服务特殊需求学生的校园环境建设，如无障碍通道、盲文、大字书籍等，各学校依学生障碍类别和学校条件作相应努力。学校心理环境中形成对特殊需求学生的容纳、调整、合作、尊重和欣赏，让特殊学生感到参与的满足和成功的喜悦而产生归属感，被尊重、自信、有能力，能选择作决定，可合作、快乐、能助人。特殊学生感到生活、学习丰富多彩，生命五光十色，有助人的快乐，有合作的经验。总之，学校要呈现出教育常态，教育基本权利得以体现，教育公正与公平成为事实。

（3）学校校本课程的定位与教学。学校要走出仅以学科课程为唯一选择的死胡同，引入生态导向的课程观。以生活为核心，注意学生的潜能及多元智慧，既勇于面对障碍，满足学生个别化教育需求，又能注意所有个体的共性，提倡创造性学习、合作学习、协同教学、自我引导能力的培养，时时关心学生，并有从学前到学龄到职业成人的全生涯关照。

（4）学校评价体系的改革。评价既有的工作内容，形成新的工作观念，并建立新的工作格局，这是学校教育管理督导机制的重要组成部分。

（5）学校管理与班级管理。学校管理将涉及新的工作方面，比如资源教室的建立、资源教师的配备，便有了对资源教师工作的安排，对普通教师工作的要求以及协调资源教师与普通教师之间的关系，有了对班主任工作的新要求。有对跨专业、多学科团队建设，对教师成长、职责、专业学习、对外交流的思考，还有对工作开展中遭遇问题的回答与建议采纳，进而组建资源室、培训教师，促进班级课堂教育等。

3. 家庭支持

家庭是学生重要的自然支持系统，家庭支持是指家庭教育与学校教育相一致，对学生的个别化教育与教学发挥作用。学校拟订的个别化教育计划一定要进入家庭，在家庭环境中执行个别化教育计划。家庭既是个别化教育计划的参与者、实施者，同时也是该计划执行情况的评量者、督导者。同时，家庭支持也包括学校对家庭的支持与合作。

家庭支持	内　容
家庭成长的内容	家庭的教育观，对孩子的教养态度，教养知识，教养方法，与学校的配合，对孩子的期望、要求，人际关系调整等诸多方面。
家庭成长渠道	可通过家长会、家长联络、家长咨询服务、沟通和上门家访等，还可由家长自我成长团体组织活动。社会应关心理解特殊学生家长，要有从心理到物质环境的帮助与支持。
家长的权利与义务	每个家庭与家长均拥有自身的权利与义务，学生成长的关键在家庭的决策，及对自我权利、义务的了解、争取与维护、运用。尊重家庭的选择，满足家庭需求，是班级管理应考虑的。
家长支持班级的工作	家长作为班级管理的支持者、监督者、推动者，从心理到物质，再到各类活动的开展均处于不可或缺的地位。

4. 社区支持

特殊学生个别化教育计划的社区性，从学生来看：首先，学生的学习应与生活密切相关，因而有对社区的认识、理解、使用，与社区交往、沟通。所以教学内容、教材、教学场景等均离不开社区。其次，学生成长过程中需要大量的社会资源，比如，童年期以就医者、学生、子女的身份处在社区中。青年成年期则以职工或子女父母的身份处于社区中，社区、社会是他们出发、成长之所。一生的喜、怒、哀、乐多来自这里，离开了社区的支持他们将举步维艰。从社区的角度看，一个良性运行的社区是让所有人，包括老、弱、病、残等均乐于进入的社区，社区正是在不断提升自己的包容性中成长。支持性社区的社会环境，意味着社区对这些儿童的理解、尊重，其中更应具体的是——支持性服务。比如：社区无障碍环境（含物理及心理环境），文化、娱乐、医疗、康复等多团队、跨专业的整合，升学、就业、安置与职业维持、生活成长关照、各种权利的获得与维护。支持性社区是社区建设的重要内容之一。

5. 教学支持

教学与班级管理相辅相成，教学调整支持班级管理，班级管理又促进教学。

（1）课程调整：有课程主题、活动、目标、材料的调整，可以同活动、同目标、同材料，也可依学生实际作多种变更和调整。

（2）教学组织模式调整：增加综合的教学活动，可以某学科为核心综合，也可以问题为核心进行综合活动安排。合作学习的开展逐步替代单一讲授及注入式教学。培养学生自我引导、自我调控的能力，实现教学追求的目标。作教学中的充实、辅助、补救、适应性等内容与活动调整。

（3）教材调整：教材要根据学生具体情况提供多种策略，如：划重点、找关键字等，提供逐段课文阅读，指引、列出阅读步骤，解题步骤，增加实例、图片、图表、简化中文词汇，设计问题，提供线索，协助整理组织材料，利用网络多媒体的辅助教材，安排教学等。

（4）作业调整：作业符合学生需求；在与家长密切合作、频繁沟通中开出家庭作业单；与教师合作发现学生问题，理清学生问题。若可能即让学生在学校写作业，使用专门的作业本档案夹，放在专门地方以便查阅，拟出奖励计划；作业可以简化，明示步骤，提供结构、线索、实例，提供选择等。

（5）教学环境教学资源调整：由于学生学习特点、学习风格、水平等都各不相同，需要我们做教学环境、心理环境和相关资源调整。如对教学常规解释，对学生某些行为的宽容接纳，为学生布置其需求的空间环境等。如：个人独处、环境安静、聆听音乐等。

（6）教学流程与教学结构调整：学生的教学应有一个完整的、规范化的、结构性强的教学流程，包含教育诊断、评量、个别化教育计划、教学活动设计、教学实施、评估、修正教学、学校家庭的配合、在校学习的基本学习格局、弹性安置、一日活动的规范形成与运作等，这样才能够保障学生在学习中各项活动内容的实施。

6. 义工支持

义工支持是指义工服务人员通过自己的工作为特殊教育班级管理提供的支持。

（1）义工服务的特点：一是主动参与。义工服务不靠行政命令、不勉强，完全由参与者自己作决定，是主动的参与过程。二是义工服务不计也不付经济报酬。作为义工一方，是不为获取经济报酬而从事的活动，作为被服务的一方，也不提供金钱的回报，联系双方的是特殊儿童。

（2）义工的来源：

义 工	来 源
家长或亲友	特殊儿童家长在养育自己孩子的过程中深感孩子教育的重要与艰辛，所以在力所能及的范围内到特教班级做义工。家长亲友参加的可能是自己孩子所在班级，也可能是其他地方的特殊儿童服务。
学校学生	在学校就读的大学生、中学生等在义工群体中为数不少，形成学生义工群体，他们有理想有热情有见识，关注社会问题，希望为社会服务，参与社会实践活动。

义　工	来　源
其他	除以上人员外，还有解放军官兵、机关干部、企事业职工、离退休人员、家庭妇女等，参加义工队伍的多是热情、善良、愿意服务于人群的社会成员。

（3）特教班级对义工的要求：

①义工需要对特殊教育的概况有所了解；对特殊儿童有正确的态度，如平等、尊重、耐心、负责等；了解服务班级特殊儿童的基本身心特点和一般学习、生活情况。

②学习一定的特殊教育知识与技能。

③坚持。这是做好义工工作的非常重要的心理品质。从事特教班级的义工服务工作有热情、兴奋的开始并不难，但能坚持不懈，不怕困难、挫折，较长时间地服务下去则是对意志、人格的磨炼。

④遵规守纪、维护教学秩序。义工应遵守班级的规章制度，严格按班级的要求开展工作。义工参与班级有时可能会影响班级的正常教学秩序，需与班级教师共同商定处理方法，与班级教育合作，听从班级教师的指示与安排。

（4）义工服务的意义：义工的到来，将使特教班级学生接触较为广泛的社会成员，增进他们对更多人的了解，扩大其与社会交流面。义工能帮助特教班级教师解决人手不足的问题，并支持学生的学习和生活，增强支持辅助系统的力度。另外，义工在特教班级中的服务能唤起社会更多人关心特教工作、关心特殊儿童。

7. 自我支持系统

自我支持系统是支持的最高境界，来源于环境支持和自我成长结合，是支持系统的决定性成果。特殊儿童或家庭自己成为自己的支持者，是主动、积极、有力的动机机制，具决定性作用。

以上从支持系统的行政支持、学校支持、家庭支持、社区支持、教学支持到义工支持、自我支持进行介绍，这是由点及面最终统整而形成的立体支持系统。这一支持系统既有各侧面的效能，更有整合的力量。

思考与实践

1. 班级团体一般性特征为何？

2. 影响班级管理的主要因素是什么？

3. 请将特殊教育班级支持系统建设联系班级实际进行分析。

第二章　班级常规管理

本章摘要：本章从班级常规管理意义与策略出发，对偶发事件处理和培养学生专心、模仿、服从这三个学习必备能力进行讨论。

第一节　班级常规管理概述

常规是指日常生活中的规矩、条例。俗话说："没有规矩，无以成方圆。"社会生活中的人，需学习、遵循一些规则才能自立于社会，与社会的人、事、物正常交往。这就是我们所说的"常规"，缺乏社会生活常规的人不能称为真正意义上的人。

一、班级常规管理的意义

班级常规特指教育教学中班级环境里需遵循的、基本的规矩。此外，包括正向行为支持，同时伴随对不良行为的纠正。

（一）班级常规是教育教学正常进行的保证

班级的教育教学要想开展起来，并正常进行，除教师、教材、教学设备外，还需学生能坐下来专心听讲、不无故离开座位，能服从教师的教导、听从指令，能够学习模仿动作、行为，同学间互助、协调、不随意吵闹、打骂，爱护桌椅、保持书籍作业的清洁、不随地吐痰、不乱涂作业本等。所以，班级常规的建立首先是维护教育秩序，并为教学活动的展开创造必要条件。

（二）养成良好的行为习惯

在学生理解、执行班级常规的过程当中，培养学生养成良好的行为习惯，形成自制、自律、自动等品质，提高学习生活质量，为今后步入社会生活打下基础，使其终身受用。

（三）引发学生的学习兴趣

学生学习兴趣在班级常规管理中可以引发、强化。比如，举手回答教师提问，按时完成作业，卷面干净、整洁等行为应受到表扬。得到肯定后便会使这些行为得以强化。常规训练换来的良好学习环境，可提高学生学习成功率，进而增强学生的学习兴趣。

（四）创造和谐的人际环境及充满支持的环境

有了常规、常情训练的班级师生之间、学生之间能够相互尊重、相互帮助。有一定的默契、和睦、协调，这样的人际环境有利于师生双方的身心健康，也有利于教与学。

运用强化练习改善学生在班级中的行为，虽然广为教育人员所肯定，但毕竟只将注意力集中在学生改变上。近年在对智力障碍的新定义中，对智力障碍者各项服务措施由"智力障碍者"本身转移到"环境"。强调一个充满支持性的环境，要比一味训练智力障碍者获得适应环境能力来得积极。在智力障碍者行为表现上也由传统的改变问题行为，转为在智力障碍者环境中构建一个可以支持智力障碍者行为的系统。过去的行为改变方案，便由行为支持方案所替代。如何了解其功能并适当给予满足，成为对智障教育教师及所有特教教师的挑战。因此，就有以"挑战行为"来代替"问题行为"，以"积极行为支持"替代"行为矫正"，从而启发教师对行为、习惯养成的新观念。

二、班级常规管理流程

班级常规管理一般按以下步骤进行：

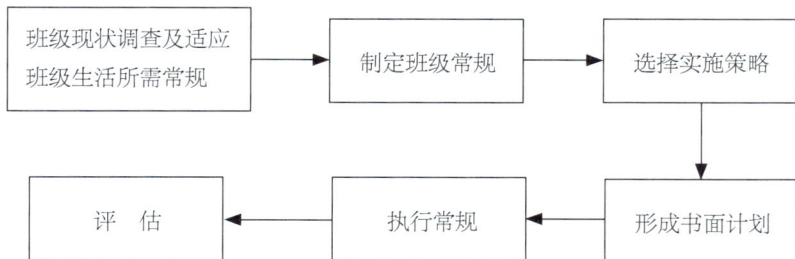

```
┌──────────────┐      ┌──────────────┐      ┌──────────────┐
│ 班级现状调查及适应 │ ───→ │  制定班级常规  │ ───→ │  选择实施策略  │
│ 班级生活所需常规 │      └──────────────┘      └──────────────┘
└──────────────┘                                      │
                                                       ↓
┌──────────────┐      ┌──────────────┐      ┌──────────────┐
│   评  估     │ ←─── │   执行常规    │ ←─── │  形成书面计划  │
└──────────────┘      └──────────────┘      └──────────────┘
```

下面将就全部流程中的各步骤分别进行介绍。

（一）班级现状所需常规

1. 意义

调查班级现状和了解所需常规的目的在于，有针对性地确定班级常规内容、真正切合本班级的需要，并培养出相应的适应行为。

2. 班级现状

班级现状是指全班学生现存的适应行为及不适应行为表现，学生的理解与对教育的依循情况。

3. 调查班级现状的依据

现　状	依　据
课程评量结果	课程中许多项目是有关班级常规的，从评量结果可以了解每位学生的班级常规执行能力。
日常教育教学的观察、记录	在教师每天的教学活动观察、记录当中，体会到诸多班级常规问题。比如：多数学生不能等待食物的到来，上课听课不专心、东张西望，学生不合群、难于进入集体活动当中，有攻击行为出现。
班级环境对学生的需求	班级常规应按学生所处的班级环境而定。比如：教室须小声说话，寝室要保持清洁，就餐前应先洗手，户外活动要注意安全等。
社会环境对学生的需求	班级常规还应考虑社区、社会环境的要求。比如：公共场所（如电影院、图书馆）不能大声说话，乘坐公共汽车要排队上车、给老人小孩让座等。
教师设计的常规评量表	通过教师自己设计的常规评量表，比如：对学生的服从、注意、与人互动等常规行为的评量，来了解学生的现状。

（二）制定班级常规

1. 制定班级常规的原则

（1）合情。班级常规的制定不能脱离班级学生的实际情况。如果一班学生在大多数情况下不能正确交往，常互相推打、争抢玩具，不懂得上课铃响了要进教室，不知上课时未经许可不能随便离位，那么这几项都应选为常规训练的内容。如果某班学生均已做到了见到教师问好，此项就不必再列为常规训练内容。所遇班级不同，学生实际就不一样。如教十一二岁的学生吃饭时要说大家请用、慢慢吃、把手放在背后等，就不太合情了。

（2）合理。制定班级常规需注意其合理性，合理性有各种表现：①上课时双手背在背后就不太合理。因为违反了学生生长发展的规律，也模糊了学习场景，做作业、举手发言等就不可能保持双手背在背后。②一位常常打人、什么东西都不愿借给别人的学生，一开始就要求他"与同学互爱，关心他人"也不合理，因为这超过了该生目前的能力和理解程度，目标要求过高。

（3）可操作、可观察。常规项目应该让学生去做，且便于观察。比如，"对人有礼貌"的操作性不如"见教师同学能主动问好""能恰当运用对不起、没关系等礼貌用语"。常规训练重要的是"做"的功夫。

（4）简明扼要。常规项目一次（比如：一学期）不宜过多，以 5 ~ 8 条为宜。因为条目过多难以完成。适当的条目可以不断训练强化，效果更好。

每条常规表述应简明扼要。啰啰唆唆的表述使重点难以记忆。比如"如要回答问题应先举手，待老师叫到你再发言"就不如"发言先举手"简洁突出且更具指令性。

（5）正面行为表述为主。常规制定以正面行为的表述为主，因为对不适应行为的矫正是在对适应行为的建树当中。告知应该这样做比告知"不准那样做"的心理效应更佳。

（6）方便可行。拟订班级常规时，应同时考虑该常规在班级中是否能够执行，如何执行。如果制定奖励的规章，将奖励资金和物品规定过高、过多便不易执行。

2. 班级常规内容

学校生活所需的所有行为都是班级常规的内容。

分　类	内　容
按学校生活场景分	教室常规、寝室常规、进餐常规等
按活动性质分	清洁常规、礼貌常规等
按生活教育分	道德生活常规、卫生生活常规、劳动生活常规、休闲生活常规等

角度不同还可以有许多分类法，教师在拟订常规时可以参考。

（三）选择实施策略

拟订好各类常规以后应该考虑通过什么途径、用什么方法来实施常规，也就是如何将头脑中的、纸上的东西转化为学生的行为。这可称为选择实施策略。

1. 预防策略

在学生问题行为尚未出现时，防患于未然，尽量克服一些产生问题行为的可能性。比如：给学生创造采光、通风、清洁、符合卫生标准的课桌椅及合理的教室布置；教师通过平等、公正、以表扬为主的教育可预防问题行为的出现；同时教师着装素雅、语言流畅，不故作姿态，能引发学生对学习本身的兴趣与注意。教师还应发现问题行为的苗头，及时制止。如某两位学生最易出现冲突，那么，在座位、队列安排时将二位分开是解决问题行之有效的办法。若某生近几天情绪烦躁，教师应找到原因，多加关照。当某生有一两个问题行为出现时，教师可以忽视其行为并立即转移，进入更具吸引力、更紧张的活动中。当然，教师选择最适合学生的课程与教材教学法、组织最适合学生的活动，也是避免问题行为出现的有效举措。

医学主张"预防为主"，常规训练也如此。强调预防先于、重于矫正。

2. 支持的策略

与预防的策略相联系，在问题行为出现前或出现时，教师应及时地给予支持性协助，让问题行为不出现或能获得矫正、中止。正向行为在支持性协作中可获得肯定与增强。

策　略	举　例
培养自我控制力。	让学生分别了解问题行为和良好行为的后果。教学生辨识问题行为与良好行为的区别。
学生出现良好行为时应立即给予肯定、赞扬、强化，固定良好行为。	与学生一起讨论（对某行为）问题行为与良好行为的原因、表现及后果等。让学生知道自身有哪些良好行为、哪些问题行为？
对不良行为可忽视或作适当的处罚。	
支持技巧。	
在学生将要出现问题行为时制止。	教师可以用目光、手势、动作制止，或靠近学生、拍拍学生、敲敲桌子等。
学生遇到困难时，教师可以协助学生克服困难。	某生搬不动椅子时，教师可助一臂之力，以免其放弃搬手边的椅子，而去抢别的学生手中的轻便椅。
不要过多地呈现教具、玩具等刺激物，以免学生分心。	
以吸引学生的事物来作为良好行为出现后的回应。	"将图放回原处的同学可以和老师一起去坐船。"
在学生自制力欠缺、年龄尚小时，如有个别学生表现出激烈的不适应行为，或直接影响正常教育教学秩序时，教师应将其与其他学生暂时隔离。	进餐时某生不停用手抓饭、倒饭，上课时某生不停地大声哭闹。
学生出现某些问题行为时要让学生表达原因，倾听他的讲述。	
以反问的方式提醒学生。	"吃完饭以后我们该做什么？"
以正面叙述的方式，表达对问题行为的否定。	老师正在讲课时，一些学生叽叽喳喳，教师可以就一位遵纪学生行为进行评述，"李芳听老师讲课很认真，很好。"
旁敲侧击可阻止问题行为的发生。	一位教师故意告诉另一教师："今天下午去公园，现在还在打小朋友的学生就不去了。"有意让正打人的学生听见，起到警戒问题行为的作用。

续表

策　略	举　例
教师有时可以用简短、坚决的方式表达要求。	"点心吃完了，没有了。" "老师的笔，不能随便拿。"
教师还要有对学生可能出现问题行为的预测能力。	某生一早就叨念想早点回家看爷爷，但平常又有随意往外跑的毛病，教师就应注意其一天的行踪。某生无意推倒一位不大讲道理、从不吃亏的学生，教师立刻应想到被推学生可能的报复行为，应赶紧将二人分开再作处理。
让学生有成功的机会，是有效的支持。	

　　支持策略可以调动学生的自律、自制、自动能力，鼓励引发、启动正向的期待行为。支持策略中技巧很多，以上列举出一些，不可能涵盖全部，仅供教师参考。

3. 纠正策略

　　（1）什么叫纠正策略？指问题行为出现时、出现后对该行为的否定和矫正。纠正策略与支持策略相联系，支持中有纠正，而纠正本身也是支持。特别要指出的是，纠正策略主要强调的是问题行为的出现。特殊儿童身上问题行为存在比较多，比如：智力障碍儿童、自闭症儿童有不少行为问题，需要解决。

　　（2）如何处理问题行为？

策　略	举　例	说　明
立即制止严重不良行为	如果在活动当中出现了严重干扰教学活动正常进行的不良行为，比如：打人、咬人、砸教具、尖叫、哭闹不止等，教师最好暂停教学（将该生送出室外），有时需动作配合制止该行为。	将违规学生交给别的教师或助教处理。若无其他帮手，教师可以让班级学生做短时间的自我活动（如画画、看书、念书等），若离下课时间近，则提前下课。对违规学生作暂时的处理，令其与其他学生隔离，或让在一边面壁思考等，不要为处理一个学生而忘记全班学生。制止学生问题行为时，教师应坚决，但不能粗暴，应严肃但不可气急败坏，不能体罚学生。
与违规学生谈话	教师要让学生说出他今天为什么被请出教室，做了什么不对的事及为什么要这样做。有的学生谈不出来，教师则应给他指出是那件事不对，为什么不对。	与违规学生的谈话要在学生的理解范围内，老师要明确否定其问题行为，并就事论事。

续表

策　略	举　例	说　明
指出何为正确行为。在否定问题行为时，教师可以引导学生说出正确行为，或告知其正确行为	将桌上的书籍、本子、废纸全抛到地下是不对的，书本应放整齐，废纸要扔入纸篓。指出正确行为可以在问题行为出现现场，并可要求学生立即将其捡起来放好。视具体情况，也可以不在现场进行。较好的方法是在现场进行，并有正确行为的练习。	为让学生明白什么是正确行为，还可通过学生承认错误的方式进行。如，某生动手打了一位同学，在该生认识到自己行为是错误的以后，令其向被打同学道歉。
让学生明白事件的因果关系	问题行为出现后教师可能通过因果关系的教导来纠正其行为。问题行为已对别人造成怎样不好的影响，产生了怎样的结果，被打的小朋友哭了，脸被抓破了，扔得满地是纸，教室乱糟糟的、不干净。	问题行为出现后将受到的处罚：老师的批评、罚站、不准去看电视等。
善用行为 A、B、C 分析的方法：A 行为原因、B 行为、C 行为结果	B 学生大哭大闹，A 因为想要旁边小朋友手中正玩着的小汽车，而小朋友不给，C 老师给了该生一个他喜欢的小汽车，学生停止哭闹。	这样的处理会增强该生用哭闹获得物品的行为，教师应改变行为处理方式。

（四）形成书面计划

　　班级常规的执行，贵在师生双方共同努力，而且还要有家长的支持，在发现了班级中存在的问题及需求时，要及时地制定常规，选定实施策略，并形成一个书面的计划，便于教师、学生执行，便于家长了解情况，也有利评量工作的开展。

1. 计划参编人员

　　班级常规计划的组织者是教师，同时邀请家长参加，中高年级学生应积极地参与，还要和其他工作人员一起共同讨论。

2. 计划内容

　　拟订常规目的、常规内容及标准；执行常规的策略与方法；所需材料和资源；执行日期、负责人；评估常规的方式及期限。

（五）执行

　　执行常规也可以说是执行常规训练计划，在前面的常规内容和实施策略中已经涉及了执行常规的问题，这里着重谈执行常规的原则与常规执行步骤。

1. 执行常规的原则

（1）坚持训练、不破例。常规训练贵在坚持，要天天练习，成为较为固定的行为模式。三天打鱼两天晒网不可能训练出良好的常规行为。训练不能因一些干扰而借口中止或改变，比如：每天早晨圆圈活动时值日生要摆好椅子，不能因为有人要来参观，教师预先代劳；也不能因天热、天冷、下雨等而随便取消下午的清洁扫除；更不能放弃每天放学前必须进行的评议和奖励。

（2）不断重复。同一常规训练要不断重复，有的常规行为看似建立起来了，实则并不巩固，会随着时间的推移而逐渐消退，其中很重要的一个原因是重复不够。当然，这里所说的重复，除简单重复外（如每天一到学校见到老师、同学要问好，要在每天的相同场景中重复训练），还应有在不同场景中的练习。如：在学校其他地方、在校外，遇到老师也要打招呼和问好，这也是一种重复。当然还可有其他形式的重复，如：到老师家做客，给老师拜年时练习向老师问好。

（3）维持好例行常规训练。常规训练除阶段性重点训练外，每日的例行常规训练也不可松懈，切不可抓了重点而放松日常。作息常规、一日常规训练均属日常。老师应形成进行例行常规训练的习惯。

（4）常规条目制定后不能经常更改。常规训练条目一旦公布，就成为师生行为的准则，要坚决执行。有的教师朝令夕改，头两天要求所有学生中午十二点半开始午休，过几天又宣布不午睡的学生在教室集中；明明定好的奖励方法中，五面小红旗可以换一支铅笔，到兑换时又变成七面红旗才可换一支铅笔。诸如此类的更改，令学生无所适从，也使常规条目失去指引及严肃性，导致学生对老师的不信任。各位教师执行常规时的态度要一致。当然并不是说常规条目不准修正、更改，这里强调的是，条目要有一定时间的稳定性与内容的一贯性，所以，在拟订条目时，一定要尽可能准确地把握学生实际、学习生活需求实际、环境实际，要有周密的计划安排。

（5）奖惩分明。学生在良好行为建立、不良行为的克服中，奖惩运用会起到很大的作用。有关行为矫正的理论与实践论述颇多，教育教学中运用广泛。常规行为训练当然要采用奖惩手段。首先，需要依常规训练计划拟出奖惩的标准与方法，这是奖惩的依据。其次要按规定标准与方法，给予奖惩，在执行奖惩时，一定要针对事实，严格办理。不能因人而异，也不能随意改动奖惩的条例，真正做到奖惩分明，学生才会对行为后果有明确的认识和理解，从而增强正向行为，克服不良行为。

（6）榜样与模范作用。执行常规中，榜样的模范作用不容忽视。首先，教师的表率、带头作用是学生的楷模，教师的言语为学生所效仿。不随地吐痰、不乱扔垃圾的教师才可能意识到要将这些内容列入常规训练当中。不爱整洁的教师很难教导出爱整洁的学生。脾气暴躁、唯我独尊的教师，只会造成学生的对抗、抵触、烦躁、怯弱、冷漠，滋生不敢承担责任、说谎、讨好等行为。其次，同学中的良好行为，教师若重视并有意推进，学生榜样学习起来更接近、更切实，也更易为其他学生理解接受。教师给学生一个"应该这么做"的活生生的榜样是执行常规常用的方法。

（7）家长的协助参与。常规行为的建立不是一日之功，要靠长期训练。常规行为贯穿学习生活，教师虽然是班级常规训练的统领，但教师不可能每天二十四小时全程陪伴学生。学生生活在家庭的时间不少，常规行为的训练与养成，必须有家长的参与和配合，加之亲子关系对儿童行为的影响至关重要。"有其父必有其子"，足见影响力之大。

2. 常规执行步骤

为了有效地执行常规，就有一个按怎样的顺序、步骤进行的问题。

（1）宣布常规。常规经讨论以后，要形成文字，书写上墙以昭示教师与学生。常规应贴在醒目处，便于警醒记忆。常规宣布后，应有关于常规条例的专门例会，向学生再作口头宣布和解释。协助学生理解常规各款的内容和含义。告知学生与常规匹配的奖惩条例，并让学生明白常规与奖惩条例的关系。当然对常规的理解更重要的是在执行当中。

（2）促成常规执行。

（3）实施奖惩。依常规执行情况，对照奖惩条例实施奖惩。

策　略	内　容	举　例
书面文字提示	通过文字提示促成常规执行。	常规执行可视具体场景作文字标示：垃圾桶边写"请将垃圾装入桶内"，饭厅里可贴"吃饭请保持安静"，图书架上贴"请爱护书籍，阅后请放回原处"。
口语运用	口语运用是促成常规执行通常采纳的方法。	口语提醒、表达、暗示、制止，促进各种行为。
体态、动作运用	体态动作属非语言沟通，在执行常规时可与学生商量一些动作，如将食指伸直放嘴唇上，表示不说话。	笑表示对帮助同学行为的赞扬。体态、动作语言运用得当效果会很好。

家长的协助参与

意味着要将学校训练的常规在家庭中再做练习，而且，参与还意味着家长对孩子的要求与学校教育一致。学校教育学生要关心、爱护其他小朋友，未经许可不乱拿别人的东西等。如果家长教孩子"在班上就是不能受气，别人打你一下，你就还他十下""不要把自己的东西借给别人"，而对自己孩子乱拿别人东西却不闻不问。这样，由于家庭教育与学校教育相悖，会让孩子陷于两难境地，很难形成良好的常规行为。家长的参与还意味着家长的榜样作用。学校常规要求学生能应用"你好""对不起""没关系""谢谢"等礼貌用语，哪怕家长平日用得少，更应要求自己在多种场合运用，带个好头。

续表

策　略	内　容	举　例
符号、信号表示	以一些有特点的符号或信号作为执行某常规的指令。	比如：铃声或钟声表示上课或下课，某段乐曲表示安静、坐下来，某手势表示打开书等。
为执行常规创造条件	要想学生执行常规，要有一定的执行常规的条件。	你要学生每天做教室清洁，就要有盆子、抹布、扫把的准备。
个别协助训练	不同学生常规执行情况有异，要针对学生之间的差异分别予以协助与训练。	比如：全协助、半协助，口语协助、动作协助等。促成常规执行，除以上谈到的六个方面外，还可参考前面谈到的"执行常规的原则"中的部分内容。

（六）评鉴

常规执行的时间可以是一个月或一学期，特别要按常规规定的时间，对常规执行情况和常规内容及执行常规的办法作评鉴。评鉴以后针对评鉴结果修改常规，找出更适当的训练方法，拟订出新计划。

第二节　班级偶发、突发事件处理与学习必备能力的培养

一、偶发事件的应对

（一）何谓偶发事件

偶发事件指突然发生的事或意外的事件。特教班偶发事件出现率高于一般班级。教师应在处理班级日常例行事务的同时有对偶发事件的正确处理方法。偶发事件出现常常影响或者严重干扰教学，使教师束手无策。同时，偶发事件也要求教师在短时间，甚至瞬间作出决断，也是对教师智力、意志力等的综合考查。

（二）偶发突发事件所包含的内容及原因

偶发突发事件种类较多，原因各异。一般在特殊班级内发生的有：

①参观人员、陌生人的到来致使班级教学无法正常进行；教材、教具准备不够或遭破坏；备课不充分教学时方寸大乱，上岗人员因事或毫无预告突然缺岗，教师本人失职或忽视，导致学生情绪异常；或外界环境刺激引发学

生失控失态的行为，如：站在危险高地欲往下跳，撕扯、损坏同学的书籍等。

②同学之间出现矛盾、争执，相互推拉、扯打造成的伤害；障碍环境而致的伤害，突发疾病，出现惊厥、抽搐等。

③教学不当或环境引诱或突发念头、学生私自出走。

④突然出现的大小便失控。打雷、闪电、刮风、下雨或突然停电等突发情况，造成学生的惊恐。

以上列举了部分偶发事件，便于教师理解、认识。当然偶发事件不止于此，原因也是多方面的。

（三）处理偶发事件的态度与方法

教师平常应对特殊班级中可能出现的偶发突发事件增加了解，并应作"如果出现某种情况，我应如何解决"的设想与准备。偶发、突发事件虽然突然，但并非毫无迹象、毫无原因，教师应该抓住蛛丝马迹、查明原因，要有防患于未然和预防性的措施。如：排除障碍环境，分开争吵厉害的两位好斗学生；教具多准备一份，常作教学评量检查，等等。偶发事件如已发生，则应沉着、镇静，在最短的时间内以最快的速度、最佳的方法予以解决。切忌惊慌失措，或是拖沓、犹豫不决。学习一些处理偶发事件的方法与技巧，比如：学生趴在楼上窗户不下来，教师不可大呼小叫，可以以亲切、和蔼的语言劝说，慢慢地接近学生或请另外的人从学生的背后悄悄靠拢，将其抱下。当学生被一场罕见的大雪所吸引，无法正常教学时，干脆做其他活动；比如让学生到雪中去，教师与学生一起看雪、玩雪，再介绍与雪有关的知识等。如有人员缺岗，上岗教师应立即补位。做好偶发事件的情况、原因、处理方法、结果分析等记录，以便对该事件的了解并积累经验。这里最重要的是增强自我责任心。平时应有突发事件处理的学习、预案及演练，如：火灾、地震撤离疏散，迷路向他人求助等。

二、学习必备能力的培养

学生的注意（专心）、模仿、服从是学习的必备条件，应加以培养。学生要能够生活、学习，必须具备三个基本条件，即专心、服从、模仿，对这三个能力的培养应该纳入常规训练当中。

（一）专心、服从、模仿三个概念解释

1. 专心

专心指注意力，即人对一定事物的集中指向。它使人的心理活动处于一种积

极状态，并且具有一定的方向性。注意力能提高感受性，使思维清晰、情绪高涨、行动集中有力、反应及时准确，是学习、劳动、创造不可缺少的心理因素，离开注意力，学习、劳动、创造根本无法进行。特教班级常见的现象有学生坐不住、东倒西歪，一点事情就分心，均属注意力不好的表现，这些现象严重阻碍干扰了教学。

2. 服从

指对指令的依从，对常规的遵循，即所谓"听教"。服从有几个基本的要求，首先，需集中注意力，否则，学生就不知道要服从什么。其次，服从需学生理解、明白要服从什么，要求怎样。再次，服从必须见诸行动。

3. 模仿

学习者对模仿对象（教师、同学、朋友等）进行观察、体悟后，在指引下依对象的动作、姿态、表情、语言、行为等为标准模拟、重复，称为模仿。人的学习起于模仿，模仿能力的高下影响着学习的效果。模仿需要注意，无注意不能进行模仿。模仿还有示范，示范可能是有意的，比如教师做下蹲的动作示范让学生模仿。示范也可能是无意的，比如：甲生将椅子放回原位，他并未叫乙生也要这样做，而乙生以甲生作为示范也将自己的椅子放回原位。

4. 三者之间的关系

专心、服从、模仿是学习行为的先决条件，要能服从和模仿必须要专心。三项能力培养都需意志自我调控，需有感知、思维能力、记忆力等训练。

（二）注意力培养

1. 从学生兴趣出发

人们总是注意自己感兴趣的东西，教师应该有对学生兴趣的调查，《学生兴趣调查表》填写的目的，一是为找到行为增强系统中的增强物；二是为引发学生学习兴趣找准引发点。通过直接兴趣和活动本身提高注意力。如某生最感兴趣的是看儿童动画片，他看动画片时能集中注意5分钟，对他的注意训练就应从此开始：看电视5分钟未离位，能集中注意力，即给予表扬或其他奖励，强化这一行为；以后延长到7分钟、9分钟。然后再渐进到学习活动。利用图片、图卡等有变化的教学，训练注意力，再过渡到减少图像、增加语言、动作、文字的教学来训练注意力。与此同时，还应培养学生多方面的兴趣。

2. 环境的递进

对注意力差的学生，训练开始时尽量在干扰少的环境中进行。比如，小空间，一对一，少口语，多动作、眼神。训练一段时间后，增加一些环境的小干扰。比如，小组活动中有其他同学、教师常常提出问题，然后再进入常态学习环境。

3. 不同感官的注意训练

特殊儿童的障碍各异，注意训练中要有侧重。盲生训练顺序是听觉—触摸觉—振动觉—嗅、味觉等。聋童则是视觉—振动觉—触摸觉—嗅、味觉训练。智力障碍儿童视听训练放在前面，以后是嗅觉、味觉、动觉等感官的训练。还要进行多种感官配合注意于一事物或活动的训练。

4. 掌握训练注意的方法

训练学生注意的方法较多。比如：目标明确的简单活动，"将桌上木珠放入一广口瓶中"，走迷津，跟踪混乱线条，拼图，使用视听触教材，变化学习性质，动、静结合，大肌肉活动后进行思维活动强的思考训练等，因篇幅有限在此不一一列举。

5. 做事不马虎、不草率

培养学生专心负责完成一项活动，不草率，不应付的良好习惯。

6. 提高观察力

让学生遇事多看看、听听、摸摸、尝尝、想想，发现别人未曾发现的细节或情况，在观察当中培养训练注意力。

（三）模仿力训练

1. 模仿是儿童的天性，学习的起始

特殊儿童因存在缺陷，模仿训练应扬长避短。聋儿首先作视觉、动作、触摸等模仿；盲生应加强声音、触摸的模仿；智力障碍儿童听觉、视觉模仿训练可同步进行，最好动作与声音语言配合，模仿学习会快一些。比如：发妈—妈（mama）音时可夸大嘴型给学生看；又如示范踢腿弯腰时，可以一边口头指令弯腰、踢腿，一边做动作。训练模仿时还应根据学生实际，采用全协助抓住他的手，再加口头提示。或者半协助，即口语提示或动作提示。

2. 模仿训练应做示范

教师应该有多次重复的示范，以调动学生的注意力，并模仿示范动作或声音或程序等。模仿训练应从易到难排列，先教孩子模仿自己的身体动作，或模仿别人的身体动作。如举手、抬脚、拍手等，然后是声音模仿，最后是行为、表情模仿。学生模仿中应给学生的正确模仿以鼓励。比如：跟读课文，学生跟读较好，教师应立即肯定。示范者可以是教师、家长，更要鼓励同伴间的模仿学习。因为学生模仿同伴比较主动有效。要注意提供给学生正向的"范本"让学生模仿，因为不良的行为、习惯，学生同样是模仿而来的。

（四）服从训练

没有服从不可能学习，也不可能生活。服从训练应该看到以下方面。不服从

的孩子常常要花掉家长、教师大量的时间和精力，这类学生往往希望得到更多的注意。对此，忽视他们不服从的行为，只在他服从时给予注意，可增加其服从行为。常给学生几种选择来防止不服从。比如：你可以现在就去睡觉，或者看完这段电视就去睡觉。事先告诉学生你要他做什么，能增强学生的服从行为。比如：过几分钟就要做清洁扫除了，再过一会儿就要上床睡觉了。这样，比中途打断学生活动收效更好。直接告诉他要做什么，比问他效果好。比如："你现在就去睡觉好不好"，他回答"好"或"不好"都不妥当，不如直接告知"现在你应该去睡觉了"。告诉学生做什么比告诉其不能做什么的收效大。对常常不服从的学生可以试着少给指示。当你就在他身边时，如果你叫了几次他都不去收拾书包，你可以拉着他的手一起收拾，然后赞扬强化这一行为。给孩子指示时不能距离太远。对孩子不服从行为的处理，教师每次态度均应一致。给出服从指令应在学生理解的范围内，必要时可以有示范性动作。比如：一边收拾书桌，一边让学生参与收拾。

思考与实践

1. 依班级常规管理策略，你做了哪些工作？写出你的计划、执行记录、结果分析。
2. 呈现针对班级学生专心能力培养的方案与实施报告。
3. 呈现针对班级学生模仿能力的培养方案与实施报告。
4. 呈现针对班级学生服从能力的培养方案与实施报告。

第三章　班级环境与时空管理

本章摘要：本章从特殊教育班级的时间与空间管理两个维度出发，涉及无障碍、最少受限制支持性、生态化、可持续发展环境建设问题。

第一节　班级环境管理

一、对特殊教育班级环境的思考

环境对于教育、对于人成长的作用是众所周知的。特殊教育认为，障碍对环境而言是功能状态，有相对性，可变化。如：某聋生在聋人群体中运用手语，可以通畅地交际交流，在聋人群体环境中他们无障碍；可走进一帮不懂手语的普通人中，沟通的障碍便产生了。而一位所谓"正常人"在普通人群中不存在沟通障碍，但当他在不会手语的情况下进入聋人群体，沟通障碍便出现了。

当我们从总体上沿着障碍的"相对论""动态化"的思路考虑问题时，在班级环境建设中我们会寻求以下路径。

（一）一条让特殊儿童适应环境之路

一个特殊儿童要想融入社会生活当中，教育教学就应该针对学生看、听、说等缺陷与不足，进行有效训练，因而有补偿式教学的说法。补偿的方式，有的是运用缺陷感官的残余能力，这是就短补短的方法。还有用健康感官补缺陷感官，即续长补短之法。两法均基于特殊儿童自身有潜在能力可以发掘，意在让儿童适应环境。大量的此类教育促进了学生自我能力的成长，成为特教的一条常用路径。此路无可厚非。但在执行中要避免遭遇教育困境时，将抱怨集中在学生的缺陷、障碍、不会、不能上，教与学成为放大学生缺陷的工具。恶补缺陷，在造成学不会、不会学的学生的同时，更令人担心的是造成不会教，缺乏自我修正与调整力的教师。

（二）一条让环境支持学生之路

当我们看到特殊儿童群体的困难和障碍时，我们会发现，障碍并非特殊儿童的专利，用同理心观之，特殊儿童对环境的不适应一如环境对特殊儿童的不适应。障碍产生是儿童、环境双方的关系问题。特殊儿童的缺陷是一种状态，缺陷不等于障碍，障碍的原因主要在环境。当我们要求特殊儿童自立自强时，万不可推卸环境的责任，无障碍的环境有利于特殊儿童成长，反之亦然。当我们走出将特殊教育教学强制性锁定在适应环境的单一目标时，特殊教育就有了从环境建设着手的自我审视视角。今天，特殊教育提出的支持与服务，从最少受限制环境、无障碍环境，引出成功的环境、生态成长环境等，代表了特教环境的探索以及又一条特殊教育教学、班级管理之路的开通。

（三）在特殊儿童与环境共同改变与调整中，强调环境建设的特殊教育教学之路

特殊教育教学着眼点在促进特殊儿童的成长，而特殊儿童的成长从一个角度看是儿童自我的发展，但重要的原因却是环境。特殊儿童的教育教学会从优化教育教学环境切入，强调环境建设。环境与特殊儿童双方消除彼此的不适应，共同携手，挑战障碍，超越障碍。

二、无障碍环境建设

无障碍环境建设强调尽量接近正常化的最少受限制的教育环境，从寄宿学校、特殊教育学校到普通课堂，逐渐趋于正常化的教育环境。适应能力及环境因学生的个别化教育而需求不一，根据我国具体情况，已发展了多种安置形式。家长、学生可根据实际情况选择适合儿童发展的安置形式。

三、无障碍支持性班级环境建设

（一）无障碍环境的基本要素

1. 安全、卫生、保证健康

特殊儿童教育教学环境的第一要求是安全卫生，因特殊儿童已经有第一次伤害，且受第二次伤害的可能性比一般儿童大，因而应有相应的防范措施。如：在生活学习环境加防护网，注意环境污染（大气、噪声、水、光、食物等），有必要的医疗、康复服务，保证基本的营养卫生，开展体育锻炼，保证良好的社会治安。

2. 加快无障碍设施设备的环境建设、辅助技术的运用与服务

支持性无障碍环境为身心障碍者提供支持的设施和相关服务，包括辅助技术

设施和辅助技术服务。力图达到学习无障碍、生活无障碍、工作无障碍、信息沟通无障碍。特殊教育班级会用到感官辅具、行动及摆位辅具、辅助沟通系统等与生活、学习、休闲娱乐相关的辅具。无障碍设施设备科技辅具的运用与服务，为特殊儿童带来帮助和参与的可能，也带来希望和自信。

3. 相对的自由、理解、接纳，有爱与归属感的环境

特殊儿童适宜的是较为自由、接近自然、少恶性竞争与压力、理解、接纳、关心、公正、平等、和睦，有热情、可信赖、负责任、满足爱与被爱、自尊参与等需求，能产生归属感的环境。

4. 提供个别化教育支持服务有成功感的环境

一个有支持协助，提供以生活为核心的个别化教育服务，合作互助、能让特殊儿童充分发挥自我潜能，并能给予成功或成功感的环境，对特殊儿童较为适宜。因特殊儿童经历生活中的挫折失败较一般儿童多，成功环境对其成长弥足珍贵。

5. 融合的环境

融合教育已成为时代强音。发达国家将特殊儿童与普通儿童在共同空间、时间中能公正、公平参与生活，人人享受教育，不让一个孩子掉队，让每个孩子成功等作为教育的理想与追求。我国随班就读的开展，资源教室的建立，均是向融合教育迈步的有力举措。

6. 让特殊儿童选择、令家庭满意的环境

融合教育是教育之大趋势，是我们的理想和追求，但融合是有条件的，需接纳的学校、班级，有生理、心理、环境的创设与准备。环境的好与差、适合与否，不能只是我们、一厢情愿，关键在于置身于其中的特殊儿童及家庭是否能选择、自我决定，是否满意、是否安全、是否高兴、是否觉得协调、是否愿意进入。

（二）教育教学支持系统

教育教学支持系统指为特殊儿童健康成长达成教学目的而提供的协助与服务。

教育教学支持模式	一为多面向支持，二为追求生活品质。
支持领域	包括智力、适应行为、健康、参与度、环境。
支持功能	包括支持领域各项的改善及形成进行评估的架构。
支持的个人成果	包括自我决定、人际关系、社会融合、权利、情绪福祉、生理福祉、物质福祉。

来源：引自 2002 年 AAIDD 提出的人类功能的多面向模式修订版。

（三）提供给特殊需求儿童的无障碍环境及专业服务

1. 支援服务门类

可依障碍类别分，如：视、听、肢体障碍，智能障碍，学习障碍、情绪行为障碍、

语言障碍。也可按学前、学龄、职业教育等学习阶段来分。

2. 服务支援项目

依不同的障碍类别而有不同项目。

（1）针对视障生的咨询方式提供有关视障知识与支持。

家校合作	利用书面、演讲辅导，协助课程或学习环境调整，提供适当教材（点字、放大、触觉教材或有声读物）。
专业训练	教导点字阅读与书写，触觉学习练习，训练使用残余视力，训练使用辅具，训练触觉打字，定向行走，使用专用计算机，学科教学，日常生活技能训练与生活、社会适应能力培养，职业培训。
学习环境	教室环境通道畅通，室内温度适中。对低视力儿童来说，室内适当照明很重要。与此同时，还需合适的座位安排。
教学法	听读法（使用有声读物），多重感官刺激，凸线图示（将视感觉变为触感觉），类比法（运用熟悉的或其他感觉进行类比推理、认识新事物）。

（2）针对听障生的支持。

家校合作	提供有关听障生的咨询和辅导服务，对家长、教师、学生的辅导。
专业训练	给学生提供听、读唇、手语、口语书写、辅具的使用、双语教学和综合沟通等学习；运用电脑、网络教学、训练使用残余听力、律动训练、注意人际关系、沟通能力培养；生活、社会的适应，职业教育与培训，学科学习，等等。
学习环境	教室通风，照明合乎卫生标准，避免噪声污染；学生位置安排于明亮处，前排中，便于教师工作及学生看话、读唇。
教学法	直观教学、情景教学、操作性学习。

（3）针对发展性障碍儿童的支持。

家庭、学校、社区相联系	提供相关支持服务，形成多学科跨专业团队的转介与服务机制。
专业训练	运用发展性课程、适应性功能教育课程、职业教育和生态导向的课程。提供语言训练，动作训练以及必要的个别辅导与教育服务，为独立、统合、具生产力的生活目标而努力。充分运用辅助技术。
学习环境	依学生需求、教学需求，而有生态教学环境、结构化教学环境、个别化教学环境，学习环境动态有弹性。
教学法	情境、游戏、直接教学、工作分析等方法，小步子、多重复。

（4）针对肢体障碍学生的支持。

"家庭、学校、社会"和"教育、医疗、康复"相结合	需有动作评估、个别化康复训练计划，落实时间、地点、实施人员，还应有补救教学和运动体育的安排，且有咨询、辅导服务，保健医疗服务。教导家庭具备相关的知识和技能。
专业训练	动作、语言、沟通、生活适应、社会适应能力的培养（含生活经验扩大、生活技能、休闲、职业技能），行动辅具、生活辅具、学习辅具的运用与保存，强化早期康复。
学习环境	设置所需的轮椅、助行器，环境调整至"轮椅可到达"，课桌椅调适，作业等可减作业量，可以口答，允许打字录音、替代调整，考试形式及相关资源准备。针对肢体障碍学生需求的个别化，需要量身定做。比如：用魔术带捆缚于学生腰间与椅背，起固定作用；用粘贴袢代替鞋带和扣鞋扣；用粗毛线和布带缠绕汤匙手把，以便捏握；设置握把与栏杆。
教学方法	依需求调整教学法，需有辅具的支持，强调弹性应对。

四、生态化可持续发展班级环境建设

生态化可持续发展教育教学环境着重谈生态教学环境建设的特点。

1. 顺应生命、生活的自然性与基本规律

强调教学环境，尊重学生兴趣、学习风格与速度及学习目标，因势利导。尊重教学基本原则，何处用就从何处教，提倡教学、生活用品节俭与回收、利用，同时遵循自然时间。

2. 追求真、善、美

从教学内容、形式、目的，到教学活动及教学环境均有此要求。

3. 有智慧、能创造、善协调，与家庭和社区生活广泛联系

能够发现问题，善于解决问题；具规划与策划力，且有推动与运作能力；不满足教育教学现状，能不断创造；可以坚持，也能因时因地因事而修正，调整；有灵活性，让人看到创新与变化；且能建立广泛社会联系，能整合社会资源为教育教学发展；教学走出封闭课堂、隔离学校，融入学生家庭生活及广泛社区、社会生活。

4. 具丰富性

生态化的教学环境是，丰富多彩，扎根于生活沃土；一改死板单调的静态教室，引入生活里的故事、事件、场景、人、事、物；教学内容多样，教学形式多元，教学环境变化；师生共同讨论，有真实场景，也可模拟、创造；激励人参与，推动人思考，令人感动、激动。复杂与丰富促成了教学的充实与活动，学生置身

于其中快乐而成功。

5. 有支持、有持续的成长

生态教学环境是动态的。给师生以强有力的相互支持与帮助，是该环境的一大特点。它同时又是不断变化，常用常新，且通过无数相互联结的教学活动，通过一日、一月、一学期，形成教学体系，而有教学的持续成长。教学活动被师生、生活不断创新，而成就学生、教师的持续成长。

6. 注重环境细节建设

对环境细节的关注，建立在生态环境整体建设的基础上，生态化环境建设对环境细节的表达，实则是对生活本身的理解与热爱，是生态教育与教学理念的具化。例如：班级墙壁作业张贴，以学生视线齐平为准；呈现出的不是教师作品展而是学生自己动手所作或由学生做主策划，虽然不算太美，但真实可信。洗手槽边的洗手液、肥皂、擦手巾，从不短缺；温馨提示图文并用，在教室、学校比比皆是；绿草、红花由学生管理，生态环境建设让墙壁说话，令一草一木含情。学校、教室有明确的功能领域，如：沙坑、玩具区，植物种植区，图书阅读区，可供学生选择，各区域有教师指导。

7. 和谐中的温馨与快乐

和谐是生态教学环境建设的追求，教师不再是权威，学生不再是被动听讲者，师生在协商、讨论当中建构知识。在教师协助下，学生能主动创作。在朴实、美丽的环境中，师生对物珍惜，对人友善，互帮互助。这里歌不断、剧上演，笑语欢声，学校课堂、班级不是恶性竞争的战场，而是和谐、温馨的家园。

五、生态化教育教学环境运作实例

（一）依自然时间表安排一日教育教学活动

以下是重庆长寿渡舟中心学校辅读班的一日安排。

7：30—8：30	教师学生到校：教师与学生一起生火、接水、整理教室，学生将物品放至自己的位置上，准备上课用书并让教师检查家庭作业。 功能：教师、学生互动，学习清洁整理技能，形成清扫习惯。
8：00—8：30	全部学生到校：一部分学生预习或是看书，安排两三位学生买菜，值日学生淘米、择菜、洗菜。买菜学生在教师带领下学习购买和算账。 功能：学习自我选择活动，培养生活自理能力、训练购物技能。

8：00—8：45	早操。 功能：一天中班级师生第一次集合、整顿纪律、锻炼身体。
8：45—9：00	如厕、转换，学生自由活动。
9：00—11：10	进行常规的学科课程教学。
11：10—11：30	学生自由活动，选择唱歌、表演、在黑板上写和画，常常是学生在讲台上，教师在下面欣赏学生的自我表达。
11：30—12：30	午餐准备：学生洗菜、切菜、炒菜，部分学生清洗碗筷后排队打饭，教师、值日生掌握打饭分菜（米及部分菜由学生带来），及餐后收拾、整理。 功能：学习烹饪技术，收拾餐桌，学习等待、秩序，培养良好的进餐礼仪。
12：30—2：20	午间休息：部分学生游戏、打乒乓球、下棋或看书；教师教部分学生洗毛巾、抹布，或教学生缝衣、钉扣子、打毛线；有的伏在课桌上休息一下。 功能：充分利用午间时间教学生生活自理、自我服务技能及休闲娱乐技能，让学生自我选择作决定。
2：30—3：00	学科或课外活动。
3：10—3：40	功能：多为操作性的劳动、听音乐、户外活动安排。
3：40—4：10	总结评比。 功能：整理一日活动，回忆一日活动，培养记忆，理清思路，评比激励正向行为。
4：10—4：20	整理物品：收拾公物，关门窗、抬炉子、收拾饭锅，收拾要洗的东西，收拾自己的学习及生活用品、归位、整理。 功能：培养收拾习惯，爱惜公物及自己的所有物，培养记忆力。

由于一日活动在时间的安排利用上注意适应性的发挥，学生学到了许多日常生活必备的知识与技能。此外，学生早晨到校后参加全校升旗仪式，各班每日晨歌要坚持好，由学生自己组织、指挥，培养了学生独立工作能力，表达了班集体的凝聚力。

（二）对 8 小时以外的家庭社区生活的关照

重庆长寿、双龙中心学校农村校辅读班为了提高学生居家生活质量，发展居家及社区活动能力，关照学生 8 小时学校生活以外的生活与学习，特别建立了"学生社会活动记录"。

具体做法是：每天学生到校必须向教师讲述昨天在家的劳动与业余活动，教师将其记录下来，并借朝会或班会作评议。建立"学生社会活动记录"，目的在于促进学生在居家、社区环境中的参与性与主动性，引导居家生活的良性品质发展，将对学生的教育延伸到家中。因为学生有得到教师肯定与表扬的需求，为了获得赞扬，每天回家便自觉地找些事情干，否则第二天到校在同学中没有面子，无法向教师交代。教师的肯定与表扬增强了学生进行"社会活动"的欲望和兴趣。日久天长，学生的社会活动更趋主动。比如，农忙假完后返校第一天，让学生谈自己的活动。

　　学生张×见到农民伯伯给麦子施肥、担水，赶场的人买广柑、橘子，碰到本班黄老师不好意思打招呼，与妈妈赶场卖橘子。

　　参加活动：和妈妈到邮局取款，将配好的猪饲料喂猪，洗红苕、削红苕，与同院小朋友玩跳绳、捉迷藏、打羽毛球、做游戏，晚上看动画片等节目。

（三）对毕业学生职业和生活的关照

　　某农村辅读班学生毕业以后，教师进行了追踪辅导工作，还对毕业生进行了调查，有学生进入砖厂、打米厂工作，也有在家协助家人管理鱼塘，还有外出打工并结婚安家的。

　　在以上示范学校的生态化班级管理中，我们看到和谐的班级环境，协调的师生、生生关系，家庭社区广泛联系，既生机勃勃又其乐融融。

第二节　班级的时间及空间管理

一、班级时空管理的意义

　　班级的所有活动，所有人、事、物均依赖于一定的时间、空间，离开时空就无法谈及班级的管理问题。空间、时间又与活动对应，是环境的重要组成部分。时空管理与环境管理有诸多重叠，此处更强调时空的顺序与教育教学事件，以及与生活活动的关系。

　　时空是我们考虑任何事情的基准线，我们只有以时空为基准才可能感知对象。对人来说，时空是物理量，我们生活在物理的时空当中。与此同时，同一物理空间对同一人可能有不同的感受，而不同的空间，比如大小、宽窄、布置的变化又可能引起人心理的变化。由于人身心状态的不同对时空的感知可能有很大的不同，所以时空又是一个心理量。

　　班级管理应从时空的物理性与心理效应上思考，即为特殊儿童创造适合于他们生理、心理发展的空间。我们还应认识到时空是生命意识对外界认识的基准，时空可以与我们生命意识融为一体，从而将对时空的认识、理解、利用、调控纳入特殊教育班级管理的内容当中。

二、班级时空管理的原则

（一）安全、无障碍

　　对安全的强调在班级管理总原则、班级管理环境中已经谈及。此处再次提及，足见问题的重要。

班级空间安全管理由于空间环境不同有各自不同的特点各有要求，比如，教室内、走道、操场、寝室、餐厅、器械室、康复室、律动室等要求均不相同。

班级时间安全管理也如此，除每一个时段均应有安全意识外，还应加强安全事故高发时段的人员配置及措施。比如：上下午学生来校还未上课时，早、中、晚三餐饭后，一堂课与另一堂课、一个活动与另一个活动的转换时，均应特别注意。

特殊教育环境安全要求在无障碍环境设置中已有论及，此处不再赘述。

（二）符合卫生标准，干净、整洁

班级空间要符合卫生标准。比如，教室门窗的朝向、面积、采光、空气流通、课桌椅的高低、照明等，应按卫生标准设置。这些条件往往在教师执教前已由学校统一安排决定，已成既定事实，教师在空间管理时可以对其中不合理的地方向校方或有关职能部门提出，并可在自己力所能及的方面予以改进，按卫生标准使用，调度空间。

班级空间强调干净、整洁，即所谓"窗明几净"。洁净的空间有利于学生、教师的身体健康，更给人以心理的愉悦与安定感，并给人启示，教人自尊、自信、自制。洁净的班级空间本身代表了治班教师的作风、能力、精神面貌，也是班集体良好风气的体现。洁净的班级空间应列为班级管理评议的第一指标，该指标若未达成，其余诸多指标均不必评议。一屋不扫，何以扫天下？连干净整洁空间都无法维系的班级还谈什么班级管理？

（三）少隔离

特殊儿童的生活学习从空间上要求与正常儿童、正常儿童班级有更多的接近和融合。

特殊学校校址应选择与社区、普通学校能进行友好交往的地方。特殊教育班级应与正常儿童班级毗邻以增加相互交往的机会。有的活动，如体育、文娱、休闲、户外活动，特殊儿童与正常儿童可同时同地进行，或至少采用部分学习与正常儿童共同进行或进入融合教育校班，因为融合教育已成为特殊教育发展的趋势。

（四）充分发挥功能性

充分发挥空间的功能性意味着，为了教育教学的顺利展开，已经规划的空间，要让其功能特性发挥得淋漓尽致。比如模拟家庭生活空间，目的是让学生产生亲近感，有日常家庭生活的体验，并培训学生收拾、整理、布置房间的技能技巧。在这样的空间，教师可从房间的桌、椅、床的摆放、室内物品的购置到室内装饰设计等，均精巧构思，达到较好的家庭生活空间模拟目的。

发挥空间的功能性还有一层含义是，让同一空间能具多种功能，特别针对我国的具体情况，一个特殊教育班级不可能拥有大空间，教师要将三十多平方米的教室空间利用起来，在这里完成语文、数学、音乐、美术、劳技等多学科教学并承担班级活动。空间的多功能发挥需教师灵活调度与安排。

（五）培养学生的时空管理能力

进行班级时空管理的同时，还应关注对学生时空管理能力的培养。教导学生正确利用教室、图书室、音乐室、体能活动室、餐厅、卫生间、寝室等，学会规划空间、美化空间、保护空间，并学习时间概念，培养按顺序办事，遵守时间、爱惜时间、抓紧时间、合理安排调度时间，这对学生形成良好生活工作习惯、适应社会大有裨益。

三、班级空间管理

（一）教室空间管理

1. 教室所指

教室是学生学习生活的主场所，这是师生共用的空间，特指室内空间。在这个空间里的主要人物是教师和学生，主要物品包括门窗、黑板、课桌椅等基本设施，在这里要进行教育教学活动最主要、最重要的部分。教室可根据功能不同，分音乐、美术、律动、语音、电脑等各类教室，在此只对一般进行教学活动的普通教室空间管理作介绍。

2. 教室空间规划

（1）教室空间规划的基本要求。

①功能性。教室空间在规划时要考虑如何发挥教室的功能，每寸空间必须充分利用。还要有专门职能的空间规划，如教学空间、教学资源空间等，要为教育教学提供基本保证，这是对教室空间规划的起码要求。各班级要根据自己教室空间的大小、人数的多寡（特教班在 8 ~ 12 人）实地规划。一般先考虑教学，再活动，然后教学资源。空间越大可供规划的内容越多，若条件许可，除起码的空间规划外，还可以扩大个别补救空间，专设图书、游戏等空间。

②灵活。教室空间的规划，利用时需灵活掌握，要在有限的空间里做文章，发挥其多项功能。在空间分隔上不宜固定住，要能及时、方便、快速地组合空间。比如：学习与活动空间只作功能上的区分，不必用墙板分隔，这样两个空间可分可合；又比如：在教师工作区前，设一桌作为补救教学用时，为教学的方便，有时需将这一空间与全班学生隔开，利用折叠式屏风或硬泡

沫塑料板等轻物作暂时分隔，教学完后个别补救空间变成了教师工作区。

③有变化。教室空间规划可有多种模式，不能永远不变。学生每节课、每月、每期都在无变化的教室中学习，久而久之必然生厌，且易出现惰性。如果在进行一些教学活动时，将课桌椅放到教室两侧，在室内铺上地板胶或垫子，大家席地而坐，听教师讲课，同学互动，教学效果会更好。依学生不同需求安排空间，将注意力最集中的学生安排在前排，注意力较好的安排在四周，中等注意力学生安排在中间座位，便于教师教学管理。

（2）教室空间分隔。教室空间分隔依常规可以分学习区、活动区、资源区、教师工作区。

①学生需求空间：可以独处，也可与另一位同学一起，还可以小组、团体；多元空间；纸板、书架（柜）等可以作空间分隔；学生认的字可贴在墙上；学习区一般为学生静态教学活动空间，放置课桌椅。

②教师工作区。广义看有黑板、讲台、电脑等教学设备放置空间，狭义指讲台旁边由一桌一椅组成的，在学生作业、自习、休闲时供教师处理班级事务的空间。在教师桌前再加一个桌子或只加一把椅子便可兼作个别补救教学空间。

③活动区。与学习区并无截然分别，举行一些小型活动或较为动态的教学或学生休闲时的场所。

④资源区。较全面地说，教室里的物，比如桌、椅、讲台、电脑、投影仪、琴、图书、资料等均可称为教学资源。这里讲到的资源区主要指一些教具、教材、资料的放置地，常设在教室后部两侧墙边，由柜架组成。封闭柜架里放置教具、资料、课堂记录等，开架上常放置图书、简单运动或游戏物品，如绳、乒乓球、棋，还放置学生的饮水具或餐具等。

⑤卫生角：学生清洁用具放置地，如洗手盆、保温筒（或开水筒）、抹布、扫把等。

⑥自然角：供学生认识、了解自然。常放置每季的花草、蔬菜、水果、小动物、粮食（如谷穗、玉米棒、麦穗等），或学生自己栽培的植物。自然角可利用墙角，做成梯级木架便于摆放、观察。

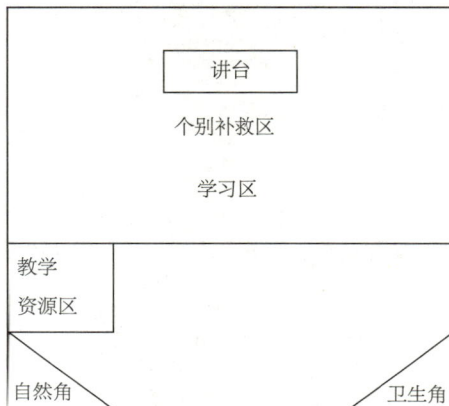

（3）教室课桌椅的摆设。

①常规安排。最常见的安排是：课桌椅面对黑板平行条式摆放，便于所有学生均在教师视力范围内，每位学生均能看到黑板与教师，都能听到教师的声音。

②变式。为使学生有成就感或为满足教学活动需要，课桌椅的摆设应有变式。

半圆式：便于教师指导每个学生，师生之间更具亲近感，增加学生间的交流。

圆圈式：学生能互相看到，适用于学生为主的活动，如：班会发言、问题抢答、团体娱乐等。

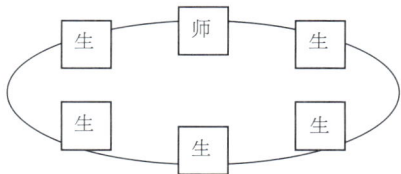

相对式：两桌相对，一对一、面对面增加二人之间的互动。有利于相互学习、模仿，适宜操作性强的桌上活动。

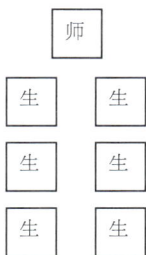

小组式：将课桌椅分为组块，便于教师做小组指导。适用于操作性强的活动，需在学生可相互交流的桌上进行。如：手工制作、绘画及习字等。

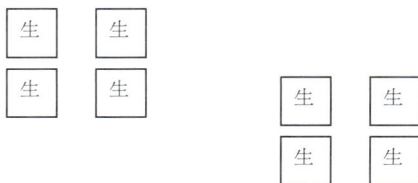

总之，课桌椅的摆设方式很多，教师在教学中可视具体情况灵活运用。

3. 教室空间布置

（1）教室布置所指。教室布置主要指师生利用教室空间（如墙壁、房角、框架、灯具等）的装饰点缀而创设适合学生心理及教学活动的环境。

（2）教室空间布置的要求。

①满足教学活动需求。教室空间布置，首先应考虑教学活动的需要，可以根据教学主题布置空间。教学活动要想顺利展开，学生注意力是必要的因素，因此教室空间在布置时要利用有效刺激物引起学生注意。比如教学生了解各季服装，教室里可用一角布置不同季节服装，供学生辨识。

②满足班级管理需求。班级管理中的某些环节，可利用教室空间的布置完成。比如：教室常规、奖励情况、评比结果均可贴在墙上，教室设置挂钟等。

③适合学生年龄特征、心理特征。教室空间布置应从学生年龄及心理特征出发，比如：低年级的教室可以鲜亮、活泼些，配上具体的动植物（如：小猫、小狗、鱼、水果、树、蔬菜等）或简单的人物（弟弟、妹妹、阿姨、叔叔、爷爷、妈妈等）图片；中年级教室则在活泼中见丰富，多些情节，增加文字、符号的表达；高年级教室趋向简洁、大方、不排除具体图画形象，同时有图案、线条等搭配，在淡淡的含蓄中达意，用简明浅近的格言、诗句，提醒学生对自我的省思。如果在高年级教室里还都是拔萝卜、熊猫推车等图画就显得很不适宜了。

④美观。教室布置目的之一就是为了美化学习环境。特殊儿童同样有美的需求、美的感受、美的表达。赏心悦目的教室布置或使人激动，或令人陶醉、或给人宁静，让学生有一个良好的心情。学生在布置教室时自身又经历着表现美、体验美的过程，是对学生进行美的教育。

⑤有变化。教室布置与空间规划一样要求变化。教学活动和教室管理内容不同，教室布置应该随之改变，学生年龄增长，心理发展，教室布置要顺应需要，季节变化、节令更换，教室阳台可与之协调。有变化的教室布置会让学生产生探究的愿望，增加吸引力。

⑥节俭。教室布置不可铺张，合理利用常用物品或废旧物品，既可培养师生节俭习惯，又能启发思维及强化动手能力，也适合我国大多数特殊教育班级的实际。

⑦学生动手。布置教室尽量让学生自己动手，让他们亲自参与，增加主动性。

（3）如何进行教室空间的布置。在把握了教室空间的基本要求以后，就应着手布置了。布置空间的一些问题在前面"空间布置要求"中已提及，这里再介绍一些步骤与方法。

①掌握班级实际情况。班级的实际包括前面谈到的学生年龄、身心特点。盲生与聋童或智力障碍儿童，身心特点都有差异，盲生教室布置应该多是通过触摸觉而感知，聋童则多通过视觉，智力障碍儿童通过视、听觉较多，这是教学活动与班级管理的要求等。

②决定教室布置的项目。教师根据掌握的班级实际，决定教室布置有哪些项目，如设评比栏、学习园地、名言警句、清洁值日安排、公布常规、课程表、今日日期、天气、绿色植物等项目。

③确定各项目的表现形式及内容。确定各项目后，教师要考虑各项目的表现形式及内容。比如：哪几条条款拟出以后，以依序排列的形式，张贴到墙上。又比如：按电视台的天气预报图，将各种天气图示分布成圆盘，圆盘中心做一指针，针尖指向当日的天气。

④决定各项目的空间位置。教室布置项目较多，各自占据哪一处空间应做合理的安排。一般说来，教室后面墙壁以活泼、亮丽为基调，可做学生的作品展示区、学习园地。教室两侧以清爽、淡雅为基调，宜张贴名言警句、儿歌、常用的礼貌语等，可配小插图，但点缀物不宜过多。正面黑板以庄重、朴实为基调，除作息（课程）表外，不宜再有装饰，以免分散学生上课的注意力。

⑤确定教室布置的总体格调。教室是一个整体空间，虽然布置的项目、内容各异，各面墙壁又因功能差别而有不同的基调和不同的项目分布，但这些都应与教室的总格调吻合。比如：学前班教室要突出愉快、健康的主题，教室布置时多选用暖色调、多色彩，给人以丰富、缤纷的感觉；夏天教室布置要突出宁静，主题色彩选用以冷色为主，但又不单调，让人感到雅致，有想象的余地。不按教室的总格调布置教室会使人有凌乱、繁杂之感，身临其中总有格格不入、难以融进的遗憾。

⑥准备物品布置教室。有了前面的思考与抉择，便需购置或制作布置教室所需物品。以**窗帘**为例来说明，教室窗帘占据教室墙面相当大的空间，因此窗帘的选用很重要。墙面的各种装饰、表格等，用纸（一般白纸、色纸、皱纹纸、吹塑纸、年历画等）手绘，张贴于墙上。还可做

窗帘

窗帘既要遮挡强光、挡灰尘、御寒，让人有安全感，又具装饰性。理想的是色深、质厚和色浅、质薄的两层窗帘，各司其职。大多数特殊教育班不太可能办到。单层窗帘选用时最好根据本地实际确定。一般来说，棉麻质地最佳、透气性最好，涤棉织品次之，全化纤织品最差；颜色以中性色彩为主，中性色对其他色调的排斥性低，便于与墙面装饰、课桌椅等相配；花色可以单色暗花（平板一色布最好不选）、小碎花或大图案均可，具体的花纹如竹子、小动物均可（但要注意具体的图案太大或太突出，如果很生硬的熊猫图案做几扇窗户的窗帘，让学生感到教室里到处有熊猫就不太恰当），条子、格子或抽象的图案也可以，但不能使人眼花缭乱。

布贴、草编、挂件等饰物，并可利用废弃物如塑料瓶、易拉罐、年历等美化教室。如果条件许可，教室布置最好有绿色植物点缀，窗台上放置几盆花草，既培养学生的劳动习惯，又美化了教室的环境。

（二）教室外的空间管理

1. 教室外空间所指

教室外空间很多，室外走道、操场、厕所、餐厅，甚至社区、家庭等均属教室外空间，这里着重谈与班级空间管理最密切相关的教室外的通道管理。

教室外通道是学生上下课，进出教室的必经之路，又是学生课余休闲、娱乐的场地，这里面积较为狭窄，人员交会较多。

2. 教师对教室外空间的利用与管理

（1）利用。

①教师可利用教室外通道展示学生的作品，如绘画、写字。

②将通道部分墙壁刷成黑板，让学生在上面自由涂鸦，或钉上白纸，学生可在此自由发挥。

③走道侧边栏杆台上可放置花草，增加生气与活力，但要注意花盆的安全放置。如条件许可，走道墙角设水龙头，便于洗手及清洁扫除，并备垃圾篓。

④走道可作为训练交通规则的场地。

（2）管理。

①教室外通道应在适当位置设置灭火装置，以防万一。

②走道尽量不要放置障碍物，运动器械、玩具等也不要堆放于此。

③走道可画出中分线，在进出教室或人多时作为交通规则标识线。

（三）时间管理

时间管理主要针对教育教学活动的安排进行，时间管理离不开空间管理。时空管理的意义前面已谈到，以下着重谈如何进行时间管理。

1. 拟订教育教学各时间段的计划

拟订各时段计划是时间管理的措施，班级管理中要拟订六年或九年的教育教学计划，并且要做一学期、一学年的各类计划，往下应有一月一周一日安排。

2. 严格执行一日作息安排

一日作息对一天的时间有周密的排定，每时段的活动内容均要落实。教师按一日作息执行一日教学计划，这样，一日时间管理才可望成功。

3. 教师要做时间管理的表率

教师本人高效、高质量地工作，严格遵守时间、守时守约，处理事情、说话有条不紊，有步骤按序完成活动＼不拖沓，这样做好表率，才能带领学生做好班级时间管理。

4. 教导、培养学生时空管理能力

（1）形成时空概念。特殊学生需要有时间的基本概念。可在教室设挂钟，每天均有今天星期几、几月几日的练习，还可做对前一天日期的回忆，对后一天日期的推想；活动前讲明活动顺序、活动后回忆活动顺序；训练学生等待能力，强化一日作息的坚决执行等。

（2）培养良好习惯。

①快速、高质。当学生会做某项活动后，要有速度的要求。比如看谁做得既快又好，限定时间做作业等。

②依序完成活动。日常生活中有意识地对某些活动拟出完成顺序，如：早上起床顺序，按计划的顺序训练，还可设计出培养学生顺序感的特别活动。

③训练注意分配能力。在训练出学生一些技能技巧以后，再要求同时从事一项较为不熟练的活动，达到能同时做好两件或两件以上的事。

④守时训练。要求学生上课和参加活动等不迟到、不早退，并设计守时训练的专门活动。

⑤让学生自己拟订时间管理计划，实施活动。比如：暑假一日生活计划，明确要求学生按时段拟订。可让学生自己组织活动，规定活动总时间。如：六一儿童节庆祝活动共 60 分钟，规划其中各种小节目或游戏各占多长时间、顺序怎样排定。活动中督促检查学生是否按时间安排进行，对其间拖沓、延时、衔接欠佳等应予以纠正，对时间把握、利用得好的应予肯定和表扬。同时要养成学生日常生活学习活动前作时间安排和计划的习惯，在活动前能将活动时间及内容安排，告知参与者并形成文字，然后张贴便于执行，活动中严格按计划执行。

⑥今日事、今日毕。当天的事情当天做完。如：当日的功课、当日的劳动，能今天完成的事绝不拖到明天。让学生形成良好的生活习惯。说了的话，能够当时处理的即刻处理，不要养成"看看再说""明天再做"的拖延习惯。

⑦口语、书面语等力求干净、简洁，形成说短话、写短文章的好作风。

思考与实践

1. 与班级教师、学生一起讨论某班空间设计计划，并共同做教室布置。

2. 请对某特殊教育班的教室空间规划与时间规划作评议。

3. 对盲教育、聋教育和智力障碍教育的环境支持项目进行分析。

4. 对无障碍支持性班级环境建设基本要素作联系实际的分析。

第四章 班级人际关系

本章摘要：班级人际关系的协调，即人际环境的营建是班级良性运转的关键，是班级管理的重头戏。班级人际关系主要指师生关系、学生之间的关系、教师之间的关系、教师与家长的关系。

第一节 教师与学生的关系

一、师生关系

教师与学生是班级构成的两个人群组，师生关系直接影响到教学秩序、教学目标、教学质量及教学任务的完成，是班级中首先要协调的人际关系。

（一）特殊教育班师生关系的特点

社会生活中人际交往众多，构成了各种不同的人际关系。特殊教育班教师与学生关系有别于其他人际关系，其特点如下所述。

1. 教师扮演着复杂角色

教师承担着传道授业、解惑的多重任务，教师对学生来说是管理者、主导者、知识的传播者、道德行为的塑造者、缺陷的补偿者。特殊教育教师应以严而不厉、刚柔相济、情意相织的方式完成角色扮演。教师工作时段区分不明显，不似店员、工人，明确八小时工作制。教师在班时间不一定满足八小时，但备课、配合情景教学、补救教学等，并非能以八小时计算。

2. 学生构成的选择性与非选择性

特殊教育的对象，均有特定方面的障碍，比如：盲生的视力障碍，聋生的听力障碍，智障学生的智力障碍等。我们只会选择真正的智障儿童接受培智教育，绝不会不加选择将一个正常儿童纳入培智教育系列。从这点来说，特教对象是有选择性的。

学生进入特殊教育后，就成为你的学生，此时就不存在选择学生教哪一位或不教哪一位的问题，只要是你的学生，教育教学当由你承担。教师没有选择的余地。

3. 学生的特殊需求

为满足特殊教育对象的要求，特殊教育需实施个别化教学，这增加了教师和学生个体接触的频率，增加了教师工作的强度，提升了教师教学的技术要求，既让教师更多更深入地了解学生，同时也可能出现相互的厌倦和矛盾。

4. 师生年龄、身心的差距

特殊教育师生双方的年龄差距有使双方互补的可能，也有阻碍相互沟通的可能。特殊教育教师绝大部分无身体残障，而学生都有各自不同的身心障碍，教师要能真正理解自己的学生，并能为学生提供最为需要的服务，必然是要花一定的时间做相当努力的。其间，教学双方都有一个适应过程，教学双方在阅历、知识、性格等方面的差距也可造成矛盾。

5. 特殊教育的延续

我国的特殊教育实行九年义务教育，一般条件下为六三分段。融合教育时间虽未作明确规定，但至少可涵盖六年小学教育，现还有高中大学的融合教育学生。特殊教育对象的 6～9 年学校教育时间，可能就是有的学生一生接受学校教育的全部时间，是学生学习的关键期，深受教师的影响。教育关系到学生的一生，特殊教育班的教师往往从一年级一直跟班至六年级或九年级，师生交往时间长、关系密切。

6. 社会适应和职业培训是特殊教育的重要内容

在学校教育中除接受知识外，特殊教育更加关注的是社会适应能力的培养（进行职业培训，如盲人学推拿、按摩，聋生学雕塑、绘画、理发、电脑等）。这使得师生关系之间还加了层师徒关系，师生之间还有技艺的传授。这种传授不仅是完成教学任务，而是教师教给学生求职谋生的手段和工作态度。

在做职业技术培训时教师还要为学生的工作去向操心，比如为学生联系，向用人单位宣传介绍自己的学生，因此特殊教育教师又有着介绍职业的职责。

（二）融洽师生关系的途径

1. 加强教师自身的修养

教师要认真对待自己的工作和学生，把特殊教育作为事业而不是混饭吃的手段，工作不马虎、不敷衍、不安于现状，不断有新设想、新努力、新目标。特殊教育教师应该既是一位理想主义者，又为一名实干家；首先要有善良的心，并且是一位人道主义者；要有宽厚、博大、细致入微、平等的心态和与学生和家长相融的爱。

（1）有理论素养。特殊教育教师需具有教育平等观念、儿童发展观念、认知理论、个性心理观，有行为科学、社会发展的理论学习，有灵魂的高度，才可望有正常的师生关系的建立。

（2）勇敢坚韧。特殊教育教师应有一股执着、不向困难低头的勇气和韧劲，对学生的教育训练可能要做很多次重复，周围环境可能会给教师各种诱惑与压力，自己的困惑、彷徨、挫折感也可能会让你止步不前，但特殊教育教师不应退缩。台湾培智教育的资深教师杨元享说：“我看到无数启智班教师在经费短缺毫无支援的局面下，在各种困难面前表现得美丽、庄严而动人。”他还说：“绝不可轻易与周遭的不利因素妥协，因为你的撤退将使这些孩子流离失所，而你的失望就是孩子的绝望。”

2. 明确角色

特殊教师如何成功地扮演好教师角色，这在前面已作讲述。毫无疑问，教师应以慈母之心关爱学生。但在日常教育教学中，不能在举止上表现出无教育功能的搂抱、亲吻（作为正强化措施的搂抱等又当别论），否则不利于学生在学校、班级环境中养成独立人格。同时，教师与学生不是警察和小偷的关系，有的教师对学生严厉有余而温柔不足，甚至厌弃学生，行动上表现粗暴，更非教师角色的本义。

3. 正确的态度

（1）温和平静。教师对学生应温文尔雅，让学生有亲近感、安全感。即或在需要态度坚决或教师心中比较焦躁、情绪欠佳时，对学生的言语、表情仍要温和平静。因一点小事就勃然大怒、双目圆睁或惊慌失措、大呼小叫，学生会感到害怕、畏缩，或学教师的样子变得粗暴无礼、神经质。

（2）坚定明确。教师要求应明确地告诉学生：“下课以后椅子要归位。”要求一出即坚决执行。让学生从你的手势、眼神、表情当中体会到“坚定”。一般情况下多数学生会按要求而行。如果有学生不按此要求而行，教师则应再依具体情况秉持“温柔的坚持”原则而应对。

（3）礼貌、尊重。教师对学生要有礼貌，说“请”和“谢谢”等礼貌用语。教师对学生的礼貌源于尊重，教师切不可认为“我是教育者、你是受教育者，我是施恩者、你是受恩者”，而以一种居高临下的态度对学生。如能将自己与学生放在“人”这样的平等位置上，就能从心里尊重他们并真诚地以礼相待了。

（4）接纳、公正。教师应接纳学生的所有行为（良好行为与不良行为），因为这些行为习惯均是学生的所为，你必须面对现实，接纳后再谋教育教学途径。对每一位学生，教师都应秉持公正平等的态度，不能偏爱一些学生而厌弃另一些学生；再好的学生做了错事都应该指出，再差的学生有了进步都要表扬；要把参与的机会平等地分给每位学生。从学生关系可见教师的教学素养。

（5）换位设想。教师应站在学生立场上，思考学生需要什么、为什么要这样做，进而才能理解和接纳学生行为。己所不欲，勿施于人。教师自己不愿做的事，也不要勉强学生去做。

（6）关心、爱护。教师对学生生活、学习要时时处处用心。只管学习不论其他的教师，责任尽得不够。学生寒暑冷暖、起居饮食、欢乐忧伤均应在教师心中，教师遇到突发情况能首先想到学生安危，挺身保护学生，对贬损学生的人，能耐心教导或与之抗争，这样才是尽职的教师。

4. 恰当的语言、行为

教师的语言、行为直接影响着师生关系。因此要求教师做到以下几点：[*]

（1）尽量用鼓励代替惩罚；

（2）使用惩罚时随时注意避免对学生的心理伤害；

（3）能以礼貌语气、态度与学生交往；

（4）能做到任何情况下都不对学生施以任何形式的体罚和消极忽视；

（5）能做到不大声斥骂、恐吓学生；

（6）不威胁式地命令学生；

（7）不对学生进行嘲讽或训导；

（8）不对学生提屈辱的要求；

（9）不在无关人员面前提到有关学生的隐私和出示有关资料与相片。

同时教师还应避免唠叨不休、埋怨、挑错、唉声叹气或大声说话等行为。因为教师的这类行为会使学生产生厌烦、不知所措的情绪或陷入慌乱、大受刺激或低沉的境地，造成不良的氛围。

二、教师间的关系

学生的教育过程由各科教师共同完成，各科教师各负其责、各尽所能又相互配合协作。特殊教育的顺利进行仅靠单个教师是不够的，需特别强调教师的群体协作。因此，特殊教育教师间的关系是做好教学的重要因素。

（一）教师间关系的特点

1. 有相对独立的教学

特殊教育教师各有专长。特殊教育所设科目与普通教育大致相同：语文、数学、

＊　来自重庆特殊教育骨干教师工作营资料。

音乐、体育、美术、劳技、思想品德等。教师配备较普通教育多，比如：培智班每班学生 10～12 名，配 3 名教师，分别教授各学科，使教师各有所专。在各自承担的科目教学中表现出相对独立性，使特殊教育教师在学科教学中能充分发挥个体的主观能动性。

2. 教师间密切联系

特殊教育要求教师紧密合作。教师除按学科集中外，按班级集中是更主要的集合方式。对一个学生的教育诊断，班级所有教师均应参与了解，教学方案需各科教师共同拟订，实施教学虽学科各异而各有侧重，但互相渗透。比如：某学生语言有障碍，数学教师也该按该生语言训练方案，将其中的方法纳入数学教学中。因语言训练不只是语文教师和语言训练人员的事，在任何情况下，每位教师均有责任。学生的生活训练、行为习惯养成、职业培训，甚至就业安置都应由班级所有教师共同完成。班级教师群是特殊教育中基本的、紧密的教师群体。现在一些特殊教育学校和班级实行包班制，开展单元核心教学，教师小组共同参与学生的个别化教育计划拟订。学期单元中计划从拟订到实施，均需各位老师密切合作，共同执行。

此外，班级教师还要和语言训练人员、行为矫正人员、物理治疗人员、康复训练人员密切配合，在人员紧张、缺乏的地方，教师同时担任了语言治疗、物理治疗、康复训练等工作。这一群体明显比普通教育班级的教师群体工作多、任务重、要求严，也明显联系紧密得多。所以，特殊教育更多的需要集体的力量，体现集体的智慧。

3. 特殊教育班部分教学是主教与助教相互配合完成的

学前特殊教育班主教、助教人员固定，学龄班主教、助教位置常交换，即某活动刘老师当主教、李老师任助教，另一活动李老师当主教、刘老师当助教。这里就有主教、助教如何配合的问题。

4. 教师之间出现的矛盾探源

（1）由于教师不同的性格、经历、喜好，在接触中出现矛盾在所难免。

（2）学科有别，教学中学生学习效果也不同，学生对学科喜好有别，学生对教师的评价不同，教师间会因此出现矛盾。

（3）合作教学中由于各自的观点、方法的差异、工作的主动性，投入程度不同带来的问题。

（4）对教师各自职责的分配不明确，致使协作障碍而出现矛盾。

（二）协调教师间关系的途径

1. 教师间增强理解、宽以待人

同事的每个言行总有目的、原因，能对同事给予理解、谅解，而不去斤斤计较、不在小问题上纠缠，同事关系自然融洽。

2. 严于律己

凡事先反观自己，要有协作精神；对特殊教育的追求不可无，淡泊功名，不怕吃亏、吃苦；将同事视作朋友而不能当敌人，有意见当面指出，有问题多商量，不在背后议论，切忌与同事大吵大闹。

3. 班级管理任务明确到教师及工作人员个人

每个岗位责任范围、承担任务应明确清楚地下达给各位教师及工作人员。

以某实验校一日作息为例，看当中各时段人员安排及任务。这样的按时段及活动内容、指导重点进行的人员分配可做到任务到位、减少扯皮、推诿，减少矛盾的产生。

时　间	活动内容	指导人员
7：00—7：30	起床、穿衣、叠被、如厕、盥洗、顺序完成	助教、保育员协助示范（助教、保育员）
7：00—8：00	早餐、饮食	助教、保育员个别指导学生进餐（助教、保育员）
8：00—8：30	个人物品清理、清扫，走读生到校进行个别活动	可分配任务给学生，让其完成或做选择活动、自由活动，此时教师上岗加强管理指导（助教晨检、教师主持晨间活动，保育员整理清扫寝室）
以下时段略		

4. 教师态度要一致

各位教师在教育教学、班级管理中对学生的教育态度要一致，这样才可能使教育有效。甲教师要求学生天天清扫过道，乙教师则说不必，一周清扫一次即可。这样会让学生无所适从，无法养成良好习惯，同时必然导致教师间的矛盾。所有教师协同配合，是教学成功的保证。

（三）主教、助教的协同

特殊教育强调教师间的协同、配合，特殊教育班级常需一位教师当主教，一位教师当助教，共同完成教学，所以有必要对此做分析。

（1）主教指教学的主要负责人，是教学的掌控者。教学活动设计，教材、教具安排，教学时段的调控由主教完成。在教学进行中由主教主讲、作示范，要求学生反馈，并给学生奖惩，主教要让学生的注意力集中在自己身上。

（2）助教是帮助、协助、辅助，即配合协助主教完成教学的人员。助教的工作原则是：

①随时提供需要的教学或活动服务。当学生上课不注意时要协助提醒，

如果主教要求学生做，但学生做不出来，助教要以学生身份先做出来给学生看。如：今天星期几，学生若答不出来，助教不能冷场，要协助回答。如果教师教授某种技能，可先请助教做给学生看。

②不能喧宾夺主。主教是教学的主管，助教不能越位。助教提供的帮助应该是私底下的、不干扰的，有时是不让全体学生发现的协助。比如：上课时有学生坐不住，助教不能大声斥责学生，否则主教无法上课。助教更不能跑上讲台给学生提些要求。

助教的工作内容：

①维持教学秩序。助教要协助主教建立良好的教学秩序，否则教学无法进行。教室里学生到处乱跑、你推我打，再好的教学设计都起不到作用。

②协助教学。主教在教授知识、技能时，如前所说需要有助教这个角色。助教有时作示范，有时协助回答，有时辅导学生等。

③处理偶发事件。在培智班教学活动中时有意外发生，如学生打破了东西、衣服弄湿了、突然出现争斗等，助教应立即处理。

（四）适宜的教学气氛与环境

1. 怎样的气氛和环境才适宜教学

之所以需要主、助教两个角色的搭配，完全是为了学生的教学活动。通过这两位教师的努力而获得更完善的结果。因此有必要对适宜的教学气氛与环境要求作讨论，便于主、助教去创建适宜教学的气氛与环境。

通常我们能见到如下情况：班级无序、师生大呼小叫、你争我夺、乌烟瘴气、散漫肮脏——令人汗颜；气氛沉闷、沮丧懒散、刻板颓唐、离心离德、缺少活力——叫人窒息。

如果班级有序、忙而不乱、洁净清新、和谐欢乐、彬彬有礼，表现出正面的竞争与合作，就会如一首诗像一幅画令人激动。

点金成石还是点石成金，要看我们怎样去耕耘。看你、我、他怎样投入，怎样配合。具体到一个教学、一个活动中，关键看主、助教的工作与协调。

2. 适宜的教学气氛与环境要素

适宜的教学环境，要求是无污染、安静、安全、清洁、适合需求（如：课堂桌椅安排、教学空间、教室规则、学生的位置安排等）。

适宜的教学环境还包含心理环境，包括教师与教师间、教师与学生间、学生与学生间、教师与家长间心理的调适。教师应与同事配合默契，对参与组织教学有兴趣，能以坚定、乐观的心态去教学。学生在一个尊重、关心、平等、和谐、互助、竞争、有学习欲求的心态下，才能主动参与学习生活。

（五）怎样做到主、助教的有效配合

强调主、助教的配合，重要的目的是给学生营造最适合学习的物理与心理环境。在教授知识技能时既能通过主教的引导，又能得到助教的帮助，增加了辅助的环节，使学习更有效。同时，主教能以更多的精力全力去完成教学主线上的目标。

1. 主、助教要有相互配合的意识和愿望

主教在教学时应意识到助教的存在，活动前应与助教商量讨论，教学中要给助教配合的任务和机会，要有"助教在这堂课给了我很大的帮助""我的教学非常欢迎助教参与""下一次活动再携手"的意识。另外，主教又应明白这一活动中自己是掌控角色，而不能将大部分事情都分派给助教。对助教在配合上的一些失误也要能够共同商量对策，而不是指责埋怨。

助教一旦在岗，就应了解主教教学安排，知道自己在何处、何时应该怎样配合。教学进行到何处，助教的思考、配合就要跟到何处。助教要能随时把握学生的学习状况，若需调整则应对教学无干扰，对即将进行的教学活动，助教要事先有设想、安排和行动。比如，后十分钟本课堂移至操场，助教则应先两分钟打开教室后门去操场的门锁，以免到时误时间造成混乱。如果助教坐在课堂，头脑空空，呆坐一旁，学生好也罢、歹也罢、叫也罢、打也罢，任主教去招架，这是助教的失职。一堂课下来助教要有"这堂课我协助得不错，处理了不少问题，保证了活动的顺利进行，下次课还可再有改进"的反思。

2. 主、助教共同确定活动的内容

主、助教可共同设计教学活动，教学前主教要将本活动的内容、步骤、目标，以及何时、何处要助教做何协助等，都和助教商量、决定妥当。主、助教一起明确具体的细节：所需教材、资料、资源放置在什么地方，便于教学时取用；学生座位怎样安排，谁挨着谁，以怎样的顺序来坐（一般原则是：容易发生摩擦的两位学生分开，有攻击行为的与较弱小者分开）；所需准备的东西（教具、学具、纸、彩笔）有哪些，需开列出清单；需准备东西及活动由谁去完成（比如：主教备好教具，助教备齐所需纸张、彩笔）。活动进行的前一天，必须备齐。

上课前主、助教均应对自己的准备工作进行检查，预设活动可能会出现问题（从活动本身及学生状况方面考虑）。

3. 主、助教协同进行教学活动

教学活动开始后，主、助教按共同商定的协同内容进行。教学中注意工作方

式顺序，小组教学时，提出要求后，主教可以如下顺序安排活动。

（1）助教示范；

（2）程度好的学生示范；

（3）最不注意的学生尝试；

（4）一直最想表现的学生尝试；

（5）程度弱的学生尝试。

活动中如果遇到某学生不配合，可以跳过去，到第下一轮再请该生。这时，主教要故意表扬其他表现好的学生，并给予奖励，而奖励恰恰是不配合的学生所喜欢的东西，这样就可以激发这些不配合学生的参与。

教学中还要把握"为每个学生而设计"的原则。对不参与或参与性较差的学生，助教要立即给予协助，比如：某生不会画画，但这节课所有学生都在画画，助教应酌情握着他的手画，或用手指沿线条画。教学中主助教的协同，除了助教配合主教外，主教也应配合助教。比如：当助教教一位学生而学生不配合时，主教可以马上接过去提问，让他参与。教学中主、助教协同，有时通过语言（"这个动作请刘老师上台来给大家来做一次""我们请刘老师来当大萝卜"），更多的是目光的接触、传递、动作的配合。但是如果一堂课主、助教之间言语过多，会冲淡学生的学习的热情，而成为两位教师的唱和。教学中两位教师应该有共同的态度、共同的原则。一定不能让学生觉得在这位教师手中得不到的东西，到那位教师手中去获得。整个教学中助教都应将学生的注意力引导向主教，突出主教的教学，突出主教的掌控。

4. 团体活动、小组活动中的协调

团体活动中，主、助教要面对全体学生，小组活动中只面对几个学生。在团体活动时助教应坐在最需要协助的学生旁边；课堂上可以悄悄巡场，但不宜太频繁；学生座位安排时可以混合搭配，也可程度差不多的排在一起；主、助教均需眼观六路、耳听八方，指导时主、助教各负责几个学生。

小组活动学生较少，便于教学、指导，助教的重点应放在最需要指导的学生身上，活动进行时提问方式、顺序同前面的介绍。

5. 活动转换和休闲活动主、助教的协调

（1）活动转换。

①定义。活动转换指一个活动向另一个活动的过渡时段。比如早操以后学生喝水、上厕所，经这一时间转换后开始上第一节课。本堂课前十分钟教师讲课，后二十分钟到花园里观察花的颜色、形状、气味等，这当中的从教室去花园就称为活动转换。

②功能。活动转换的主要作用是完成一个活动向另一个活动的从心理到物理环境或教学环境、形式的过渡。这意味着前一活动的结束，后一活动的开始，让学生和教师均做好进入新活动的心理的、环境的、有关教学资源和教学形式的调适。

③特点。活动有了变化，需要师生双方注意的转移和行动的变化，由于注意转移速度与行动快慢、准确性等的差异，容易出现心理、行动上的暂时混乱。

（2）休闲活动。

①休闲活动所指。休闲活动指安排给学生的休息、娱乐活动。如学生看电视、下棋、打乒乓球、唱歌等。

②功能。让学生轻松一下，给其自我选择、自我安排、自我表达、自我发泄的机会；养成学生的兴趣，学习休闲技能和态度；增进学生间的交往，促进其协同、竞争的意识，并学习交往技能。

（3）调节身心状况。学生有放松后的愉悦、快乐，此时自我管束力降低，学生较分散，自由活动场地增多。而与此同时，教师有可以喘口气、歇一歇的感觉，对学生的关照降低。因此，活动转换和休闲活动中易出现情况。有鉴于活动转换和休闲活动的特点，此时最易出现的是混乱，是偶发事件的高发时段。教师们的共同感觉是：有组织的活动进行时，学生不会出大问题，许多问题的出现常在转换和休闲时。

（4）教师（主、助教）应根据学生休闲活动的特点、功能，精心设计活动，组织安排活动。保证学生的自由活动是教师关照下的功能性强的自由活动，而不是没有关照或者少关照的功能性差的、以强凌弱、损坏公物、抢夺玩具的混战。主、助教应预先充分备好活动教案，准备好休闲用品和划分场地，让学生选择后，两人分别负责不同的组别，要给学生适当的休闲技能、态度、合作等指导，努力让休闲的功能性发挥更佳。

如何处理好活动转换及开展休闲活动

①养成常规、良好的行为习惯是学生学习、生活的基本保证。也是活动转换、休闲活动顺利进行的前提。

②主、助教配合，确立"占位"意识。这时最要紧的是两位教师一起商定各自的"占位"，你在教室，我在走道，同时明确各人做什么。比如：休闲时在教室的教师组织学生做室内游戏或看图书，在走道的教师，关照学生上厕所或是室外的滑梯、秋千等活动。此时段两位教师一定要多联系、通报，否则，衔接上会有失误。此时段两位教师均很忙碌，但要做到忙而不乱，平稳、清楚地处理问题。

③明确学生的休闲活动并不意味着教师也可以休闲。休闲活动时学生处于休闲状态，教师则处在教学活动状态。休闲活动对学生的诸多功能，前面已经谈及。

6. 人手较少或人员充裕时教师间如何配合

主、助教要处理好活动转换时全体学生的活动（包括休闲等），需两位教师密切配合、精诚团结。当人员较充足时，比如上午时段，或一些较大型活动时教学人员较多，能够关照学生更仔细。但人员一多，又会造成人浮于事，不知道该听谁的指令，教师昏了头，学生也昏了头。此时应明确一位主教，学生可以不同组别集合于各组教师处，或是临时编组，指定老师。总调度由主教担任，各小组由小组教师带领。

（六）主、助教配合失调分析

1. 失调原因

（1）双方互不通气，无足够的信息沟通。

（2）相互指责、埋怨。

（3）工作推诿。

（4）各自任务不明确，不知道为什么做、怎么做、何时做。

（5）责任心不够。

2. 主助教配合失调的表现

（1）班级活动混乱。班级混乱的绝大部分原因在教师，原因可能是教师备课不充分，教具准备不足，或是外界的突然干扰。班级混乱还有一大原因是在教师，主、助教配合不当，致使教学未能照计划施行，或是对教学中出现的问题不闻不问。

（2）教学品质下降。教学秩序的混乱导致教学品质下降是肯定无疑的。主、助教失调给两位教师内心造成的挫折，也有可能引起教学品质下降。

3. 主、助教协调不够带来的心理效应

（1）教学活动的组织者、协助者之间出现不协调时，要引起双方重视，应立即坐下来讨论问题，找到对策，这是解决问题的希望。

（2）面对教学上的挫折，可能使主、助教内心出现焦虑，行动上失去冷静，而萌生出急躁的行为。比如，教师间闹矛盾，转嫁到对学生不耐烦，拿学生撒气。

（3）主助教配合不佳，甚至对整个教学活动热情消退、冷漠、无所谓、得过且过，这是很令人担忧的状态。

因此，每一位教师都应看到主、助教协同的重要作用。主、助教的关系好比左右手弹钢琴，只有两只手配合默契才能奏出优美动听的教育教学乐章。

三、学生之间的关系

每个学生都是学生群体中的一员，他们在这个群体中有自己的人际圈和自己

的位置，与同学相处的效果影响着每个学生的心理状态，关系到对学习生活的参与程度与兴趣。因此建立协调学生间关系是班级人际交往的重要方面。

（一）特教班学生间关系的特点

1. 合群的愿望

特殊儿童由于受生活空间、生活层面的限制，与同龄儿童的接触相对较少。进入特殊教育班级能够与儿童伙伴在一起，大多数儿童感到新鲜、好奇，有着融进儿童群体共同学习和活动的愿望。

2. 缺乏交往常规

部分特殊儿童未接受过学前教育，加之前面谈及的原因，特殊儿童较为缺少交往经验以及相应的学习，所以常规行为的形成通常偏难、偏晚。

3. 同学交往中冲突较多

同学交往中冲突较多，在许多特殊教育班级都存在。原因一是缺乏交往常规；二是部分学生对常规的理解较困难，比如：智力障碍儿童执行起来需相当时间；三是自身的问题行为，如聋童或智力障碍儿童的攻击性行为、自闭症儿童的排他行为等都易导致学生交往中矛盾的产生；四是因为行为的表达方式上的特殊或欠妥当而引发的矛盾，比如聋童的动作过多，智障儿童有时出于友好也可能紧拉着对方的手，就是不放。

（二）建立特殊教育班学生间协调关系的途径

1. 增加学生间相互接触的机会

除一般的日常活动外，班级应该有意识地增加学生互动的机会，创造学生相互了解和学习交往的条件。比如：坚持每天围成圆圈点名、互道早安、开班会、组织春游活动、暑假夏令营、做好事活动、帮助有困难的同学、探望生病的同学等。在活动中促进交流、学习。

2. 抓紧常规训练

正确的、良好的常规与行为习惯是协调学生关系的有效措施（详见第二章《班级常规管理》）。

3. 及时正确处理矛盾

学生之间的矛盾须及时处理而且尽量客观公正、方法得当。矛盾拖延时间长，小纠纷会变成大纠葛，难以排解；处理矛盾的态度与方法不当，可能激化矛盾，造成学生间更大的冲突。

4. 讲清道理

平时应给学生讲明同学间正常友好交往的行为有哪些，同时说明其不正确行为表现。在学生交往中有对其行为是非的评议，还应说明是与非行为的后果及原因，在学生理解范围内讲清楚同学间友好和睦相处的重要性。

5. 形成良好的班风

在"班级管理的原则"中强调班风、班级的集体影响力问题。同学间良好关系的建立也依赖于班级的风气和氛围。一个学生置身于温暖、友爱的班级当中，就有了归属感、亲近感，且以自身为集体中的一员而自豪，这样的集体有利于学生学习形成发展他与同学交往中的正向行为。试想在一个同学间互不信任、动辄打架斗殴的班级中，怎能要求学生与同学友好相处？学生又有何热情投身于集体当中？有何兴趣与同学交往？当然，良好的班风还应激发同学的学习的动机与兴趣，促进其参与活动从而增进同学间的相互了解和良好关系的建立。

第二节　教师与家长间的人际关系与相关服务

特殊儿童的家庭教育是特殊教育中不可或缺的一环，特殊教育工作者与特殊儿童家庭必然有很多较深入的接触。特殊教育教师承担着与家长沟通的责任。教师要与家长携手，共同伴随孩子前行。有实效的特殊教育是学校教育与家庭教育相结合的结果。特殊教育教师与特殊儿童家长间的关系是保证教育成功的条件。

一、家长与教师对孩子的教育共识

特殊教育教师与特殊儿童家长对孩子教育的共同愿望是"通过教育克服障碍，发掘潜力、发展心理，让孩子能平等参与社会生活"。教师与家长能在这点上达成共识，将是双方建立正常积极的人际关系的前提。

二、家长教育类型

1. 溺爱和过度的保护

家长认为孩子有障碍，本来就非常可怜，同时负疚地认为是自己造成的不幸，故而对孩子百般溺爱迁就，给孩子很多，要求孩子很少。认为自己孩子本身弱于别的孩子，只有父母是孩子的唯一保护神，所以迁就孩子、护卫孩子到缺乏理性的地步。

2. 歧视

与前面正好相反，孩子的障碍被家长视为累赘而生厌恶，弃婴中大多数为残障儿便是例证。养育中视其为异类而虐待、摧残。这样的父母不多，但对孩子残忍，为社会所不容。

3. 忽视

认为孩子反正有障碍，失望之后没了希望，听之任之放任自流。对孩子教育干预不积极、不主动、缺乏信心和干预行动。

4. 严厉

认为孩子有障碍，今后参与社会生活将会比正常人困难，所以必须严格训练，毫不手软。家长一片苦心，教子非常严厉，有时近于苛求。表现急躁、恨铁不成钢，甚至动不动打骂孩子，使孩子心理压力大。

5. 合理

前面几种教养方式属情感型。合理型指能够对待孩子宽严相济，家庭教育有韧性、能坚持。

三、学校（班级）提供的家长（家庭）服务

（一）家庭访谈

家庭访谈指教师到儿童家中，与家长交谈，作家庭访问。

1. 目的

了解父母养育态度及对孩子的希望、儿童基本情况及在家中的行为表现等。增进教师与家长的接触，促进相互了解，并告知家长，学校班级的部分要求和该生在校情况。

2. 类别

（1）入学前家庭访谈。学生入学前的家访是为了了解学生及家长、家庭基本情况，为学生进校作准备，是教师与家长的初次接触，侧重在收集资料（包括家长对学校的要求、期望，观察、了解学生与家人、社区互动情况，观察家庭环境、经济状况、家庭生活内容）。

（2）教学中的家庭访谈。学生进入教学之后，学期当中或其他时候进行的家访，了解经学校教育后学生在家庭里的行为表现、家庭教育状况、家长对学校的要求与希望，教师则告知家长需配合的工作，向家长介绍训练的方法与建议、学校教学内容、方法，学生的优点应予强调，同时也指出不足之处。

（3）学生离校后家访属于个案追踪，了解学生离校后的安置情况、教育后效、家庭适应及职业状况。

3. 家庭访谈计划

（1）确定计划类别。拟订家访计划时先应明确家访的类别，才能定出家访的时段。

（2）家访目的明确。家庭访谈需有明确的目的性，不能毫无准备、毫无目标去做家访。

（3）目的确定家访内容。有了目的的引导，就可以罗列出家访的具体内容，比如：本次教育介入前的家访，其目的之一是为了了解学生基本的生活自理能力，并为学生寄宿提供资料。这样就应该有调查学生生活自理能力方面的内容。

（4）拟出家访项目，并准确表述。家访主要内容拿出来以后，可以将其分解为多个项目，并且用简洁明确的语言表达出来形成书面文字，形成家庭访谈表格。

4. 进行家访

（1）家访前先要通知家长与家长约定时间，并征得家长同意。没有约定、家长毫无准备，或家长拒绝家访，会导致家访效果不好，同时也显得失礼。在通知家访时，还应告诉家长家访的目的以及大概的内容，让家长有针对性地思考，一般至少三天前与家长预约时间，家访一般不超过一小时。

（2）按家访项目了解情况。作家庭访谈时一定要依拟出的项目进行，否则无意义的话谈了不少，需掌握的情况却未得到，浪费教师与家长的时间。家访时做好记录，家访按时开始、按时结束。

（3）家访应有的态度。教师态度要大方、自然、诚恳、亲切，耐心听家长说话。仔细观察家长的行为、语言、表情、姿势、语气，了解家长的心理，并了解家长的价值取向。建立家长的信心，给家长以希望并表现出教师的关心、协助之意。不对家长作脱离实际情况的承诺与建议，尽量让家长能面对学生实际情况。不和家长争辩，家访中可以讨论问题，但需心平气和、口气委婉。访谈中可以同时作一些训练辅导，教给家长一些训练方法。提供给家长一些所需信息，如就医、职业安置。家访中不能只是教师问、家长答、教师作记录，而应留出一定时间让家长提出问题。与家长建立良好关系，做家长的支持者，鼓励家长参与孩子的教育。

（二）家长咨询

家长咨询指特殊儿童家长向教师提出问题，以求得教师的解答，家长咨询服务对象可以是本班学生家长，也可能不是本班特殊儿童家长。

1. 教师做家长咨询的目的

（1）解决家长在教育子女中的疑难问题。

（2）帮助家长确立教育子女的正确态度。

（3）教给家长教育子女的方法及技能。

（4）给家长倾诉的环境，满足家长表达的需要。

2. 家长来咨询的目的

（1）向教师了解教育子女的方法、技能，获得正确的教养态度。

（2）向教师了解自己孩子的学习、生活状况。

（3）了解学校教育的内容、目标、计划等，以便督促、协助、修正、参与教育计划的落实。

（4）向教师表达自己对孩子的态度、情感与希望等。

（5）求得教师在方法上、心理上的支持，表达了家长对教师的信任。

3. 如何做好家长咨询工作

（1）具有较高的修养和较为广泛的知识。欲使家长咨询工作有效，教师的高修养是首要条件。家长咨询的内容极广，学生学习、生活当中的所有问题均可能提及，而家长需要的是"怎么做"的回答。为了给家长准确满意的答复，教师应有较为广泛的知识储备。

（2）准确掌握班级情况。教师要了解班级每个学生的身心特征，深入详尽地熟悉每个学生的个别化教育计划以及学生学习特点。教师还应该清楚学生在班级所处的位置、人际交往情况、与各位教师关系、与家长的关系、学生的优缺点等。

（3）掌握多种教育教学方法。教师自己的教育教学方法越多，对家长的指导就越具体、越灵活，就能给家长以多方面的启迪，使家长有确实可行的方法习得。

（4）积累咨询经验。教师在咨询工作当中应不断积累经验，做咨询记录，备个案，不断提高咨询质量，以及必要的资料储备。

（5）教师对家长的态度。在咨询服务中教师对家长的态度，与家庭访谈中大致相同，不过家访是教师主动问家长，而家长咨询是家长主动问教师。提出问题角色不一样，所以家长咨询服务时教师态度要耐心，要注意倾听家长的讲述，咨询空间应为一对一，不应有其他人在场。咨询中有关家长或儿童隐私要保密。

（6）学习咨询服务技能。

①要建立起家长对教师的信赖感，除广泛知识及丰富经验外，教师要表现出沉着、自制、有信心、积极向上的精神面貌，让家长愿意向你咨询、相信你的咨询。

②要掌握来访者的心理及当时的心境，而采取适合的应对。对急躁、不太明事理、心情较为烦乱的家长，要沉着、冷静地听完后，条理清楚、比较严肃地给他们一些具体的教育方法及内容指导，同时指出特殊儿童教育的长期性、持久性。对于悲观、无助、较脆弱的家长则应和蔼、温和、循循善诱，与他们一起分析孩子的优势、劣势，找到孩子的潜能，并耐心细致地向他解释孩子教育计划，以及孩子经训练后的进步和存在问题，共同拟订下一步教育方案，让家长看到孩子进步的可能，增加家长信心。对于知识型的、较为理性的家长，可以作深入一些的专业性较强的解答，多用讨论式，你的建议

要让家长感到合理合情、有价值。对于骄傲、不礼貌的家长，你首先应以礼相待、坦诚相见，如果对方仍旧傲慢无礼，也绝不要动怒，要语气平静但态度坚决、不卑不亢，该说的说出来，不要与家长高声争执。家长的心理特征千差万别，咨询服务时必须面对这种差别，而有不同的处理。

③咨询服务时语言、动作等要求。教师进行咨询时眼睛应看着对方，侧耳倾听；偶尔可插入一些提问或点头作简单的应答，让对方感觉到你对他谈话的注意；教师应该用目光表示出你对来访者的关心、理解、支持、鼓励或对某些言行的否定、制止等，表示出你的信心与能力。咨询时教师切莫随意站起来去干别的事情、毫无礼貌地打断家长的讲话、一边听家长谈一边干自己的事，或者与家长抢着说话等。在咨询服务时口语交流非常重要，咨询服务时口语要流畅，结结巴巴地说话易使家长感到别扭，难以听清你的解答，容易对你产生不信任。口语还要求清楚、明朗，家长听后能理解，而不去猜测半天，咨询中简洁的语言能让家长立刻抓住要点，节省咨询时间。教师在咨询服务中还应有语调、语速、语气、音色、音量等的把握。一般说来，咨询服务语调应平和，语速要求适中，语气以商量、讨论、出主意、想办法等都可以，切忌斥责、讽刺、挖苦口气。音色、音量都应适中，音量过小让人听不清，或觉得你不自信，过大使人心烦或出现心理压力。咨询中教师的语言习惯也很重要，高谈阔论、故作深沉，会令家长摸不着头脑；矫揉造作又会使人肉麻；太过亲密、婆婆妈妈会让人对你的专业水平产生怀疑。当然不同对象，对语言要求也各异。教师应针对不同的咨询对象灵活运用语言，运用语言总的原则，应该是诚实的、坦然的、大方的、较为规范的口语运用。

④咨询服务时教师着装要整洁，仪表要端庄，站、坐行为均应端正。同时又不能在着装上过分夸张，穿戴极其时尚，浓妆艳抹，这样会造成来访者的不信任感。这一点教师在班级管理任何场合均应注意。

⑤要创造良好的咨询环境。干净、整齐、美观的咨询室，一杯热茶递过来，能够提高咨询服务的效果。

当然咨询服务技能还非常多，这里不再叙述，可以参看相关书籍。

（三）家长培训

1.家长培训所指

家长培训主要指由学校、教师主持的，对家长作有关对待孩子的态度及教育措施与方法等的专门训练。家长培训就是对家长的教育。

2. 家长培训的意义

特殊儿童教育中家长培训显得尤为重要与迫切。家长培训的主要意义是让家长能对孩子有正确的认识与理解，纠正教育子女中的错误观点与态度，获得有效的教育子女的方法，矫正不良的教育形式与方法，提升家长参与子女教育、与学校配合的自觉性与能力，增强家长对子女教育的信心，密切教师与家长的关系，提供家长间相互交流、携手的可能性。

3. 家长培训内容选择依据

（1）儿童生长、发育的基本知识与技能。家长应该具有对儿童生长发育的基本知识的了解、基本技能的掌握，否则家长无法胜任对孩子教育的重任。比如：正常儿童心理、生理知识，特殊儿童身心特征、教育方法、教育态度、个别化教育观念等。

（2）家长自身需求。特殊儿童家长自身需要了解的一些问题。如儿童的疾病防治、保健，特殊教育法律、法规，学生职业选择、职业培训等是家长很希望了解的问题，可作为培训内容。

（3）家长较为欠缺的。有些校方认为儿童家长较为欠缺的素养，比如教育参与性不够，教育中教育态度的不正确，方法简单等，也可列为训练内容。

（4）学校教育内容的延伸，或学校教育无法替代的家庭环境中特有的学习内容，如洗衣、关照父母、与家人相处等。

（5）家庭教育中突发或阶段性发生的紧急问题。家庭教育中一段时间出现了与子女间关系的对立或儿童出现了一些不适应行为（如离家出走、说谎、偷窃等亟待解决的问题），教师可就问题作培训。

4. 家长培训计划

教师做家长培训应该心中有数，拟订培训计划，否则家长培训无法落实。家长培训计划包括以下几个方面。

（1）家长培训内容选择。在做培训时，首先确定家长培训的主要内容。

（2）家长培训内容的安排原则。有了培训内容的确立，便需对细节作前后顺序的安排，一般说来应该遵循"最急需解决的问题放在前面"的原则。如一年级新生最需认识男女厕所，自己能正确选择适合自己性别的厕所，并能自己处理便后事项，家长培训中这一条训练方法的培训可以选列在前位。

家长培训要尽量顾及大多数家长的需要而设置培训内容。家长教养态度培训、对子女责任心的培训与提升，要放在重要位置。先作较为简单的操作技术培训，再过渡到较难、较复杂的操作。让家长有学习、使用、再学习的过程，比如：先教授感知动作训练的方法，过段时间再讲怎样养成讲卫生习惯。

（3）家长培训时间安排。在选择了培训内容及顺序后应落实培训时间，可以订出一学年或一学期家长培训时间表，确定次数、具体日期和内容。

（4）家长培训形式。有了家长培训的内容及时间的安排，就需根据内容考虑合适的培训形式。

①讲授式。适合于一些理论性、知识性较强的培训内容，如家长确立正确的教养态度，行为矫正方法和基本理论的学习。

②互动式。分操作性互动及研讨性互动。如教授"对儿童的大动作或精细动作训练"，可以找一位儿童，教师现场训练，家长现场学习。教师家长可以互相讨论一些问题，多由教师设置，以期通过研讨互动获得对预设问题的理解与实施，研讨式互动需家长动手去做，或需家长做进一步的了解。为了了解与引导学生兴趣，教师、家长共同拟订学生个别化家庭训练计划时，此培训形式就很重要了。当然互动式培训还包括在教师安排下，由较有成效的家长引领其他家长的互动。

③集体式。将班级的家长集中起来进行培训。一般作每位家长都应知、应会的培训内容时采用此式。

④小组式。将有大致相同的培训需求的家长分组，这种形式较有针对性，可以有主题和重点地解决部分问题。比如将都有语言障碍的孩子但都不得其法的家长分为一组，专门对其作表达性语言培训。

⑤个别式。针对性更强，由教师对家长作一对一培训。比如：对认识极为模糊的家长、偏执的家长；或儿童教育比较棘手，或非常重要的教育环节，家长特别需要帮助与指导，宜采用此形式。个别式培训形式执行中可以请家长来学校进行培训，必要时教师可以到学生家中作培训。以上几种形式在分类时角度有所不同，但互有交叉。

（5）落实培训人员。家长培训计划中，要落实培训人员，以便于相关人员充分准备，也便于家长认识、了解培训人员，相互建立联系。家长培训人员有：教师、教育管理人员、物理治疗和语言治疗人员、医生、康复训练员、社会工作人员、家长等。特殊教育涉及面极广，是多学科的合作，所以家长培训往往也需各方人员参与，但主持人往往都是教师，计划的拟订与落实也主要依赖教师。

（6）形成书面文字。家长培训内容、顺序、时间、形式、人员都确定后，应该以表格、文字形式固定下来，成为一学期或一学年该项工作的凭证。

5. 家长培训手册编制

特殊儿童教育训练离不开教材，家长培训也同样需要教材。特别是我国人口众多，特殊儿童家长大多数分布在广大农村，且文化素养不高，有一本手册在手，可以使培训人员及家长有指引、有方向、有实际的操作依据，因此培训教材（手册）

编制应列为当务之急。

（1）手册编制原则。

①简便、易行。家长训练手册需要简洁、明了，理论性的东西应以比较通俗的语言形式介绍出来，切不可编得云遮雾罩、深奥难懂。

②手册需要操作性，拿到手册就要能够做，必要时配上图画、卡片等，力求直观形象。

③突出家庭环境及区域性特点。

家长培训教材应与学校教育配套，同时要突出家长、家庭教育的角度，如尊重父母、长辈。家庭训练时最具实际场景性。家长培训教材应与社区环境及要求切合，使家庭教育密切联系学生所处的社会环境。

（2）家长培训手册内容。家长培训手册涉及内容广泛，包括家长正确的教育态度培训，特殊儿童基本权利，就医、就学、就业的相关法规，相关政府机构、服务单位、服务组织介绍等。特殊儿童身心特点、卫生保健、教育、培养技能技巧等内容也都适于编进家长培训手册。

（四）家长会

1. 家长会的召集者

这里专指由教师（班级）召集所任班级的学生家长来参加的会议。一般说来分为定期家长会和临时会议。有定期召开的例会和因特殊情况召开的临时会议等。

2. 家长会的目的

家长会与家访和家长咨询有相似的目的，家访、家长咨询是教师面对一个家长，家长会则是教师面对一群家长。家长会目的在于：

（1）密切教师与家长关系、增加交流、共商教育计划。

（2）教师向家长介绍教学情况、安排、希望与要求，介绍学生的情况及班级状况，并提供家长咨询服务。

（3）听取家长对教师、教学的意见、要求，家长向教师介绍学生在家中的情况，家长督促教师班级工作。

（4）处理或通报教育、教学等，急需解决的问题。

3. 家长会的安排与进行

家长会，特别是例会，应于学期开始就确定召开时间（如每月最后一个星期五下午三点）。每次例会前应通知家长开会时间、内容，便于准备。要将开会场所打扫干净、布置整洁。开会时准备茶水，有条件时准备水果、糖果等。教师主持会议时态度要诚恳、耐心，广泛听取家长们意见、建议和要求（见家长访谈、家长咨询服务部分），能答复的问题及时作答。当场解决部分问题，或拿出解决意见，注意各位家长的情绪及对教育的评价倾向。家长会不超过一小时为宜，同时，要做好记录。

4. 家长会后认真分析研究

家长会以后，将家长提出的共同问题、家长基本的态度倾向清理出来并找出原因，拟订解决方案。比如，家长普遍对班级体育活动开展不够有意见，教师应重视这一问题从时间安排、活动场地、体育运动器材、活动门类、强度把握、教师对体育运动在特殊教育中作用的理解等方面找原因，拟出切实的修正方案，并立即实施。

家长会后，对每个家长的意见和看法均有答复和回馈，给出处理方案及处理的时间、阶段、处理结果。

（五）家长组织（家长团体）

特殊儿童家长一个人势单力薄，伴随孩子成长十分艰难；家长团结起来，建立家长组织相互支持理解，才能既促进班级教学又能做好家庭教育。

1. 家长组织的意义

（1）促进家长之间相互联系、交流、相互帮助。交流教育孩子的经验体会及各自对孩子的态度等。家长在家长组织里还可以直抒胸臆，释放自己的情感，得到理解、安慰和鼓励。

（2）家长组织能够增强家长与教师、学校的联系，传达双方的意见，能够及时把教育训练的意图、方法、资料交给每位家长，使班级教师、家庭配合更为有效。

（3）家长组织可以沟通家长与社会的关系，起到向社会呼吁，获得社会帮助和支持的作用。比如帮助孩子入学、就医、择业、获得社会服务及法律保障，维护权利等。

（4）家长组织可以督促班级教师及学校工作，定期对教师工作进行评议。

2. 家长组织类别

（1）家长团体。一个学校或一个社区的家长组织，如某地区盲童家长组织、聋童家长组织、智力障碍儿童家长组织。目前我国这类家长组织正在形成，各大中城市自闭症儿童家长组织的形成就是一例。

（2）家长会。与前面谈的家长会不完全相同，指一个班级的学生家长组织起来自己开展的活动。家长的组织主要指这类形式。

（3）家长小组。家距较近的四五个家庭为一小组，家长联合起来开展活动，此种组织方式可大力推行，便于家长培训，也便于家庭训练。

3. 组建家长组织的建议

（1）组织者。家长组织的组织者可以是家长当中的热心人，也可由班级教师出面联合学生家长推举组织者。

（2）明确任务并分工。家长会或家长小组要有明确任务，并需拟订活动计划，还可在家长组织中分工，比如：有人负责社区联络，有的负责儿童保健、卫生等。

4. 家长组织活动

家长组织的活动可以按计划定时进行，也可以在急需解决问题时进行。家长组织的活动与班级学校安排密切配合，班级学校的诸多要求又要通过家长组织督促完成。因此家长组织组建以后，活动一定要扎扎实实开展起来，并且要坚持。

（六）学校班级与家长联系方式

前面从家访、家长咨询服务、家长会、家长组织等谈及了学校、班级与家长的交往，这里简要看与家长联系的方式。

1. 面谈

即与家长直接接触，面对面的交谈。比如：专门预约的会面、家访、咨询、家庭训练、家长会等。面谈有表情、动作等交流，最适宜教师、家长双方的了解。

2. 通信联系

每个特殊教育班级均应留下学生及家长姓名、电话号码、QQ 号或微信号、家庭详细地址、邮政编码、工作单位等，以便教师与家长联系。电话及网络联系可节省时间，是现代社会重要的沟通工具。

3. 书面联系

（1）短信、语音留言方式联系。教师、家长双方针对一些重要的问题或情况，如口头表述不够全面、准确的，可记录下来用短信等方式联系，也可用语音留言、书信方式等进行联系。

（2）家庭联络簿。每个特殊教育班级均应建立家庭联络簿。周末由教师填写，告知家长学生在校一周的学习、生活情况、行为表现及建议要求等，周一家长填写这一周对学生在校表现的评议、周末或晚间家庭教育情况及对班级、教师、学校的意见、建议等。家庭联络簿可使教师、家长联系畅通，相互有应答。

家庭联络簿

学生 ××

日期	2013 年 7 月 5 日—7 月 9 日	天气	
在校行为概述	（教师填写：生活、上课行为表现）在这周里，由于家长的配合，×× 在学习方面的进步较大，上课时安静了很多，注意力集中，而且积极回答老师的问题，课后完成作业比以前认真，总是做完作业才去吃点心。今天听写了 32 个生字，她全写对了，而且很熟悉本周新学的四个生字，掌握较好；在算术方面，对于 5 以内的加法基本能掌握，偶尔会计算错误，在这方面进步不大。	在家行为概述	（家长填写：生活、学习、作业表现）通过本期学期的学习，孩子在学习（特别是学习的自觉性）方面，由于学校老师的教学有方，进步不小。在家辅导较以往要好得多，也较易接受。生活能自理，家务劳动方面有明显进步，近段时间较为突出，早上起床，能很自觉地收拾被单，吃饭后能自觉收拾碗筷，有条理地收拾东西。借此机会，我们非常感谢各位老师在本学期为她付出的辛勤劳动和心血！祝各位老师暑假快乐，万事如意，身体健康！
联络事项	本星期特别喜欢搭积木，对体能活动很感兴趣，但有时很任性，偶尔会骂脏话。生活自理方面，她的能力很强，有时还会帮助同学洗脸。有喝生水的习惯，请家长监督，帮助改正。	联络事项	
教师签名		家长签名	

来源：重庆师范大学儿童实验学校

思考与实践

1. 请设计供学生填写的教师评价表。

2. 请设计供家长填写的教师评价表。

3. 比较学生评价与教师自我评价的异同。

4. 向学生家长作本期班级管理工作的说明。

第五章　家庭教育与家庭成长

本章摘要：家庭教育是特殊教育管理的重要工作，本章对家庭教育意义、原则等进行分析，给出了家庭成长、社会支持的实例。

第一节　家庭教育概述

特殊教育班级管理针对特殊儿童的需求而提供相关服务。特殊儿童的家庭教育是儿童的教育之源，家庭在成长中完善着家庭教育。家庭是人类的需要，是社会的细胞。一个温馨、和谐、美好、幸福的家庭，不仅是社会繁荣与进步的保证，也是每个家庭成员赖以生存与发展的基础，具有无可替代的独特作用。家庭教育与班级管理同步，方能收到教育实效。

在特殊教育中，家庭需要更多的支持，父母需要更多的参与，老师和父母之间需要更多的合作，才能让特殊儿童获得最大的收益。特殊儿童的家庭教育是特殊教育中不可或缺的一环，特殊教育老师也承担着培训家长与家长沟通的责任。教师要与家长携手，才能使学校教育与家庭教育相结合，保证教育成功。此章着重从家庭教育本身，及促进家庭成长的角度进行介绍。

一、家庭教育定义

（一）家庭

家庭是以一定的婚姻关系和血缘关系或收养关系为纽带的社会组织形式，是社会的细胞。家庭的组合有直系家庭与核心家庭之分。核心家庭是指由夫妻与他们的未婚子女组成的家庭，即小家庭（也有无子女的人组成的家庭）；由有血缘关系（或收养关系）的两个或两个以上的核心家庭组成的家庭称为直系家庭（大家庭，即两代人以上的家庭）。

就现代家庭而言，独生子女增多，家庭逐渐由直系家庭转向核心家庭。家庭可能行使的职能有：生育、教育、生产、生活资料消费、休闲生活、抚养与赡养。

（二）广义的家庭教育

《辞海》对家庭教育的解释是：父母或其他年长者在家庭里对儿童和青少年进行的教育。不同社会有不同性质的家庭教育。

一般而言，广义的家庭教育是指在家庭中每个成员自始至终接受教育的活动和现象。不仅是父母之于子女的教育，也包括子女之于家长的影响。而且，这一教育过程贯穿全人生。

（三）狭义的家庭教育

在一般情况下，家长的身心成熟水平以及社会生活经验总要先于子女，这就决定了对家庭教育狭义的理解。狭义的家庭教育是指家长对于子女，特别是对于成长发育中的儿童、青少年子女的教育。

赵忠心指出：家庭教育是指在家庭生活中，由家长或家里的长者（主要指父母）对其子女和年幼者实施的教育和影响。这种教育实施的环境是家庭，教育者是家里的长者，受教育者是子女或家庭成员中的年幼者。

一般认为，家庭教育是在家庭生活中发生的，是以亲子关系为中心、以培养社会需求的人为目标的教育活动，是在人的社会化过程中，家庭对个体产生的影响作用。

亲子关系是以血缘关系及共同生活为基础，以抚育、教养、赡养为基本内容的自然关系和社会关系的结合。亲子关系可直接影响到家庭教育的效果。

二、家庭教育目的

家庭是一个人最初始的教室，父母是这教室的第一位教师。对所有的孩子都是如此，对特殊的孩子更是如此。家庭的重要性及功能性不言而喻，例如儿童学习语言、认知技巧和道德观，其他如情绪的支持、社会秩序的维护等，都是家庭教育的重要目的。

特殊儿童家庭教育的任务：在儿童入学前，主要是及早进行干预，积极配合相关专业人员做好家庭教育，以促进儿童身心得到良好的发展，为进入融合教育阶段打好基础；在儿童入学后，主要是配合学校教育使其各方面能力得到更好的发展，为将来的家庭生活和进入社会生活或职业生涯做好准备。

三、家庭教育意义

一般来说，人在早期生活中，随时随地都在向家庭成员学习经验和思想、行为模式，并获得各方面能力的非正规的培养教育。家庭教育是家庭内在的、固有的功能之一。家庭是实现个体由"生物人"向"社会人"过渡的第一场所，也是向新生一代实施终身教育的地方。

对特殊儿童而言，早期干预对他们具有极为重要的意义。早期干预是以家庭为核心的团队合作，家庭的成员发挥着最为积极的作用。若父母在婴幼儿阶段及早发现、及早诊断、及早治疗和教育，特殊婴幼儿将会在早期获得很大的支持和帮助，可能有在学龄期进入普通群体的前景。

四、家庭教育特点

（一）家庭教育的启蒙性

早期的家庭教育与影响，对一个人的思想观念的形成、智力的发展、性格的培养都具有至关重要的启蒙意义。一个人在家庭中发展起来的身心能力如何，将决定他日后接受教育影响获得身心发展的能力。成功的家庭教育，是儿童成长的基础。生理学研究证明，学前阶段是儿童身心发展的最迅速时期，出生头一年大脑的发展速度最快，在这个时期，给予足够的营养及合理的训练，将促进脑的发展。反之，则会耽误时机。这一阶段，为特殊儿童提供早期发现、早期治疗、早期教育与训练的是家庭。脱离家庭教育的儿童会出现不同程度的生理缺陷或个性障碍。已经出现障碍的儿童如果没有进行早期干预和早期教育将会延误发展。

（二）家庭教育的随机性

家庭教育寓于日常生活当中，教育的目的、内容与方法都贯穿于具体的生活事例中，孩子能在家庭环境中自然轻松地学习。家庭教育质量的优劣取决于家长的教育目标导向、教育能力与教育方法。家庭教育也有家庭气氛的间接影响，如家庭的文化氛围、环境条件、成员关系、家庭结构等。家庭教育的随机性体现在，教育分散于家庭生活的各个方面、各个环节，如吃穿住行、人际关系、休闲活动、沟通等。看似一般的日常生活中都包含着教育的因素，可以不系统，但运用起来灵活可行。儿童就是在家庭的日常生活中学习相关内容，家庭成员的言传身教也在有意无意中影响着儿童的言行。

（三）家庭教育的伦常性

各种家庭关系对子女都会产生某种影响，影响最大的是亲子关系。亲子关系是存在着血缘关系的社会关系，而且还存在着经济、伦理道德的关系。其特点如下所述。

1. 家庭关系的感染性

家庭成员间具有浓厚的情感色彩，父母与子女的情感联系最为密切而持久，亲子情感造就的家庭温馨气氛是家庭教育的极好条件。父母对子女的爱，子女对父母的信任，都是家庭教育的有利条件，亲子情感基础上的家庭教育会取得积极教育效果。特殊儿童的家庭成员大多是很爱其子女的，但有时候也会走极端，形成溺爱或虐待。因此，特殊儿童的家庭要善于利用家庭关系的情感，理性地施于教育中。

2. 家长的权威性

权威以意志服从为特征。家庭中长辈的社会责任、在家庭中的地位及教育者的角色，决定了他们在家庭中较强的权威性。父母的要求孩子能够听从、父母对孩子常规管理比较有条理，这对孩子的教育是很好的基础。但也应注意不要造成过于严厉的权威，让子女与父母产生较多隔阂而影响家庭教育。特殊儿童更需要从小建立良好的行为常规，这是孩子能够学习其他知识和技能的基础。

3. 家长教育的针对性

家庭成员朝夕相伴，父母对子女观察细致，易于了解孩子的优势与弱势，能够做到针对子女特点、有的放矢进行教育。特殊儿童的家庭教育要与特殊教育相结合，家长要更多地了解特殊教育的教育方法和技巧，并运用于家庭教育中，这样，就会取得事半功倍的效果。

（四）家庭教育的全面性

家庭教育比学校教育具有更广阔的教育范围和更丰富的教育内容，是对子女进行感官知觉、大动作、精细动作、沟通能力、人际关系、社会技能等方面教育的好场所，涵盖儿童全方位的发展。家庭教育在于全面促进智力和非智力因素的协调发展。子女的思想观念、情感态度、意志行为、个性品质等在日常生活中将得到培养和发展。

（五）家庭教育的终身性

家庭教育决定了子女的性格、智力发展等因素，因此，其教育影响是终身的。家庭永远是特殊儿童的港湾，他们的学前期、学龄期及职前、职业期都不能离开家庭的庇护与支持。因此，家庭教育具有终身性的特点。

第二节 家庭教育的基本原则

家庭教育必须遵循育人规律，这是处理好家庭教育中诸多矛盾和各方关系，实现教育目标的基本原则。

家庭教育的原则是根据青少年儿童的身心发展特点以及个性、品德形成的规律，并以特殊教育培养目标为依据，总结现实生活中家庭教育的实践经验，是家庭教育和特殊教育本质和规律的反映。各原则之间相互关联和渗透，形成了完整的原则体系。理解并执行家庭教育原则必将增强家庭教育的实效性。

一、正确导向原则

家庭教育中，家长应坚持以正确的价值观对子女的身心发展施加教育影响。但家长的教育行为受多方面因素的影响，如社会地位、人生哲学、个人性格、榜样示范等，其中父母对人生的看法，决定着教育子女的方向。家长的价值观受历史和社会所制约，并与其思想水平、社会生活环境、文化程度、职业特征、个性特点有密切关系。

家长的教养态度和方式是家庭教育价值导向的具体体现。家长要与子女平等相处，关心他们的进步，注重情感交流，形成和谐、融洽的亲子关系；注重耐心说服、循循善诱这种民主型的教养态度和方式，这才是现代化价值导向在家庭教育中的具体反映。家长要注意调整一些不恰当的教养态度与教育方式，溺爱孩子、虐待孩子或是冷漠、忽视孩子，都会给子女带来不良的影响，甚至影响孩子终身的发展。

家庭的教育价值导向，决定着家长的教育态度和教育方式，同时又决定教育效果。子女身心的健全发展、开朗热情、独立自主、情绪稳定、善于交往、开拓创造等良好的个性品质，都是家长的导向正确、采用良好的教育态度和方式的结果。家长要对孩子有合理要求，并与教师合作。总之，家长要以身作则。

二、理性施爱原则

在家庭教育中，家长不但要以无私的亲情热爱子女，更需要情感与理智相结合，坚持科学的教育。爱是父母的天性，也是教育的基础。特殊儿童的父母在得知孩子有某种缺陷时，起初都是无法接受这一事实而产生无助、怨恨、失望、负疚等情感。一段时间后大多数家长都能接受事实，情绪逐渐趋于平静，开始理智地思考问题。大多数家长在孩子的学龄前期和学龄期做出为孩子提供学校教育的决定。老师也主要是面对这一年龄段的学生及家长。

特殊儿童家庭教育存在溺爱、歧视、忽视、严厉、合理等多种类型。情理交织、宽严相济才是理性施爱原则。

三、启发诱导原则

家庭教育中，家长要承认子女在学习成长中的主动地位和独立人格，注意调动他们的积极性、主动性和创造性，引导他们自觉地努力，形成和发展良好的个性品质。启发诱导的重要手段，是运用精神奖励、物质奖励、信息诱因、恰当期望等激励因素，激发子女的行为动机和为达到目标的意志。家长需要用理性的引导来处理孩子的问题，而动辄打骂或用大量物质作为奖励的办法是不符合教育孩子的原则的。

四、要求适度原则

家长将孩子送入学校接受特殊教育，总是抱着期望而来，企盼孩子有所长进。家长对孩子的盼望可分为：①高期望，即期望孩子进入学校以后有翻天覆地的大变化、有长足的进步，抱着这种心态可能在一段时间里促成家长的信心并激励家长参与行动，但往往容易遭遇挫折即出现失败感，使自身心理失衡而迁怒于孩子和教师，热情冷却快；②低目标，即因孩子的障碍困扰，对孩子不作过多高要求，只求学得一点生存技能或在学校里混日子，当看到孩子障碍多、孩子能力不够时，易形成对孩子少关照、无要求的状况；③适度、恰当的要求，即家长能与老师密切联系，找到自己孩子的"起点"，评估孩子各方面能力，从而与教师一起制订出孩子通过努力可能达到的目标，即适度、恰当的要求，这样，老师、家长均获成功的可能性较大，最终使家长、教师、学生三方关系都能融洽。

五、教育一致性原则

家庭教育应将来自各方的教育影响加以协调，使家庭成员的教育价值观、教育要求、手段、方法统一起来，前后贯通，从而保证子女的个性品质按照正确的培养方向发展。

家庭成员对孩子态度应一致，家庭与学校要求应一致。家庭教育一致性的基本要求是：首先，家庭成员间的教育目标和教育要求要一致，及时互通情报，共同研究教育子女的问题，互相配合，彼此维护威信。其次，家长应主动创造对子女教育的良好环境，配合学校，加强对子女的学习辅导和生活辅导。家长要特别重视儿童身心发展的关键期，及时开发智力、培养个性，要主动配合学校对青少年子女进行青春期教育。家长要注意研究子女身心发展特点，做到教育前后连贯衔接，对孩子的基本要求一致。如果祖父母和父母一代，或者父亲和母亲的教育方式不一样，孩子的行为常规难以建立，是非对错容易混淆。

（一）家校合作概说

广义的合作包含家长参与各种委员会，参与学校活动，还包含家长和老师共同为孩子的教育作密切的沟通、协调。父母有意愿、有时间，愿意关心孩子的成长，愿意了解学校为孩子所做的一切；学校或老师也愿意坦诚地、开放地以各种方式和父母沟通，那么，合作的桥梁才比较容易搭建起来。

当然，教师与父母在合作中也会存在一些障碍，因为，教师与家长有角色心态上的差异。

1. 角色的归属

特殊儿童家长长期照顾特殊孩子，身心俱疲，作为老师不能真正了解家长教育孩子的辛苦；特殊教育老师代表专业与权威，有些老师将孩子所有问题来源归咎于父母，双方在合作时产生心理的隔阂。

2. 角色的关注

特殊教育老师主要关注于班级里所有学生，家长所关注的只是自己的孩子，认为老师应特别关照他的孩子。

3. 角色的情感

特殊教育老师常采取中立、理性的立场，与当事人在情绪上保持距离，可能会被家长误解为冷漠、不关心，引起不满。

4. 角色的定位

老师常被视为"专家"角色，有些家长不愿介入或干涉老师的专业；或因教育差距、文化、社会、经济等不利条件使家长产生退缩、自卑心态，这些都不利于教师与家长的合作；合作的另一种障碍是家长的过度干预，家长过度介入老师的教学内容、教学方法或班级管理，也会对老师教学造成不少困扰。

（二）家长与特教教师合作的目的

1. 增强家长参与的动机

让家长参与更多的决策过程，使家长在教育过程中拥有更多的主动权。比如在咨询委员会、学校家长会、学校特殊教育推行委员会中增加家长代表名额，让家长有更多的机会参与。

家长是最熟知其子女的"专家"，以"协商者、教导者、决策者"的身份看待家长，是建立家校合作的基础。在与家长合作过程中，要接纳及尊重家庭的多元文化、生活方式及价值观。

2. 将家长参与视为权利和义务

父母教养子女是一种天职，包括教养的权利以及教养的义务。家长除了应在家庭或社区尽教养的责任外，也应全力配合学校教育；家长参与子女在学校的教育是一种权利，也应是一种义务。学生家长参与各种委员会，还应为子女维权、参与个别化教育计划拟订、评量等。

努力推动学校、家庭、社区的联系。学校、家庭及社区的联系是特殊教育成功的保障，三方合作涵盖了学生活动的多侧面，三方相互影响和沟通构成学生生活全息。

3. 尊重家长

教师想得到家长的尊重与合作，首先要尊重家长，对家长要平等对待，不能以居高临下的态度或以恩赐式、救济式、教训式的态度对待家长，因为家长能够不离不弃地养育有障碍的孩子应该受到尊敬。其次，家长和教师就是合作关系，只有合作才可能让共同的事业——促进特殊儿童的成长得以成功，合作关系也是国际上对家长和专业人员最新的关系诠释。

4. 理解家长

家长对待孩子、教育和教师的态度可能会有一些不合理的地方，作为特殊教育教师应该理解。因为家长层次不一，背景不一，是大社会的缩影，各具特点。但是都有一个共同点：他们是特殊儿童的家长，有比一般儿童家庭更为艰难的心路历程，生活不容易。作为特殊教育专业人员，对家长的急躁或不理解、不合理要求都应该充分地理解，作合理的解释。

5. 帮助家长

提供家长需要的教育服务，如定期家长会、家庭访谈、家长联络、家长培训、家长咨询、家庭辅导等。充分了解儿童在家庭环境中的身心状况及学习状态，解答家长的困惑，提高家长的认识，增进教师和家长的沟通和了解，协调双方需求。

（1）对家长表示必要的关心和支持。教师在家长急需关心与支持的时候，能够伸出热情的手，给家长恰当的帮助，对建立双方良好的关系作用很大。同时使家长了解孩子教育的重要性，并主动参与家庭教育。

（2）为儿童提供真正意义上的教育服务。使家长、教师合作的最佳途径就是提供给儿童真正意义上的教育服务。一是尽职尽责、工作态度端正、不马虎、不敷衍了事；二是恰当的教学方法与教学策略，真正有效的教育才能让家长心服口服。

（3）增加家长特殊教育的知识与技能。

第三节　家庭成长的社会支持实例

作为特殊儿童的养护者、教育者的家长，面对压力与挑战，重任在肩。但是家长也需要帮助，家长、家庭也需要成长。在探索家庭成长的社会支持上，我国现有残疾人联合会的家长协会、社区康复站、各地民间的家长团体、家长俱乐部、亲子学校等。

本节以原重庆市爱心儿童玩具图书馆为例，意在从具体实作的层面上看家庭成长的社会支持。

一、推动一把，助家长成长

我国特殊儿童及家庭的需求与所提供的教育服务之间严重不足，尤其在西部广大地区，诸多特殊儿童及其家庭处在被动、等待、无奈的状态。

重庆市爱心儿童玩具图书馆是为有特殊需求儿童的家庭服务的民间公益机构，专为重庆地区特殊需求儿童及其家庭的福祉而设立。

（一）主要功能

主要功能包括：

- 提供失学、居家的身心障碍儿童一个充满丰富刺激的活动空间；
- 提供家长、教师充实教养技能的加油站；
- 提供家庭联谊、经验分享的温馨驿站；
- 提供特殊教育咨询及转介服务；
- 形成本馆与家庭、学校、社区密切联系的服务模式。

（二）服务模式

1. 初期主要服务模式

- 开放给未入学儿童及家长自由到馆内看图书、玩玩具、看录像等；
- 开放给培智校、班或儿童福利院教师带学生到馆内活动；
- 特约心理及教养咨询，包括发展评估与家庭环境分析；
- 为未入学儿童拟订个别化教育计划，并提供定期辅导；
- 定期举办音乐、美术、戏剧等教学活动，使儿童有机会接受小组教学，并开放给家长、教师观摩；
- 定期举办亲职讲座；
- 定期举办家庭联谊活动。

2. 发展期主要服务模式

- 辅导家长成长、促成家庭相互支持；
- 与家长合作进行社会教育与社会宣传；
- 成为重庆市特殊教育的教学资源中心，为教师提供各种资料和专业信息；

·辅导重庆地区建立特殊教育学校和班级；

·开展到宅服务。

二、爱心儿童玩具图书馆家长活动简介

（一）亲职讲座

邀请当地特殊教育界、医学界的专家为家长举办专题讲座，让家长的履职能力有所提升。为了让家长掌握一些基本的引导教育孩子的方法和技巧，找到家长最关心的主题，如：孩子不会说话怎么办？孩子注意力不集中怎么办等，邀请资深特教老师针对这些主题，把他们的教学经验总结汇编成册。在小手册里，不仅提出了这些问题的解决方法，还展示了这些问题发生的原因，并特别提到解决这些问题时家长所要秉持的观点、态度及孩子周围环境的调整配合，巩固和延展亲职讲座的效果。

（二）系列讲座

针对定期来馆儿童的障碍类别、主要障碍，以及家长感兴趣的主题，举办专题讲座，邀请医学专家从医学的角度对此进行解释，再请特教老师从教育的角度进行教学辅导示范。

（三）家长读书会

每月最后一个周末，家长相约来馆参加读书会，他们不只是为孩子而来，而是为分享彼此读书的心得、人生的感悟而来，为自己而来。

（四）家长成长团体

经过前两年与家长的互动和沟通发现，即使家长能很好地完成老师的既定目标，但对教养知识和教养技巧，还是不太清晰。比如：更多的家长较注重教孩子知识，更关注孩子语言的发展，但都忽略了孩子动作及生活自理的发展；家长们也不太清楚语言、认知、动作、生活自理、社会行为之间的关联和相互作用，在养成孩子的良好行为方面稍显急躁。因此，本馆依据成长团体的活动设计模式，设计出家长成长团体的活动主题、活动目标和活动过程，并带领家长整理 protage 课程，设计 protage 侧面图，让家长对孩子各个领域的发展顺序有一个清楚的了解（见表四）。

（五）家长成长课程

通过问卷调查了解到，平常教给家长的技能实施成效有限，主要是中间缺少

了两个关键机制：一是评估系统及评估依据，二是对家长特质的系统了解。虽然在与家长的沟通交流中，本馆也注意到不同特质的家长，用不同的沟通方式和不同的技术转移方式，但没有从一个系统的方面作整理，以致对家长特质的了解完全凭着一种直觉在进行，因此，设计出的家长活动不能达到既定目标。

开馆之初，杨元享老师建议：带领家长活动是一种方式，但更重要的是经由活动架构出一套家长成长课程。于是，在研究生的协助下，由爱心家长修订，集集体智慧之大成，形成了家长成长课程的雏形和家长特质一览表，并收集到宅服务的资料集里。

（六）到宅服务

早期干预对于特殊儿童未来发展有着极其重大的意义。儿童早期最主要的生活环境是家庭环境，于是开展了早期干预的一种新的服务模式的探索——到宅服务。对整个孩子生活的家庭和社区的环境进行分析，在孩子的实际生活情景中指导家长和孩子良好互动，让孩子得到更好的发展。同时家长也学会了引导自己孩子学习的方法和技巧。

1. 到宅服务的服务理念

孩子经服务得到更好的发展；家长经服务，在教养能力上得到提高，得到情绪上的支持，减轻心理压力；家庭生活质量得到提高，能寻找和整合资源，使孩子顺利进入下一个阶段。

2. 到宅服务的服务内容

专业特殊教育教师直接进入家庭中，指导家庭如何教养孩子；专业特殊教育老师提供技术转移，借此增强家长的教养知识和教养技能；提供家长参与家长成长团体活动和亲职讲座的机会；帮助家庭寻求并整合资源。

3. 到宅服务的流程

由医院或特殊教育机构转介→接案→家访→评量→召开 IFSP 会议→拟订个别化家庭服务计划（IFSP）→示范并执行计划→评估计划→结案并追踪。

（七）家长成长

为应对重庆市特殊教育相对不足的情况，切实解决特殊孩子教育问题，鼓励部分特殊儿童家长勇敢站出来，齐心协力创办特殊教育机构，成为机构负责人，甚至教学主管，担当教学骨干。玩具图书馆还鼓励全国各地家长组织与家长成长提供相关服务。

三、爱心儿童玩具图书馆家长服务相关表格

表一　家长成长课程大纲

心理 建设	1. 是否跟专业人员讨论自己的问题。 2. 是否会跟亲朋好友讨论孩子的问题。 3. 是否会跟邻居或不相关的人解释孩子的问题。 4. 是否会主动找到有相同经验的家庭一起讨论孩子、自己及家庭的问题。 5. 是否会主动参加家长联谊会活动或家长成长团体活动。 6. 是否会为自己留一些时间。 7. 是否能有一些家庭经营的知识和技能。	
权利 意识	1. 了解与残障儿童有关的政策、法规。 3. 能为自己的孩子争取受教育的机会。 5. 能参与制订孩子的教育成长计划。 7. 能督促医疗系统的完善。 9. 争取每位孩子都有的基本权利（生存权、受教育权、隐私权、被尊重的权利等）。	2. 了解一般儿童的相关政策、法规权利意识。 4. 能为自己的孩子争取应得的福利。 6. 能督促教育系统向学生提供有效教育。 8. 能督促社会福利系统的完善。
教育 理念	1. 让孩子成为一个有尊严的人。 3. 发挥孩子最大的潜能。 5. 任何孩子都有受教育的权利。 7. 帮助社会接纳和尊重有特殊需求的孩子。	2. 让孩子成为一个自立的人。 4. 帮助孩子适应社会。 6. 改变人的命运。
教养 特质	1. 是否对孩子在衣食住行，物质、精神上关怀得无微不至。 2. 是否对孩子要求较严格。 3. 是否只提供孩子基本生存条件，漠视其心灵感受。 4. 是否只提供孩子所想要的物质需求，放任孩子的行为。 5. 是否具有一致的教养原则。	6. 是否尊重孩子，给孩子选择的机会。
教养 知识 及教 养技 巧	1. 是否了解一定的儿童发展心理学知识。 3. 是否了解一定的卫生保健知识。 5. 是否了解一定的艺术知识（音、体、美）。 7. 是否了解解决行为问题的一些基本原理、方法和技巧。 8. 是否会应用一些教学技巧来协助孩子学习。 9. 是否经常方法创新和使用一些辅具来帮助孩子学习。	2. 是否了解一定的医疗康复知识。 4. 是否了解一定的学科知识。 6. 是否经常阅读有关育儿知识的书报杂志。
寻求 资源	1. 是否会为孩子寻求到医疗资源。 3. 是否会为孩子寻求到交通资源。 5. 是否会为孩子寻求到社区资源。 7. 是否会为孩子寻求到健康保健资源。 9. 是否会通过专家寻求资源。 11. 是否会通过书籍寻求资源。	2. 是否会为孩子寻求到教育资源。 4. 是否会为孩子寻求到法律资源。 6. 是否会为孩子寻求到财务资源。 8. 是否会通过媒体寻求资源。 10. 是否会通过网络寻求资源。

表二　家长特质一览表

一、家长特质

个人气质：内向型□　　外向型□　　稳定型□　　暴躁型□

忍耐型□　　冲动型□　　坚持度高□　　坚持度低□

兴趣专长：＿＿＿＿＿＿＿＿＿＿＿＿＿＿＿＿＿＿＿＿＿＿＿＿＿＿＿

学习方式：讲述□　　示范□　　思考□　　操作□　　反省□

受教育程度：小学□　　中学□　　大学□　　大学以上□

二、家长教养能力

教学技巧：　灵活□　　呆板□　　多样□　　一成不变□

教学方式：1～2种□　　2～4种□　　4～6种□　　无□

解决问题的能力：弱□　　较弱□　　一般□　　较强□　　强□

行为管理能力：弱□　　较弱□　　一般□　　较强□　　强□

三、家长态度

对孩子障碍程度的了解：不了解□　　了解很少□　　了解大部分□　　很了解□

对孩子的接纳程度：不接纳□　　接纳部分□　　一般□　　较接纳□　　完全接纳□

家长的配合度：　低□　　一般□　　高□

寻求相关帮助：　被动□　　一般□　　积极主动□

权利意识：不了解□　　了解较少□　　一般□　　了解较多□　　很了解□

对孩子的期望度：低□　　一般□　　高□　　合理□　　一般□　　不合理□

记录者感想：＿＿＿＿＿＿＿＿＿＿＿＿＿＿＿＿＿＿＿＿＿＿＿＿＿

四、家庭环境

住家附近环境：＿＿＿＿＿＿＿＿＿＿＿＿＿＿＿＿＿＿＿＿＿＿

家庭布置与设备：＿＿＿＿＿＿＿＿＿＿＿＿＿＿＿＿＿＿＿＿

玩具与用品：＿＿＿＿＿＿＿＿＿＿＿＿＿＿＿＿＿＿＿＿＿＿＿

交通：＿＿＿＿＿＿＿＿＿＿＿＿＿＿＿＿＿＿＿＿＿＿＿＿＿＿＿

家庭活动场地：＿＿＿＿＿＿＿＿＿＿＿＿＿＿＿＿＿＿＿＿＿＿

五、家庭

作息规律：＿＿＿＿＿＿＿＿＿＿＿＿＿＿＿＿＿＿＿＿＿＿＿＿＿

休闲活动：＿＿＿＿＿＿＿＿＿＿＿＿＿＿＿＿＿＿＿＿＿＿＿＿＿

户外活动：＿＿＿＿＿＿＿＿＿＿＿＿＿＿＿＿＿＿＿＿＿＿＿＿＿

室内活动：＿＿＿＿＿＿＿＿＿＿＿＿＿＿＿＿＿＿＿＿＿＿＿＿＿

饮食习惯：＿＿＿＿＿＿＿＿＿＿＿＿＿＿＿＿＿＿＿＿＿＿＿＿＿

消费习惯：＿＿＿＿＿＿＿＿＿＿＿＿＿＿＿＿＿＿＿＿＿＿＿＿＿

医疗保健习惯：＿＿＿＿＿＿＿＿＿＿＿＿＿＿＿＿＿＿＿＿＿＿

六、家庭资源

家庭气氛：＿＿＿＿＿＿＿＿＿＿＿＿＿＿＿＿＿＿＿＿＿＿＿＿＿

亲友关系：＿＿＿＿＿＿＿＿＿＿＿＿＿＿＿＿＿＿＿＿＿＿＿＿＿

邻居关系：＿＿＿＿＿＿＿＿＿＿＿＿＿＿＿＿＿＿＿＿＿＿＿＿＿

社交关系：＿＿＿＿＿＿＿＿＿＿＿＿＿＿＿＿＿＿＿＿＿＿＿＿＿

资源取得：＿＿＿＿＿＿＿＿＿＿＿＿＿＿＿＿＿＿＿＿＿＿＿＿＿

基本收入状况：＿＿＿＿＿＿＿＿＿＿＿＿＿＿＿＿＿＿＿＿＿＿

记录者感想：＿＿＿＿＿＿＿＿＿＿＿＿＿＿＿＿＿＿＿＿＿＿＿＿

表三　家庭需求访谈表

访谈时间_____年____月____日　　受访者_____　　访谈者_____

	暂无需求	一般	目前很需要
一、教育需求			
1. 需要找到一个接纳孩子的学校：	☐	☐	☐
2. 需要找到一个可提供教养咨询的机构：	☐	☐	☐
3. 需要学习一些教育技巧和方法：	☐	☐	☐
4. 需要有人指导如何帮助孩子玩具的制作或选购：	☐	☐	☐
5. 需要有人指导如何帮孩子书籍的制作或选购：	☐	☐	☐
6. 需要掌握一些解决孩子行为问题的方法：	☐	☐	☐
7. 需要与专业人员讨论孩子的问题：	☐	☐	☐
8. 需要有专业人员为孩子提供专业服务：	☐	☐	☐
9. 需要了解儿童发展的一般规律：	☐	☐	☐
10. 需要了解孩子的障碍程度及限制：	☐	☐	☐
11. 需要了解一些育儿的一般常识：	☐	☐	☐
12. 需要了解一些医疗康复卫生保健常识：	☐	☐	☐
13. 需要了解一些艺术知识：	☐	☐	☐
14. 需要了解一些学科教学知识：	☐	☐	☐
15. 需要了解和孩子玩游戏的技巧：	☐	☐	☐
16. 需要参与制订孩子的教育计划：	☐	☐	☐
17. 其他_____			
二、心理需求			
1. 需要和相同的家庭有沟通的机会：	☐	☐	☐
2. 需要从专业人员那里得到心理支持：	☐	☐	☐
3. 需要从亲朋好友那里得到心理支持：	☐	☐	☐
4. 需要和家人一起共同讨论孩子的问题：	☐	☐	☐
5. 需要有人提供临时托管服务，让我有喘息时间：	☐	☐	☐
6. 需要参加相似家庭的联谊活动：	☐	☐	☐
7. 需要有人教我如何对别人解释孩子的情况	☐	☐	☐
8. 需要有人帮我减轻心理压力：	☐	☐	☐
9. 需要有更多的属于自己的时间：	☐	☐	☐
10. 需要在孩子不同成长阶段得到相应支持：	☐	☐	☐
11. 需要了解育儿的一般常识：	☐	☐	☐
12. 需要了解一些医疗康复卫生保健常识：	☐	☐	☐
13. 其他_____			
三、权利／福利			
1. 需要了解与残障孩子有关的法规、政策	☐	☐	☐
2. 需要了解一些相关的福利待遇：	☐	☐	☐
3. 需要给孩子找到更多的自然支持：	☐	☐	☐
4. 需要为孩子找到合适的康复医院：	☐	☐	☐
5. 需要找到购买特别器材的地方：	☐	☐	☐
6. 需要找到与孩子有关的健康保险：	☐	☐	☐
7. 希望孩子在社区里得到平等对待：	☐	☐	☐
8. 其他_____			

表四　做个快乐的爸爸、妈妈——家长活动一览表

第一主题：他（在）哪里　　总目标：1.了解儿童发展心理学　2.了解孩子目前的能力				
2月25日上午	3月4日下午	3月11日下午	3月25日下午	3月28日下午
第一单元：相见欢	第二单元：你是我永远的宝贝	第三单元：我们这样长大1	第四单元：我们这样长大2	第五单元：懂你
目标：相互认识了解培训家长目的制定，相应规则	目标：了解孩子发展现况，希望他发展的方向	目标：了解儿童发展顺序	目标：了解儿童发展顺序	目标：重新调整发展方向，找出下阶段可能的最佳发展
第二主题：怎么办　　总目标：了解辅导孩子的原则、行为改变技术及应用				
4月1日下午1：30	4月8日下午2：00	4月15日下午2：00	4月25日下午1：30	
第一单元：最佳拍档	第二单元：心与心的对话	第三单元：超级乖宝宝1	第五单元：超级乖宝宝2	
目标：了解辅导孩子的一般原则	目标：了解行为功能及行为改变技术	目标：逐步养成良好行为的方法及应用	目标：逐步减少不良行为的方法及应用	
第三主题：重振旗鼓　　总目标：1.家长自我调整　2.合理使用资源				
5月6日下午1：30	5月13日下午1：30	5月20日下午1：30	5月27日下午2：30	
第一单元：往事可回首	第二单元：快乐的一天	第三单元：爱心在线	第四单元：真爱无敌	
目标：澄清以往教育观念，树立积极的教育态度	目标：了解自我调适方法、家庭调适方法	目标：寻求及建立支援网络（了解相关法律等）	目标：三个主题整合	

思考与实践

1. 你如何看待特殊儿童家庭教育。

2. 依家庭需求表格进行家长访谈。

3. 尝试参与特殊儿童到家服务工作或相关服务工作。

第六章 班级安全教育与管理

本章摘要：特殊教育安全第一，本章就班级安全管理的内容、措施等作介绍。

第一节 班级安全概述

安全是人类生存和发展的必要条件，没有安全也就没有特殊教育，安全是特殊教育班级管理中不容忽视的内容。安全是指避免危险或伤害所应有的行为及措施，班级安全是指为避免学生在班级中接触危险或伤害所采取的行为和措施，校园的班级安全问题已成为全世界备受关注的问题。特殊教育班级安全问题尤为突出。

一、班级安全的重要性

（一）特殊教育安全第一

近几年来，有关学生人身安全、财产安全的事件屡见报端，对学生进行安全教育已是一件刻不容缓的大事。在对学生进行的各种教育中，安全教育需放到第一位，尤其是作为特殊学校教师因学生的特殊需要更有责任和义务抓好学生的安全教育，搞好班级安全管理。

（二）特殊儿童意外事故发生率高于一般儿童

特殊儿童受到生理、心理等因素的影响和制约，较难准确辨别不安全因素和采取正确的防范与保护措施，因此他们意外事故发生率要比一般儿童高。

加之特殊教育过程中重知识技能轻适应能力教育和一旦遭遇安全事故过度反应，这两种极端现象存在使家长和教师变得十分小心谨慎，长时间不敢带学生外出活动。但往往物极必反，"关"得太久的学生一旦获得片刻的自由，便出现一些失控行为，造成事故。所以，安全教育既是特殊教育的重点，同时也是难点。

（三）避免二次伤害的发生

特殊儿童大多数都有第一次伤害，如果因班级管理不当出现二次伤害，对学生身心发展会造成更大的障碍和损失，甚至造成不可逆转的后果。班级管理在任何时间任何地方均应有安全意识和确保各位特殊儿童安全的因应措施。保护好每一个学生，使发生在他们身上的事故减少到最低限度，让他们能够健康安全地成长，是学校和每位教师的责任。当遇到安全问题时，教师也不必惊慌失措，应该沉着冷静地应对出现的情况，同时应该加强安全预防措施，确保班级安全，尽量避免二次伤害。

二、班级安全教育要素

（一）教育对象

安全教育的施教对象是特殊教育班级的学生。特殊教育班级的安全既与普通教育有相同之处，又有不同之处。由于特殊学生的缺陷和不足，他们的安全教育具有自身的规律、特点，因此班级安全管理的内容、方法和目标的制订和实施是从学生的特点出发来考虑的。

（二）教育内容

对学生所进行的安全教育不同于对生产、经营企业职工所进行的安全生产教育，而是根据在校学生的安全特点、校园安全形势和社会治安状况，依据国家有关法律、法规和政策，开展以"防伤害（人身、心理）、保安全（学业、财物）、促发展（身心、才智）"为主要内容的安全教育。

（三）教育目的

对学生进行安全教育，其目的是增强他们的安全意识，提高安全防范能力，确保人身和财物安全，促进身心健康，使学生能够得到全面发展。

（四）教育手段

特殊学生在智力、认知、感官和动作等方面的发展要比正常儿童缓慢，对抽象知识的理解能力较正常学生有差异。因此，除了对学生进行以传授知识和思想教育为主的安全教育之外，教育过程还必须要遵循直观性实作原则，使用多媒体、现场模拟或者通过游戏活动来进行。

三、教师、学生、家长合作进行安全教育

（一）对教师的安全教育

班级安全教育的首要前提就是提高教师的安全意识和责任心，教师要把安

全放在首位，必须牢固树立"安全第一"的思想，上岗即进入工作状态，从事任何活动均应注意维护学生安全。其次，教师必须具备丰富的安全知识，只有教师具备了安全知识，才能对学生进行安全教育，否则，难以向学生普及安全常识。对教师的安全教育包括以下几点。

1. 狠抓安全学习

加强教师的安全知识培训，组织广大教师系统地学习、掌握安全知识。如了解学校各楼梯的安全出口标志，以及遇到危险迅速逃生的通道和方法，掌握灭火器的正确使用等。

2. 注重信息传递

电视新闻、互联网以及每月订阅的各类报刊都是平时他们了解外界信息的途径。如果了解到相关安全方面的信息，就要全体教师在会上进行讨论学习，进一步增强教师工作的责任心。

3. 自觉排除隐患

教师要带头主动排除各种安全隐患，自觉从身边的每一件小事做起，如人走灯灭、将尖锐物品远离学生，形成良好的习惯。在岗教师对每位学生的处所、位置应该了然于心。每天、每周、每月都应有安全检查。

（二）对学生的安全教育

虽然教师和家长都竭力地呵护学生，以尽量减少事故的发生，但我们应该清楚地认识到成人对学生的保护毕竟是有限的，因此在关注和保护学生的同时，更重要的应该是教他们必要的安全知识，增强学生的自我保护意识和能力，只有把安全的金钥匙交给学生才是最可靠的。所以应对学生进行安全教育，让学生树立安全意识，懂得珍惜自己和他人的生命。例如，特殊学生中的智力障碍儿童对生命的理解、对安全的重视存在一定的局限性，教师可能要花很多时间才能让他们明白不安全的后果，知晓生死的意义。比如，一位坚决要跳入池塘里玩的学生，教师说："你跳下去会死的。"他却说："我不怕死。"此时，教师应该注意让他知道，死了就不能吃好东西了，看不到爸爸妈妈，也不能到公园去玩，得不到压岁钱，穿不成新衣服等，逐渐建立起他对生与死的简单概念。在对特殊学生进行安全知识教育时，必须充分调动学生视、听、触等感官，激发学生的学习积极性。教师除了在课堂上向学生灌输安全知识之外，还应该在实践中帮他们建立安全意识，"做中学"是培养学生安全意识最好的方式。我们在日常教育活动中充分利用学校的安全教育设备，有目的、有计划地创设安全教育情景；结合日常生活教育对学生进行法治观念的渗透，培养学生遵纪守法的良好习惯；还可利用安全游戏活动，从情感培养和行为练习入手，通过树立榜样、正面鼓励、持续教育等方式，结合学生能懂会做的事例，在日常生活中渗透教育；帮助学生理解、领会社会的道德要求和期望，引导学生知晓道理，指导他们付诸行动、反复练习，从而形成良好的行为习惯。通过各种角色的扮演使学生体验到社会成员的思想和情感，从而领会社会的道德要求，在日常生活中自觉遵守这些行为规则，严格要求自己，日久天长，学生的社会性行为增多，良好的行为规范意识和能力在各种活动中得到进一步的巩固和加强。

（三）与家长合作搞好安全教育、形成安全行为

家长是学生的第一任教师，家庭教育对学生的成长有重大的影响，学生的安全问题成为家长们最关注的事情。良好的家庭教育有助于学校教育工作的开展，而家庭中的安全教育，是每个家长必须重视的。首先，家长要树立起安全第一的意识，加强自身的安全防护意识，既要注意学生健康心理的培养，又要注意日常生活中防火、防煤气中毒、防电以及饮食卫生、家务劳动中的安全教育，防陌生人，注意外出安全。要经常提醒学生注意安全并辅之以一些基本的安全防范技能的训练。如地震的防避场地选择、火灾安全常识等，平日有相关演练，还有安全过马路、不到建筑工地和铁道上玩耍等安全教育。同时，教师应该加强与家长的联系，相互沟通信息和交流经验，了解学生在学校和家中的情况，采取双方配合、双管齐下的方法，有目的、有步骤地对学生进行安全知识的教育和训练，增强学生的安全意识，促进学生的健康发展。安全这根弦需绷紧，形成安全意识和安全行为习惯。

四、安全教育的原则

（一）教育性原则

教育的目的是培养人，它规定着人的发展方向，所以，在对学生进行安全教育时，必须以教育为主，体现教育性。安全教育就是让学生理解和掌握国家、社会和学校等有关安全教育的法律规章制度，掌握基本的安全知识，树立正确的安全意识，形成强烈的安全责任感，珍惜自己和别人的生命，尽量减少安全事故的发生。

（二）持续性原则

安全教育并不是一朝一夕就可以完成的，而是一项长期性的工作，需要大家时刻重视、持之以恒、永不放松。我们要利用一切可以利用的机会和时间，采取各种不同的形式，切切实实地抓安全教育，而不仅仅是走过场、敷衍了事。在校内树立"安全教育，人人有责""人人讲安全，事事讲安全，时时讲安全"的良好风气和习惯。

（三）预防性原则

对学生进行安全教育就是必须要以预防为主，做到防患于未然。要做好安全工作，就必须树立"安全第一"的意识，凡事都要从安全的角度来考虑。及早发现安全隐患，并能够及时排除。对破坏安全的人要坚决打击，危害安全的事情要坚决制止，将有碍安全的人和事都处理于萌芽状态。

（四）安全教育内容

1. 交通安全教育

（1）了解基本的交通规则。如"红灯停，绿灯行"，行人走人行道，不在马路上踢球、玩滑板车、奔跑、做游戏，不违规横穿马路等。

（2）认识交通标记。如红绿灯、人行横道线等，并且知道这些交通标记的意义和作用。

（3）教育学生从小要有交通安全意识，养成遵守交通规则的良好习惯。

2. 消防安全教育

（1）要让其懂得玩火的危险性。

（2）让其了解火灾的形成原因、消防车的作用、灭火器的使用方法及使用时应注意的事项等。

（3）让其掌握简单的自救技能。如一旦发生火灾要马上逃离火灾现场，并及时告诉附近的成人。当发生火灾自己被烟雾包围时，要有正确的撤离常识。

3. 食品卫生安全教育

（1）告诉学生不吃腐烂的、有异味的食物，不随便拣食和饮用不明液体。

（2）教育学生不能随便吃药，一旦要服药，一定要按医生的吩咐在成人的指导下服用。

（3）养成良好的饮食习惯，如喝汤时先吹一吹，以免烫伤；吃鱼时要把鱼刺挑干净，以免鱼刺卡住喉咙。不将笔帽、玻璃珠、图钉含于口中。

4. 水电安全教育

（1）要告诉学生，不能随便玩电器，不拉电线，不用剪刀剪电线，不用小刀划电线，不将铁丝等插到电源插座里等。

（2）要告诉学生，一旦发生触电事故，不能用手去拉触电的学生，而应及时切断电源，或者用干燥的竹竿等不导电的东西挑开电线。

（3）要告诉学生不能私自到河边玩耍。

（4）不能将脸闷入水中。

（5）不能私自到河里游泳。

（6）当同伴失足落水时，要及时就近叫成人来抢救。

溺水在少年儿童意外死亡构成比中占 40% 左右，是少年儿童意外死亡中所占比例最大的。

5. 玩具安全教育

学生玩不同的玩具，应有不同的安全要求。如玩大型玩具滑梯时，要教育学生不拥挤，前面的学生还没滑到底并离开时，后面的学生不能往下滑；玩秋千架时，要注意坐稳，双手拉紧两边的秋千绳；玩跷跷板时，除了要坐稳，还要双手抓紧扶手，等等。玩棒棍时，不得用棍去打其他同学的身体，特别是头部；玩小型玩具玻璃球时，不能将它放入口、耳、鼻中，以免造成伤害等。

6. 有毒物品安全教育

应该教学生识别杀虫剂、清洁剂、消毒剂、化妆品以及强酸强碱等。如果不小心食用了这些东西，会对人体造成不同程度的伤害。摸了不干净东西之后必须洗手，生吃的水果、蔬菜一定要清洗干净。杀虫剂等应该妥善保存，放在学生拿不到的地方。

7. 药物安全教育

（1）让学生学会辨认常见的内服药和外用药（外用药识别红汞、紫药水、碘酒、酒精等）。

（2）让学生了解常见的疾病症状和人体器官构造，身体有不舒服要及时告诉大人。

（3）知道吃药应由大人发给，不能随便吃药，并告知乱吃药的危害。

（4）应该遵从家长和医生的吩咐，按量服药，而且不能随便翻吃大人的药物。

8. 外出活动安全教育

（1）做好外出活动的充分准备：帽子、水壶、雨具、常备药物、卫生纸、干净清洁的饮用水和小食品等。

（2）牢记报警话，火警 119、匪警 110、交通事故 122、急救 120、号码查询 114 等。

（3）熟悉交通安全标志。

（4）乘车、船等交通工具，出发一定要准时，有秩序排队乘坐，不争抢座位，不能超员。

（5）要听从老师指挥，严格遵守纪律，互相帮助，任何时候都不可以离队单独行动，要牢记老师的手机号码、自己的家庭地址、家长联系电话、乘坐车辆的车牌号码或车次。

（6）在山林草丛中，绝对不可以乱点火，不能在禁烟区内野炊。

（7）注意饮食卫生，不乱吃零食，不喝生水，不吃变质食品和未洗干净的水果，饭前便后要洗手。

9. 防盗安全教育

这主要是针对住校学生而言：

（1）住校生应该把钱包、电脑、手机等贵重物品妥善保管，不要随手放在桌上、床上等显眼处，以免被他人顺手牵羊盗走物品或钱财。

（2）节假日、假期离校，不要将贵重物品留在宿舍；最后离开寝室的同学，务必要锁好门、关好窗。

（3）晚上临睡前，务必锁好门，即使在夏天也要如此。

（4）保管好自己的钥匙，随身携带，不要乱放在桌上、床上，以免给他人有偷配的机会，更不能随意把钥匙转借给外来人员或交他人保管。寝室门锁、窗及铁栅栏若有损坏，应及时向宿舍管理部门反映，及时修复。

（5）宿舍内不留宿外来人员。

10. 陌生人安全教育

教学生如何学会面对陌生人是进行自我保护教育和安全教育的一个重要内容。

（1）学生遇到陌生人敲门，不能随便开门，要请父母处理。如果陌生人吓唬你，也别害怕，可以大声呼喊或打电话给父母或亲戚朋友等。

（2）陌生人给玩具和食物时，要有礼貌地坚决拒绝；陌生人要抱时，千万不能答应，如果坚持抱时，应大声呼喊"我要自己走，放下我，我不认识你"以引起别人的注意，或咬他、踢他，直至放下为止。为了避免对儿童的性侵害，首先，要指导儿童适宜的穿着和言行；其次，是教导其正确的性观念，任何人提出性接触要求都断然拒绝，最后是让他们知道哪些部位是个人隐私，别人不可以随意触碰，应避免独自在无人的场所逗留，也不可以让特殊儿童单独留在家中。

（3）特殊儿童必须注意校园安全，放学时要将学生交给家长或经常接送学生的人手中，对独自回家的学生应该有相关的关照。

11. 其他安全教育

安全教育还应有自然灾害防治的相关教育，如火灾、旱灾、火灾、地震、泥石流、雷电等预防，及对车祸、交通事故应对、突发疾病应对、迷路问讯等。

五、班级安全教育方法

教师在对学生进行安全教育中具有不可替代的作用。对学生进行安全教育，教师可以灵活地采用多种方法，不拘泥于单一的说教方式。

（一）在课堂上进行安全教育

目前一些特殊学校片面地追求学科课程的教学，忽视相关安全教育和自我保护能力的培养。在校学生所处的年龄阶段，正是人生观的初步形成阶段，对一些事物有较敏锐的感受，在这个时候，对他们进行安全教育，会收到事半功倍的效果。学校应该开设安全教育课程，建立一套完善的运行机制。比如对刚入学的新生，教师可以利用班会课带他们去熟悉校园环境，并实地教育他们在楼道、通道、台阶、校门处不要拥挤踩压，以及在教室如何注意水、电、气的安全，如何识别强酸强碱及有毒物品。在平时课余活动中，引导他们做有意义的活动，避免打闹、发生事故。随着学生年龄的增长、知识面的扩大，可以引导他们从杂志、报刊、电视、广播中获取相关的安全知识，引起他们的注意和重视。在各学期的开学典礼、散学典礼或者班会上有针对性地对学生进行安全教育；还可以根据各个时期的不同需求，配合"宣传周""安全日"等活动，适时组织各类安全宣传活动。

（二）在日常生活中介绍安全常识并作演练

安全知识介绍除了有专门的课程教授外，在日常生活场景中也可以进行安全教育，同时通过游戏进行安全演练。例如，教师先带学生到街上了解交警的工作，然后请来交警亲自给学生讲解各种安全标志，结合各种手势介绍交通规则，告诉学生：过马路，左右看，不在马路上跑和玩。最后，通过"娃娃家""角色游戏"等活动，让学生学做交警，这样既满足了学生的求知欲和模仿的心理，又促进了学生社会性情感的发展。在对学生进行交通安全教育时，选用一些儿歌或故事以增加趣味性。

教师还可带学生参观消防队，看消防队员的演习，请消防队员介绍火灾的形成原因、消防车的作用、灭火器的使用方法及使用时应注意的事项等。另外，进行火灾疏散演习，事先确定各班安全疏散的路线，让学生熟悉校园的各个通道，以便在发生火灾时，能在教师的指挥下统一行动，安全疏散，迅速离开火灾现场。家长要配合学校搞好学生的素质教育，向他们讲解玩火的危险性，教他们正确拨打119火警电话的同时，也让他们知道乱拨打火警电话的违法性、危害性。此外，还要教会他们一些必要的防火知识，比如哪些物品具有易燃易爆危险，哪些做法易导致火灾的发生，遇到火灾该怎么办等。

学生在日常生活中和运动中若跌碰、摔倒出现受伤、出血等情况，往往都会惊慌失措，因此，可以请儿科医生为学生进行讲解示范，让学生知道，流鼻血时要把头抬起，举起与流血鼻孔相反的手，止血后不做剧烈运动等常识，同时让他们跟着模仿。

（三）通过榜样学习来教导儿童

有些学生已经有保护自己安全及符合安全规则的行为，这些学生可以作为其他儿童的榜样，他们的意见和行为能够对其他学生造成很大影响。当学生有不当行为发生时，教师可以告诉学生这样做不恰当的理由。对学生行为的建议也能够帮助他们对安全行为的学习，年龄越小的学生，这种建议越能帮助他们。

（四）从小事抓起，以预防为主，增强学生的安全意识

对学生进行安全教育要从小事做起，以预防为主。比如触电事故对中小学生威胁很大，虽然他们与电直接打交道的机会（比如修理、接线等）不多，但是教师仍然要教育学生不能擅自乱拆电器、电线；对掉落的电线不论有没有电都不要靠近接触，而要报告教师或有关部门；在使用家用电器时不要用湿手或赤足去拨开关或旋钮；不能去随意触摸插座，也尽量不要去插或拔插头；雷雨天尽量待在室内，若在室外活动或行走则不要躲在大树下、高地上；让学生们知道因为电是看不见的，所以具有特别的危险性。但如果懂得有关电的安全知识，可以避免触电危险。

无论我们采取何种安全教育方式，其目的只有一个，提高安全防范意识，减少事故，保障学生的安全。只有教职工和家长始终坚持"安全第一，预防为主"的原则，真正做到"学校安全，人人有责"，才能为学生营造一个安全、舒适的学习环境，让他们在校园内愉快成长，让家长不为学生的安全问题担忧。

第二节　班级安全管理措施

一、进行安全教育

如前所述，开展安全教育，增强学生的安全防范意识，让他们知道周围环境中存在着一些不安全的因素，会给他们带来伤害，只有提高警惕，掌握一些防范的方法，才能远离这些伤害。同时还要让学生懂得生命和身体的重要性，让他们更加珍惜和爱护自己和别人的生命和身体。可以从交通安全知识、消防安全知识、用电安全知识等多方面来进行安全教育，同时也采用课堂教学、实践演练或者偶发事件等多种方式来宣传安全基本知识、技能。加强安全教育，除了对学生的教育之外，还包括教职工的教育和培训，提高教职工的安全意识，培养教职工的工作责任心；让他们了解学校安全管理规章制度，严格按规章制度办事情；掌握基本的安全操作规范，能够灵活应对出现的意外事故。进行安全教育时必须秉承教育性、经常性和预防性原则，时时刻刻都不忘安全的重要，把安全放在首位，从身边小事抓起，学校和家长共同合作，把安全教育工作切切实实地落实到日常生活中，让大家共同学习和参与安全教育工作，强化安全防范意识。

二、制定班级安全规章制度

（一）安全管理制度

学校要建立安全管理工作小组，由校长牵头，由责任心强的教师专门负责安全管理，同时加强各项安全管理制度执行情况的检查，专项检查和一般检查相结合、自评与检查结合、定期与不定期检查相结合。

（二）门卫制度

为了确保学校的教学秩序，必须严格把好进门关，无关人员一律不得随意进入校内；即使是有事进校，也要认真做好登记，以便在发生意外情况时能及时找到相关人员。另外，门卫人员必须严格禁止学生擅自单独离校。

（三）学生接送制度

家长把学生送到学校必须和教师做好交接工作；学生离校时，家长必须到学生所在班级接学生，一般情况下，非学生家长不能接走学生。

（四）食品卫生安全制度

学校要严格按照食品卫生法的有关规定，严禁采购腐烂变质的原料，做好厨房及餐具的卫生及消毒工作，以避免食品中毒事故的发生。

（五）药品保管制度

学生生病时经常会带药到学校服用，教师必须在药品上写上学生的姓名、服药剂量及服药时间等有关内容，以免造成学生服错药。另外，药品必须放置在学生拿不着的地方，以免学生误食。

（六）日常教育教学及生活各环节的安全常规

带班教师不得离开活动室。每个学生都必须在本班教师或保育员的视野之内，以便及时发现不安全因素，并做出处理。教师必须严把晨检关，及时发现学生的口袋中是否有不安全的东西等。特别是在室外活动时，更要加强安全管理和安全教育。

三、保障校内环境安全

不安全的环境是引发学生意外伤害事故最直接的原因之一。国家关于《学生伤害事故处理办法》中明确规定，因"学校的校舍、场地、其他公共设施，以及学校提供给学生使用的学具、教育教学和生活设施、设备不符合国家规定的标准，或者有明显不安全因素"而造成的学生伤害事故，学校应当依法承担相应的责任。

学校环境方面的不安全因素有很多，主要表现为：学校的危房、危墙；大型玩具和运动器械年久失修、螺丝脱落；栏杆过低、松动；栏杆下堆有杂物；过道上的窗户过低；玩具、教具的材料有毒；活动场地太滑、太坚硬；铺设保护垫或地胶板不环保；建筑物有锋利的棱角；花盆放在了容易坠落的地方，等等。这一切都是潜在的安全隐患，必须及时排除，以确保校内的环境安全。所以，在班级管理中环境安全设施应该有具体落实，班级门口应有灭火器设置和电闸，教室过道应宽敞、少障碍，窗户栏杆用木栏为佳（铁栏遇火灾无法救援），还有应该经常检查玩具、体育用品和教具，及时进行更换和修补。各类学校应该根据学生的特点来设置学校环境，例如，盲校教室的门窗、书柜门应该敞开或关紧，不能半开半关，防止学生行走时发生危险；聋校应为聋生提供视觉提示标识等。

四、妥善处理各种意外事故

校内发生意外事故在所难免。一旦发生意外，在场的教师首先进行必要的现场处理：伤势轻微的，可由教职工直接处理；需要校医处理的及时将学生送医务室；伤势重的及时送医院诊治。另外，学校应该坚持"依法、公正、合理、适当"的原则，在弄清事情原因、分清责任的基础上，妥善处理各类意外事故，保护好学生的安全和权益。

五、具体的安全措施

在拟订安全制度时，各机构应有具体的安全措施，以某特殊教育机构安全规定为例：

1. 教师上岗要能随时准确说出学生在何处干什么，要抓紧对意外事件高发时段的调控(学生自由活动时，场地转移、活动内容转换、进餐前后、午休前后、如厕、恶作剧、执锐器活动时)，要立即判断可能出现的后果，并能预先干预。活动置于水边、高坡、车辆、人群、工地、高层建筑下等危险场景时有足够的警惕和相应措施。

2. 外出活动，如春游、参观等，教师事前要对活动地区作安全调查，通知家长，鼓励家长参与。班级所有教师均应参加，并事先对学生做好安全教育，学生教师配对，教师分配到每个学生人头进行照看。

3. 教室电器使用后应立即拔下插头、切断电源（如电扇、电灭蚊器、收录机、电脑、电子琴、幻灯机等）；遇到电线漏电、失火，先切断总电源再抢救，不要拉扯触电者；遇大雷雨狂风等异常天气要及时拉下电闸，检查所有窗户，应备有应急灯、电筒，不宜使用蜡烛。同时，要教导学生切勿惊慌，要平静应对。

4. 药物应妥善放置，避免错服、误服，还应有常用药准备，公用药要置于药物箱内，外用、消毒药放置应慎重，切不可让学生擅自取用。学生自带药物另放一处，写好学生姓名、服用时间、剂量，给药时要人药对照，要准时给药服药，服药情况要做好登记记录。开水瓶或锐器（如尖刀、剪刀等）用过以后放在学生拿不到的稳妥地方，在教导学生正确使用锐器时也应注意安全，用完后立即收回放妥。

5. 学生上学放学，在学生年龄较小或对环境较生疏时由家长接送或教师护送，家长接学生时需与教师交接，教师不得将学生交到陌生人手中。

6. 学生突然受伤或发病，可视情况及时处理，并立即送医院，若学生发病应立即通知家长。

7. 若有住宿学生的班级除按时照应学生晚间活动外，还应准时就寝，检查门窗是否关好。夏天要通风、防中暑，冬季也应注意通风，避免煤气中毒，无关人员不得随意进入教室、学生寝室，不得留宿他人。

8. 遭遇窃贼或抢劫时，要沉着、镇静、机智，以保护学生生命为第一，权衡利弊正确处理。

9. 教室里应有学生家庭住址、家庭或父母单位的详细通信地址和电话号码、手机号码、记录卡，应有所在社区主要服务机构，如：医院、邮电、咨询服务台等的电话号码，教师应牢记火警119、匪警110、交通事故122、急救120、查号114、市长及区长公开电话等号码，同时应该教学生记住这几个号码并学会操作使用，以便在紧急突发、恶性事件时立即拨通相关电话求助。平常，教师应有与社区服务机构的联系和沟通，让社会了解本社区特殊儿童的情况，便于救援。

对于特殊教育而言，班级的安全管理是一项长期、细致、辛苦的工作，它需要学校、社会、家庭各方面的共同努力，需要大家坚定信心、坚持不懈地抓紧抓好，大家只有齐心合力才能搞好班级安全管理工作。如果人人都遵守"安全第一，预防为主"的原则，真正做到"学校安全，人人有责"，那么，我们的班级安全管理工作一定能够做好，安全事故也会得到有效控制和减少。

思考与实践

1. 班级安全管理有哪些有效措施？

2. 你打算通过哪些途径对学生进行安全教育？

3. 如果你班上的学生在外出郊游时走失了你如何处理？

4. 在特殊教育班级的教学中，若出现学生受伤事故，应如何对待处理？

第七章　班级卫生健康管理

本章摘要：本章介绍了特殊教育班级卫生健康管理原则、内容，卫生健康评量条例和策略，以及卫生健康教育的重难点。

第一节　卫生健康概述

一、卫生健康的含义

卫生与健康是密不可分的两个词语，从某种程度上说具有同等意义。《现代汉语词典》中提出："卫生是指能防止疾病，有益于健康""健康指发育良好，身体机能正常，有健全的心理和社会适应力"；世界卫生组织（WHO）1946年成立时，在其宪章中对健康的含义做了科学的界定："健康乃是一种在身体上、心理上和社会适应方面的完好状态，而不仅仅是没有疾病"。就是说健康这一概念的基本内涵应包括生理健康、心理健康和社会适应良好三个方面。表现为个体生理和心理上的一种良好的机能状态，亦即生理和心理上没有缺陷和疾病，能充分发挥心理对机体和环境因素的调节功能，保持与环境相适应的、良好的效能状态和动态的相对平衡状态。2001年5月第54届世界卫生大会、世界卫生组织认为：功能障碍不只是医学的，或自身的身体结构和功能的障碍，它是包括身体损伤、活动限制或参与局限的一种概括，并且受环境及个人等背景因素的影响。总之，卫生与健康是个体生存与发展的基础，是班级管理中最基础最重要的环节之一，是班级管理得以顺利实施的重要保障。

二、特殊教育班级卫生健康与管理原则

（一）共性与个性相结合原则

在特殊教育班级卫生、健康教育与管理的原则中，首先是与普通教育相

关的共同性的内容和规定，同时要满足不同的有特殊需求的学生，如：盲、聋、智力障碍儿童和肢体障碍儿童。针对卫生健康的特殊需求，要有助听器、大字本的适配、清洁、保管，盲生手的清洁和保护等，还应个别化对待，同时公正、公平地面对个体差异。

（二）面向全体学生

在融合班级卫生健康教育管理中，不仅仅针对有障碍学生，而是要面对全班同学。既有面的关注，又有点的支持。在特殊教育班级中，也应点面结合。

（三）预防与发展相结合原则

卫生健康辅导，应在学校教育的早期阶段就开始进行。在教育过程中，教师应采取主动态度，未雨绸缪、防微杜渐。对社会处境不利的学生、生活发生了重大变故的学生、屡遭挫折的学生，应及早发现征候并实行干预。

（四）尊重与理解学生原则

在卫生健康教育与管理过程中，一定要尊重学生，以平等的、民主的态度对待学生。尊重学生的选择。教师应该多从态度和技术两方面加深对受辅导学生的理解。

（五）学生主体性原则

卫生健康教育与管理要以学生需要为出发点，尊重学生主体地位，鼓励学生"唱主角"，尽可能多地开展活动。

三、特殊教育班级卫生健康教育管理内容

李林静在《学校卫生学》中将班级卫生健康教育内容归纳为以下内容。

1. 学校作息制度的卫生

包括学年安排、一周的安排、一日作息制度、课程表的编排，以及特殊儿童作息制度的特点。

2. 教学的卫生

包括讲课的卫生、阅读的卫生、书写和绘画的卫生、唱歌的卫生、考试的卫生、职业教育卫生、体育锻炼的卫生（游泳的卫生等）、膳食卫生（三餐、间餐、饮水等）、疾病的预防、急救与安全（急性传染病、常见病、儿童期预防成人期病、班级中外伤、急救等）、学校与班级环境设备的卫生（大气、噪声、绿化、校园、建筑物、采光照明通风、取暖、学校班级设备、课桌椅、书籍、工作台、教具、学具、玩具、学习用品等），以及学校与班级场所卫生管理（教室、寝室、餐厅、

多媒体室、游戏室、操场等卫生）。

3. 个人卫生

个人卫生指教师及相关工作人员及学生个人的清洁卫生教育与管理（身体清洁、视听卫生、皮肤卫生与维护、衣着整饬等）。

4. 康复训练器材、场地、辅具卫生

特殊需求学生需专门的康复器材、辅具（比如：轮椅、义肢、助听器、感知器材等）与沟通、生活、学习、职业场地的卫生及安全。

第二节 班级的卫生健康管理

班级卫生健康管理旨在促进学生身心健康，是班级管理工作的基础和重点。班级卫生健康管理工作直接影响到班级教学的各个方面。班级卫生健康管理流程如下：

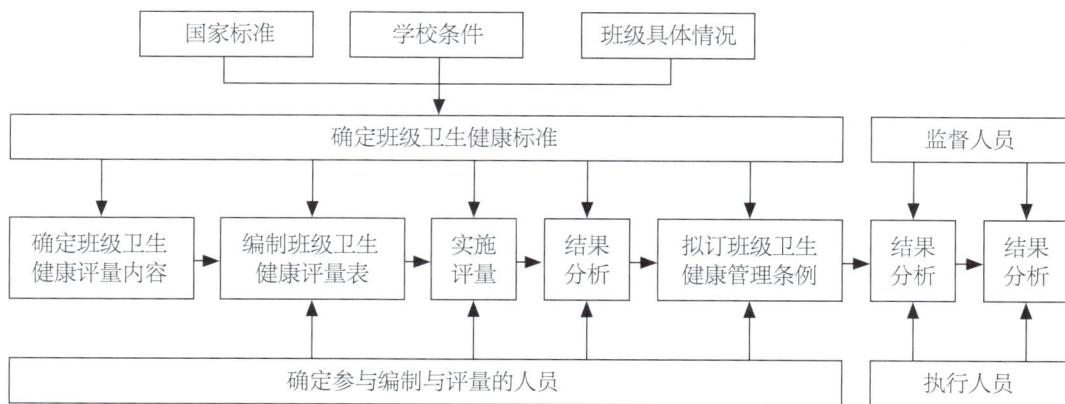

其中班级卫生健康条例与规定、监督评量执行和行动，是卫生健康管理三要素。

一、实施班级卫生健康评量

（一）班级卫生健康评量类型

1. 按照评量时间分类

按照评量的时间可以分为：前测、行进中的评量、后测。前测是在进行班级的卫生健康管理之前对班级的卫生健康状况所做的评量，目的在于了解班级的整体情况，为日后的班级卫生健康教育和管理提供依据。进行中的评量是对

班级卫生健康管理实施的监督，通过测评，了解在教育和管理介入后班级情况发生的变化，及时准确地调整教育和管理策略。在规定的时间范围（如一学期或者一学年），对班级卫生健康管理工作进行评价（后测），检查管理的目标是否达到，同时总结管理中的经验教训，有利于更好地拟订下一阶段的管理条例。

2. 按照评量内容分类

（1）师生总评：师生总评是指师生一起对班级卫生健康进行总评，了解班级的总体情况。

（2）师生自评：师生自评是指教师和学生分别对自己的卫生健康状况进行评量，找到各自的不同情况。

（二）班级卫生健康评量标准

1. 卫生标准

根据国家颁布的学校卫生标准和学校健康教育基本要求为主要依据。

2. 学校的具体情况

不同地区、不同民族、不同类型的特殊教育学校有着不同的条件，各个班级在进行班级卫生健康评量的时候，更重要的是要考虑所在学校的具体条件。比如学校对卫生健康管理的资金投入等。

3. 班级实际情况

特殊教育学校各个班级之间的情况均有很大差异，比如聋生、盲生、智力障碍儿童班级学生的整体特征不一样，即使是在同一个班级中不同学生之间仍有着很大的个体差异，如障碍的程度、能力差异等。班级卫生健康管理的对象是班级的学生，在进行卫生健康评量的时候必须从班级学生与教师的具体情况出发。

（三）评量人员的确定

一般来说，参与班级卫生健康评量的人员有班主任、学生、学校领导、家长以及其他的相关人员（如保健医生、清洁人员等）。

（四）评量结果分析

评量完成以后，所有的参评人员一起，对评量的结果进行整理、分析、记录。找到存在的主要问题，分析问题形成的原因，拟订出解决问题的方案。在对评量结果进行分析的时候，一定要遵守客观性原则。

二、拟订班级卫生健康管理条例

在对班级卫生健康状况进行评量以后，根据评量的结果结合学校的要求以及学生自身的心理和生理特点，拟订班级卫生健康管理条例。

（一）条例要求

1. 明确性

条例规定的内容必须一目了然、有针对性。

2. 可操作性

条例拟订的内容必须具有可操作性，如：每次用餐前，学生必须清洗双手。

3. 科学性

卫生健康管理条例应该符合国家卫生健康管理标准和班级学生的具体情况，是科学合理的，而不是凭空拟订出来。

4. 简洁性

条例不宜太复杂，用普通通俗的语句，便于师生记忆。

5. 整体性与差异性

由于特殊学生的个体差异非常明显，条例的拟订要注意共性、突出个性，对同一个班级不同的学生，卫生健康管理的具体要求可能不尽相同，在拟订条例时，尽可能地标清楚，关注到全班和每一位学生，这样的条例更便于执行。

（二）条例基本结构

1. 行文

任何条例，必须诉诸文字、形成条文。特殊教育中，部分学生对书写文字无法认读，可通过符号、手语、口语、图表、声音等学生能够理解的形式，让他们明白条例的要求。

2. 配套措施

条例行文之后，班级应有完成各条例规定项目的相应措施，比如需要的能力、知识、策略运用等，以及该条例的执行时间。

三、班级卫生健康管理实施

（一）管理主体多元化

特殊教育班级卫生健康管理中，首先是班主任和任课教师的以身作则，教师群体的卫生健康行为，不吸烟、不随地吐痰，精神焕发地给学生引导。其次，家庭与社会的积极参与，家庭和社会对学生的影响至关重要。家长是学生的第一任老师，家长的言传身教是健康卫生管理的重要方面。家庭卫生习惯，文明健康的生活方式也是特殊教育中很重要的一个方面。再次，学生自主管理。卫生健康的班级氛围应该由师生共同创造，因此要充分发挥学生的主动性，创设学生个体自评、小组自评、班级自评管理的评价方式，实行小组联络员轮流制，建立合作同伴关系，形成卫生健康习惯，构建自我管理机制。

（二）持续与有效的卫生健康管理

1. 坚持卫生健康条例与规定的执行力度

比如每学期例行的身体检查、每周五全班教室清洁卫生评比、周一的个人卫生检查等都应按规定进行，持之以恒。管理特殊学生身体健康档案、药物过敏、食物禁忌、发病情况记录与处理记录，要有检查记录，建立卫生健康档案，建立班级清洁日检。

2. 落实管理人员

实施卫生健康管理的人是班主任教师、教师督导小组，同时学校领导、家长小组、专业人员（医生、心理学工作者）以及学生检查小组等也会参与其中。

3. 进行卫生健康评比

应长期坚持执行，对卫生健康检查结果，应予公布，且展开小组之间、个人之间、班级之间的评比活动，应有明确的奖励与批评，且有改进措施。

（三）创设卫生健康管理的条件

1. 相关物质条件

想要形成良好卫生健康的行为，管理方应提供起码的条件，如生活卫生设备：洗手槽、抹布、扫把、拖把、垃圾袋（箱）、常用药（消毒液、药品、外用药物）、身高测量表、体重秤、特殊学生常用药物等。

2. 形成卫生、健康的环境

班级应有干净整洁的物理空间，还要有相应的生活与教学秩序，配有文字、图示的提醒。应有对卫生、健康生活的倡导与肯定。

第三节　卫生健康教育

我国在中小学开设健康课，足见对卫生健康的重视。特殊班级的健康教育既作为显课程开设，又作为常规进行。

对特殊儿童进行健康教育的目的，主要是获得相关知识、形成卫生行为与习惯。

一、培养卫生习惯的内容

（一）特殊儿童健康教育内容

我国中小学、高等学校的健康教育课在部分省市均有自编教材，按计划开课。其内容即学校卫生的内容，主要是以对学生身心健康教育为突破口，全方位地从学校有关政策、学校环境、锻炼、安全、营养、防病、控烟、禁毒、卫生措施、青春期卫生、参与社会活动等方面进行教育。除了健康教育课程对学生进行健康教育以外，其他如语、数、音乐、美术、书写、化学、体育、物理、地理等课程都可以给学生进行健康教育。

当前我国中小学的健康教育教材中有关卫生方面的内容、题材、分量、科学性、艺术性等问题，还有待进一步探讨，特别是在提高全民科学文化水平的要求下，随着科学的发展，对各级学校课内健康教育的内容安排，还需不断地更新和提高。中小学已为学生专设健康教育课，高等学校设选修课或讲座，特殊教育学校有相关课程开设。

（二）儿童青少年卫生习惯教育的基本内容

1. 清洁卫生习惯

勤洗手，勤剪指甲，勤理发洗头，勤洗澡换衣；早晚刷牙，饭后漱口；用自己的毛巾、手帕；不将手指、铅笔之类的东西放入口中，不用手揉眼，不挖耳和鼻孔；咳嗽、喷嚏时用手帕掩盖口鼻；爱护公共卫生，不随地吐痰，不乱丢果壳纸屑，不随地大小便；做好卫生区的保洁工作，扫地时先洒水，以湿抹代替干擦，见蚊蝇就除等。

2. 饮食卫生习惯

饭前洗手，饮食要定时定量，进食时不谈笑，细嚼慢咽。不在饭前、劳动后大量喝汤水，不乱吃零食，并保持清洁，饭前饭后不做剧烈活动等。

3. 生活卫生习惯

按时作息，早睡早起，养成正确坐立行和睡眠的姿势。每天要有充足的睡眠，能集中注意力，愉快地参加各种活动。

4. 运动锻炼的卫生习惯

每天参加运动锻炼，养成户外活动的习惯（课间和课外）。运动后不立即洗冷水浴或游泳。

5. 用眼、用耳等良好学习习惯

看书写字要保持正确的姿势，做到"一尺、一寸、一拳头"，看书半小时至一小时应休息、远眺，不在直射的阳光下或暗弱的光线下看书写字，不躺着、走着或坐车时看书。不连续长时间看电视，控制每天上网时间，打接手机、收发短信、运用电脑等均应有节制，不用淡色铅笔写字，每天要认真准确地做眼保健操。聋生对残余听力的保护，盲生残会视力和低视生的用眼卫生。

6. 青春期的卫生习惯

不吸烟不喝酒，注意保护嗓子，不挤压面部粉刺。男生手淫应有正确引导，女生要注意经期卫生。避免过重劳动、剧烈运动和冷寒刺激，注意保暖，不吃生冷和刺激性的食物。注意外阴、月经纸的清洁，不坐浴、不束胸等。

二、特殊儿童卫生习惯形成策略

（一）卫生习惯的形成是终身的持续发展

特殊儿童卫生习惯的形成既有阶段性，又有一贯性与持续性，是终身教育内容。

应该培养的卫生习惯，其基本内容包括：个人身体和环境的清洁，有规律的正常生活，合理的饮食，以及睡眠、学习、劳动和运动的正确姿势等。

应该根据不同年龄结合实际情况，订出卫生公约，认真遵守，重点培养一些卫生习惯。

阶　段	内　容
幼儿园阶段	应着重培养爱清洁的习惯，如洗脸、洗手、洗头、洗澡、刷牙，不随地滚爬等。饮食方面着重培养不偏食、细嚼慢咽，正确使用自己的餐具等习惯。还要养成定时大便，安静睡眠，坐、立、行、走都要保持正确姿势，愿意接受检查和预防注射等习惯。
小学阶段	除巩固已形成的卫生习惯外，应该培养阅读、书写、运动、劳动方面的卫生习惯，强调饭前、便后、劳动后洗手，保持教室和公共场所的整齐清洁，注意劳逸结合等。
中学阶段	注意培养保护视力，不喝生水，吃清洁食物，不随地吐痰，使用自己的饮食用具，保持环境清洁等习惯，对女学生培养经期卫生习惯。
大学阶段	强调健康人格培养，控制烟、酒，远离毒品，预防艾滋病等。

一个阶段的习惯养成应传至下一阶段，至终身保持，形成较为稳定的人格特征。

（二）家庭教育的不可或缺

大量的卫生健康行为产生、应用于家庭环境，且家庭对学生卫生健康教育是最适宜的环境。家庭的整洁，黎明即起、洒扫庭院，有规律的三餐和有规律的家庭生活时间安排，和睦的家庭气氛都是非常有益的教育。

家庭应人人讲卫生，积极从事体育锻炼，父母和家人应注意对孩子的卫生健康教育，且督促并鼓励卫生健康行为。除家庭卫生健康教育外，家长可带领自己的孩子参加社区的公共卫生活动（例如清扫大街，防病及卫生健康宣传教育工作，消灭虫害），积极参与全民健身活动（如晨练、夜间行走、跑步、竞走、自行车赛等），正确使用公共健康设施，爱护公共卫生及设施、设备。

培养卫生健康的家庭成员与公民。真正意义地过上卫生健康的生活，享受健康人生。

（三）学校教育与家庭教育保持一致

学校与家庭卫生健康教育应保持一致，比如："不乱扔果皮纸屑"，学校教育如此，家庭教育亦应如此，在公共场合也能如此，才能形成真正的卫生健康行为。学校与家庭教育的背离难以形成良好习惯，特殊儿童面对家庭教育与学校教育的分离更难以抉择、无所适从，反而造成一些陋习。一致意味着教学内容的一致，教学方法、策略的一致，要求的一致。

（四）树立范例

卫生健康教育最好给出示范，如前所说，教师、家长的行为是孩子的示范，同时同伴间也可以相互示范，还有成年人、公众人物的示范性。

典型的案例也是示范，对某行为的肯定是示范，示范是正向的。具有良好的卫生健康行为，可以激发学生的效仿与追求。与此同时给出反例，以警示与否定，如对环境污染造成的有公害蔬菜，造成人畜食用中毒等案例。通过案例可以真实、动人、有说服力地达到卫生健康教育目的。

（五）情景中的实用性教育

卫生健康教育提倡情景性，与实际操作同步进行，比如将香蕉皮扔进垃圾箱，跑步、跳绳活动，做眼保健操，有规律地按时起床、入睡等。在相关环境中学习，提倡自然的空间和自然时间表。卫生健康教育的目的就在于实际运用，在学习阶段还可采用创设情景，模拟情景和真实情境运用相结合的办法。

三、特教班级卫生健康教育的难点与重点

（一）青春期卫生

青春期的重要性和危险性已经越来越受到关注。青春期不仅有特殊的生理特点，也是长身体的重要阶段，因此必须注意青春期卫生，安全度过青春期。由于特殊儿童理解能力的限制、社会接触的狭隘、身体成长与心理成长的不同步，

在青春期遭遇的问题和困扰比普通儿童更为严重。

青春期的卫生主要包括身体和心理两方面。身体方面要注意加强营养，以满足青春期身体猛长的需求；注意坐和站的姿势，以便全身各部匀称发育；注意用眼卫生，看书、写字时间不宜过长，书本与眼睛的距离应保持33厘米左右，不要在光线较弱或阳光直射下看书写字，也不要在走路、坐车或躺着时看书，以免影响视力；合理安排作息时间，定时休息，保证睡眠；加强体育锻炼，既可增强体质，又可使大脑得到锻炼；注意生殖器官的清洁，青春期是生殖器官逐渐发育成熟的时期，但生殖系统自然防御机能尚不健全，加之少男少女对遗精、月经的处理没有经验，容易引起感染，因此应特别注意外阴卫生，勤换衣、勤清洗。

在心理方面，随着身体的迅速成长、生殖器官迅速发育和第二性征的出现，使青春期的男女在心理方面也发生了许多变化，行动、言论、抽象思维、爱好、性格、情绪等都不同于儿童时代。尤其是少女月经时期出现的易怒、抑郁、爱哭、孤僻、多疑、失眠、记忆力减退、注意力不集中等，少男遗精后的恐惧心理，甚至为此终日闷闷不乐或想入非非等，教师应当给予适当的照顾和关心，给予必要的正确引导。

（二）对烟、酒精和毒品的控制

烟、酒精和毒品给青少年带来的危害已众所周知。由于特殊儿童社会经验不足，缺乏分辨是非的能力，处于青春期的学生更可能成为酒精和毒品的牺牲品。在卫生健康教育中，教师要组织学生学习讨论酒精和毒品的危害，指导学生掌握正确的处理方法，不吸烟、不喝酒，远离毒品。

（三）对艾滋病的防治

目前，艾滋病传播与流行的条件依然存在，甚至有所加剧。青少年学生性观念已经发生较明显的变化；吸毒人群增加，且静脉吸毒的比例逐渐增高；预防艾滋病知识普遍缺乏，等等。如果没有强有力的预防艾滋病教育作保障，就很容易受社会不良因素的影响，成为艾滋病的受害者。因此，在特殊青少年中开展预防艾滋病健康教育是非常重要的，也是十分必要的。

让学生了解艾滋病的传播途径和危害，以及了解哪些措施能够预防艾滋病，如何对待艾滋病患者，培养学生良好的卫生观念和行为，都是卫生健康教育中必不可少的内容。

四、特殊儿童卫生健康教育形式

对特殊儿童的卫生健康教育形式是多元化的，可通过专门的卫生健康课、生理卫生课进行，还有大量教育活动都是在课外进行。相关情景中的卫生健康教育应与社会（如街道、单位、机构）联系，获得全社会的参与及支持。比如与卫生预防、康复、保健、体育运动、社工、义工结合，建立支持系统，尤其在家庭中进行细致入微的卫生健康教育，注意将卫生健康教育融于德、智、体、美、劳的全面教育当中，坚持"晓之以理，动之以情，导之以行，持之以恒"的原则。

对特殊儿童的卫生健康教育可通过讲授方式教育，介绍卫生健康基本知识，讲清道理，同时通过情景教育形式，让学生现场真实感知。教育教学中应采用多媒体网络教学可使健康教育形象、生动、直观，教学中配备相关音乐，采用游戏、舞蹈、儿歌、快板、故事会、相声、画片、小人书、专题讲座、表演、编演情景剧、角色剧等形式，以及到社区进行卫生宣传活动、参加公益性卫生行动。具体活动有如站卫生监督岗，做卫生健康检查，预防接种，参加运动会，评选卫生健康积极分子，开卫生健康讲座及咨询服务，为孤寡老人送温暖与健康等。

五、确保卫生健康教育效果

卫生教育开展得如何，主要是看学生的卫生知识水平是否提高，学生养成卫生习惯的人数是否增加，学生各种常见疾病的患病率是否下降，学校的清洁卫生面貌是否改善，虫害是否消灭或减少，班级卫生员和卫生监督岗是否发挥作用等。这是学校自己评价健康教育的主要依据，也是考核学校卫生教育效果的主要指标。关键是看健康教育的知、行、信是否统一。

对学生健康教育效果的评价，可以依上述指标综合或选择运用。并且可以选择对照班（校），或将过去和现在情况相互比较、综合分析，客观地做出实事求是的评价。

（一）学生卫生知识是否提高

对小学中年级以上的学生，可以在进行课堂卫生知识教育后，经过一定时间，进行事先不通知的卫生知识测验，用平均分表示学生卫生知识水平。也可以采用写作文、儿歌等方式来看儿童掌握卫生知识的情况标准。对低年级的儿童可以用询问方式了解，看能正确回答问题的人数有多少。测验和询问的内容及评分，事先应有统一标准。

（二）培养卫生习惯的人数是否增加

根据检查记录，可以统计出养成卫生习惯的人数及进步动态。对于一些不能在校内观察到的卫生习惯，可以通过家访或者印发调查表格，由学生自己或请家长认真填写，进行了解。

（三）学生常见病的患病率等是否下降

学生常见病如近视眼、沙眼、蛔虫、龋齿、脊柱弯曲异常、肺结核以及感冒、肠炎、痢疾等的患病率、感染率（蛔虫）、治愈率、复发率（沙眼、肺结核）、再感染率（蛔虫）等项统计指标，是衡量卫生教育效果的重要依据。

（四）学校班级的清洁卫生面貌如何

如地上有无痰涕、果皮、纸屑，虫害是否减少以至消灭，校园和室内是否干净整齐，绿化面积是否增加等，这些不仅是评价环境卫生情况，也是评价健康教育和环境教育效果的重要指标。这是培养学生维护公共卫生的公德，反映文明程度的重要方面。

（五）班级卫生员的作用能否发挥

设班级卫生员和卫生监督岗，是发动群众、组织群众、不断发挥作用、推动卫生工作的有力措施。班级卫生员是校医、班主任和保健教师的得力助手，他们的行动可以带动全班。卫生监督岗则可以吸收更多的学生参加，打破班级界限，从校内到校外推动卫生工作。如果学校培训有方，能充分发挥这一支力量的作用，则学校卫生工作就会具有生气。这既体现了卫生工作与群众运动相结合，又反映了健康教育工作的效果。大量事实证明，由于学校领导和教师的重视，很多学校充分发挥了卫生员和卫生监督岗的作用，使卫生工作不断改进，出现了可喜的面貌。

思考与实践

1. 特殊教育班级卫生健康教育的重要性何在？
2. 你用什么策略帮助特殊儿童形成饭前、便后洗手的习惯？
3. 请按班级卫生健康条例对某班做卫生健康评议并提出整改措施。

第八章　班级心理辅导

本章摘要：本章将团体心理辅导的理念及技术与传统的班级管理、班队活动融合在一起，从理论上总结班级心理辅导的基本原理，重点探讨开展班级心理辅导的意义、策略、方法与评价。

第一节　班级心理辅导的基本理论

一、什么是班级心理辅导

班级心理辅导是在班级团体的心理环境下为成员提供心理帮助与指导的一种心理辅导形式，即以班级团体为单位，运用适当的团体辅导理论和技术，通过班级成员的互动，促使个体在人际交往中认识自我、探讨自我、接纳自我，调整和改善与他人的关系，学习新的态度与行为方式，增进适应能力，以预防或解决学生成长中的问题并激发个体潜能的助人过程。

班级心理辅导强调尊重人自身的潜能和重视团体凝聚力的培养来辅导他人，以营造民主、平等、和谐的班级气氛为前提，以丰富多彩的班级活动为途径，以唤起学生内在发展需求、调动学生积极参与、"助人自助"为基本特征，最终达到增进班级凝聚力，促进学生个体和班级团体共同成长的目标，为探索科学的班级管理规律寻求到一条新的道路。

二、班级心理辅导的特点

班级心理辅导作为心理辅导的形式之一，与个别心理辅导在许多方面是相似的。具体表现在：第一，目标相似，二者均是帮助求助者自我指导与自我发展；第二，对象相似，二者都是针对遭遇发展问题的个体，针对个体的兴趣、要求；第三，对辅导员的要求相似，都要求辅导员掌握心理辅导的各种技术，助人自助。

但由于班级心理辅导强调班级构成分子的相互作用，因此班级心理辅导与个别心理辅导相比具有其独特性：一是可同时辅导多名学生；二是学生互为彼此典范，能促进正向的同伴关系；三是班级的形式更适合学校教育。在班级团体中，部分个人的不良行为习惯对其他成员可能产生负面的影响。在班级中，由于人数较多，易产生冲突与恶性竞争，处理不好会使成员感受到被拒绝或受到伤害等。所以，作为一名合格的心理辅导教师，应该充分认识到班级心理辅导的局限性，正确选择辅导的主题，恰当运用辅导的技巧，保护好每一个成员，避免其受到心理上的伤害，使班级心理辅导产生出最大的功效。

三、班级心理辅导的意义

学生的成长及班级的成长需要有心理辅导理念与方法的介入，并与传统的教育、管理方式相辅相成、相互结合，这是特殊学校班级建设的根本需要。

（一）特殊学生成长与发展的需要

青少年时期是学生身心发展最重要的时期，特殊儿童的心智还未成熟，人生经验更为不足，成长道路上会碰到许多社会适应性的问题，心理发展与生理发展不同步，会遇到情绪低落、心理冲突、是非辨别、沟通择友、信仰目标、价值观、人生观、世界观等问题。他们很需要成年人多与他们沟通，在沟通中得到帮助，特别是到了青春期，特殊学生更是如此。他们表面上是极力争取个性和独立，需要的却是一种朋辈关系的入心入耳的帮助——辅导的介入。

信息时代的到来，知识爆炸、学习内容的繁杂、学习压力的增大，使不少学生产生了学习的困扰和危机，出现了学习障碍的现象，这些困扰可依靠班级的预防性和矫治的班级心理辅导去解决。辅导中我们不是进行知识性的查漏补缺，而是运用心理手法去提高他们的自我观念、自信心、情感、兴趣、动力、意志、毅力等非智力因素，使他们更好地去适应现阶段的学习任务。

（二）班级需要科学的管理

要加强班级的管理，传统的方式有着许多优点和丰富的经验，我们要秉承发扬，但也要看到，随着素质教育理念的提出，有很多潜在的不足之处，而且逐渐凸显出来，我们可以用心理辅导的方法去完善。

传统的班级管理的运作与班级心理辅导方式的运作有以下几方面的区别（见下表）。

传统班级管理运作与班级心理辅导方式运作对比表

传统的班级管理的运作	班级心理辅导方式的运作
用行政方法建立管理层级（如每班的分组）	行政方式分组后，再用心路历程的实施手法去建立小组
维持社会的秩序、纪律	在责任中善用个人的权利与自由
侧重统一要求，整齐划一	容纳并重视个人的独特性，激励个人的创造性
灌输性的单向传授	协助学生从活动中自我体验、分享
从外到内的教育、控制、约束模式	由内到外的启发、体验、激荡、探索、自动自觉模式
偏重于外显行为	着重全人关注（重心理活动历程，去达到外显）
班会着重纸上谈兵	着重团队、亲身的社会实践的领悟
相互竞争式的惩罚与奖励制度，具法制精神，较消极	自我比较的评价和自我（小组）实现活动，尽量避免竞争带来的心理伤害，重情感、体谅、宽容，较积极
活动中，体现的是传统的师生关系	活动中，师生关系是一种辅导关系
由班主任吸取课外知识（包括学习方法等）再传递给学生	班主任给予方向，由小组产生动力去获取课外知识
肯定优秀率（即个人／集体）的重要性	肯定个人自身的价值
评价轻过程，重结果	评价过程与结果并重

　　从以上对比中，可以看出运用心理辅导的方式进行班级管理，可以更好地体现以人为本的现代教育理念，更能激发学生内在的潜能，更有利于形成班级的凝聚力，从而促进学生的良性互动，提高班级的教育实效性。

四、班级心理辅导的功能

　　班级心理辅导具有下列几种功能。

（一）认知功能

　　班级心理辅导的预防功能是指在班级心理辅导过程中，可进行结构性的认知学习或咨询（如性格培养、人际交往训练、情绪处理、压力处理、性知识教育、爱心培养、法律知识学习等），这种认知学习的方法不同于传统单向传递方法，而是让学生参加各种团体中的互动活动，在团体动力场中用探究、体验、尝试、实践的方式去学习。

（二）发展功能

　　班级心理辅导的发展功能是指着眼于每个学生的健全人格培养与潜能开发，

根据青少年儿童心理发展各个阶段的特点进行辅导，为他们终身发展奠定内在的基础。班级心理辅导中，学生可以通过团体了解自己和他人，接纳自己和他人，了解班级与学校，并融入这个小社会中，满足成长中的前期需求（隶属、爱、自尊）、后期需求（知、美、自我实现），朝着健康的方向发展。

（三）预防功能

班级心理辅导的发展功能是指对一部分有可能产生心理和行为问题的学生进行辅导，防患于未然。例如学习困难学生、人际关系不良学生、青春期性困扰学生、学习过分焦虑学生、家庭环境不利学生等，都应该是班级心理辅导重点关注的对象。而学生在班级团体的互动中，是非常容易显示其个人身心的问题或矛盾的，老师很容易观察得到，从而引导他澄清、面对和解决问题。

（四）矫治功能

班级心理辅导的矫治功能是指解决个别学生已经形成的心理和行为问题，针对盲生、聋生、智力障碍儿童、注意缺陷与多动障碍、孤独症、学校恐惧症、反社会人格倾向、抑郁症等，进行有效的矫治。

以上四个功能中，认知、预防、矫治功能和发展是相互联系的，三者的目的也都是为了发展，但发展功能较之其他三个功能更具积极意义，因此，我们更加强调发展性的班级心理辅导。

第二节　班级心理辅导的具体实施

一、班级心理辅导的实施原则

（一）全体性原则

班级心理辅导应以全体学生为对象，对于少数行为异常的学生，应加强个案研究，实施特殊辅导。班级心理辅导是面向全体学生，为全体学生服务的，是要培养全体学生良好的心理素质，提高心理机能，开发心理潜能，促进整体素质的提高和个体的和谐发展。

我们的着眼点是所有学生，并尽量避免只让那些活跃的学生出头露面，而应当让那些平时不大引人注意、没有机会"表现"的大多数学生作为关注焦点，给予他们足够的机会。

当然，在注重全体的同时，也不可忽视个别有特殊需求的学生，要关注这些学生，给予及时、具体的特殊辅导，最好这种辅导是不露痕迹的，以维护他们的自尊。

（二）发展性原则

班级心理辅导应在于帮助学生了解自己，认识环境，获得健全的成长。班级心理辅导必须以发展的眼光来看待学生的心理状况，辅导活动必须立足于促进学生的心理发展，而不仅仅限于心理健康的一般要求。

辅导要走在发展的前面，也就是说，心理辅导的要求必须高于学生现有的心理发展水平，要能使学生向心理上的"最近发展区"前进。当这种前进完成以后，最近发展水平又转变成现有发展水平。此时，班级心理辅导活动不应以此为终点，而应创设新的最近发展区，鼓励学生发挥主观能动性，在心理发展的阶梯上更上一层楼。

（三）主体性原则

班级心理辅导应以协助为出发点，承认尊重学生的主体地位，而非"代替""指示""强迫"或"命令"。班级心理辅导中要承认和尊重学生的主体地位，激发和调动学生自我心理发展的自觉性和积极性，其原因在于：首先，学生自己是心理发展的主体，辅导的影响只有通过学生主体心理活动才能起作用；其次，青少年学生自身的心理特点也要求我们要注意主体性的原则，班级心理辅导切忌"我教你学，我说你听"的旧模式。

主体性原则要求在组织班级心理辅导的内容和活动时，要充分考虑满足学生的正确需要，才能唤起学生的兴趣，激起学生的主动性和积极性。

主体性原则还要求不可事事由老师包办代替。班级心理辅导强调他助—互助—自助的过程，教师、同学的他助、互助只是手段，学生的自助才是目的。特殊教育班老师要改变看学生障碍过多、包办过多、主观臆断过多的现象，自始至终，教师应以引导者、协助者的姿态出现。

（四）活动性原则

班级心理辅导应灵活采用讨论、报告、访问、表演、绘图、填表、调查、辩论、幻灯片及电影等活动方式，收到团体辅导的功效。

贯彻活动性原则时要注意：活动的组织要符合学生心理发展的需要，要与学生的年龄特征相适应；活动的安排要体现新颖性、时代性和兴趣性，让学生愿意参加，喜欢参与；活动的设计要考虑让每一个学生都能参与。

二、班级心理辅导的实施内容

（一）学习辅导

班级心理辅导中的学习辅导是指教师运用学习心理学及其相关理论，指导学生的学习活动，提高其认知、动机、情绪、行为等学习心理品质与技能，并对学生的各种学习心理问题进行辅导。其基本任务是帮助学生学会学习，提高其学习技能，发展其创造能力，能克服学习中的各种困难并学会解决与学习有关的各种心理困惑。具体包括：协助学生培养浓厚的学习兴趣；协助学生建立正确的学习观念与态度；协助学生激发学习动机；协助学生发展学习的能力；协助学生养成良好的学习习惯与有效的学习方法；协助学生培养适应与改善学习环境的能力；针对特殊需求学生的学习辅导，辅导学生升学等。

（二）人格辅导

班级心理辅导中的人格辅导是指着重于对学生自我意识、情绪和情感、意志品质、人际交往和沟通、青春期性心理、青少年危机问题进行辅导，培养其良好的个性心理品质和社会适应能力。具体包括：自我意识辅导、情绪辅导、人际交往辅导、青春期性心理辅导、流行文化与网络行为辅导、危机干预辅导、品德与行为问题辅导、适应不良问题辅导等。

（三）生活辅导

班级心理辅导中的生活辅导是指通过辅导，培养学生健康的生活情趣和乐观的生活态度。这对于学生将来获得幸福而充实的生活具有潜在的影响，同时对发展个性、增长才干、提高学习效率也具有有力的强化。具体包括：家庭生活适应辅导、学校生活适应辅导、健康生活辅导、社交生活辅导、休闲生活辅导和正确消费辅导等。

（四）职业辅导

升学与择业是人生发展的必然过程，是事关个人前途的重大事件。职业辅导是为学生未来的生活做准备的教育活动，旨在帮助学生在了解自己的能力、特长、兴趣和社会就业条件的基础上，确立自己的职业意向，进行职业选择和准备，为今后顺利地踏上社会打下坚实的基础。具体包括：了解自我辅导、职业辅导、生涯探索辅导，合理选择辅导等。

结合具体的实践操作，具体分析以上内容，归纳出如下内容可作为班级心理辅导的设计点。

班级心理辅导内容设计点一览表

内　容	辅助要点
学会认知	学习的计划性、楷模典范、思维方法、学习方法技巧、民族与外来文化
学会做人	人生目标、公民道德、行为规范、社交技巧、奉献精神、社会责任、劳动意识、健康人格、生理教育
学会生存	安全知识、自我保护、环境适应、环境保护、劳动技能、理财能力、升学指导

三、班级心理辅导的实施途径

班级心理辅导的实施途径可依据不同地方、不同学校和不同班级而选择不同的途径。根据实践经验的总结，有如下的一些途径。

（一）游戏参与

游戏参与是指以游戏作为中介，让学生通过参与游戏活动，在轻松、愉快、和谐、活跃的氛围中自由表露自己的情绪，投射自己的内心世界，体验与反思自己的行为，分享同伴的经验与感悟，从而达到某种建设性效果的心理辅导形式。这是班级心理辅导中常用的形式，无论是哪个年龄段、何种障碍的学生，都可以根据各自的年龄特征，设计相应的游戏。

游戏形式对学生要有相当的吸引力，让学生愿意参加。游戏中的"自由"，使学生摆脱了某种外在的控制和约束，让他们尽情地展露自我，不知不觉地流露出真实的喜怒哀乐，也显露出存在的问题。这样既有利于辅导者与学生进行心灵的沟通，激发学生参与活动的动机和兴趣，更在游戏中不知不觉地学习了规则，从而培养了良好的习惯和解决问题的能力。因此，作为学生喜欢的游戏活动，它不仅可以带来欢乐，而且也是智力、情感、社会性发展的一种途径。

但必须注意的是，游戏的设计要符合学生的年龄特征，否则高年级学生会对游戏有"小儿科""不屑一顾"之感，低年级学生会对游戏表现出"呆头呆脑""无动于衷"之状。游戏要事先制订相应的规则，并在游戏开始之前向学生明确，否则，不但游戏会乱套，更会影响游戏目标的达成。

（二）角色扮演

角色扮演法是指个体在想象中扮演他人的角色，即试图把自己想象成他人，以他人的观点来看待问题，理解他人的处境和感觉，预测他人可能采取的行动及其对自己行动所做出的反应。通过让学生扮演或模仿一些角色，重演部分场景，使学生以角色的身份，充分表露自己或角色的人格、情感、人际关系、内心冲突等心理问题。通过这种方式，达到消解个体的心理困扰，促进其心理正常发展的目的。角色扮演法是"心理剧"的一种形式，它能让扮演者和进入角色的学生忘却自我，尽兴表演。

角色扮演生动有趣、简单易行，常用的技术有哑剧表演、空椅子表演、角色互换、自我改变、双重扮演等。

（三）情境体验

情境体验就是要通过辅导者的设计，让学生进入模拟情境、实际情境或想象情境中去体验、思考、分析，了解自己的心理反应，获得情感体验，培养适应能力的一种方法。

情境是心理辅导达到理想效果的重要载体。辅导老师在创设情境时要注意：一是要充溢情感，以心造境，情境合一；二是创设情境是一种暗示、一种渲染、一种陶冶，要关注师生、生生之间的心理相容程度；三是要精心策划、周密组织，在内容的选择、程序的设计、载体的运用、手段的更新，以至于具体细节上都力求围绕主题、严密有效。

（四）讨论分析

讨论分析是所有活动中使用最为普遍的方式，是指在辅导老师的引导和组织下，学生对某一专题各抒己见，经过讨论分析或争辩，得出结论的方法。从形式来说，讨论分析法通常采用小组讨论和全班讨论两种形式；从内容来说，除了集中讨论一个专题以外，还可以采取分题讨论的方法。

讨论的主题需要老师事先精心设计，而且它应该是学生最关心、最困惑、最迫切想解决的问题。题目设计新颖有趣，学生就会感到有话可说，有话能说。只有这样，他们才有充分参与和表现的机会。

在采用讨论分析过程中，辅导老师要做到循循善诱，达到自我教育的目的，并要注意引导学生变被动的听众为主动的演说者；注意引导学生变片面为全面，变注重结论为注重过程。

（五）心理自述

心理自述是指让学生自由地表述自己的心理状况，也就是自己述说事情的经过和感受的一种形式。这种形式既是情绪宣泄的合理方法，也是引导学生深入思考有关问题的方法，它可以激发学生运用心理学的相关内容认识自己，分析自己的兴趣。一般情况下，学生喜欢把喜悦与人分享，忧愁与人分担。

活动一般以学生自愿为原则，讲述自己对事件的感受、自己的某次经历、自己成长的过程、自己的家庭、自己的朋友等。低年级的学生还可以通过"自画像"认识自我。学生用自述把情绪感染给大家，达到产生情感共鸣，有利于辅导的效果。

（六）综合法

综合法就是将以上各种辅导方式综合运用。一般来说，班级心理辅导单用一种方法进行是极少的，通常要运用多种方法进行教学和引导。这是由于学生心理现象的多变性，辅导方法的多样性，心理活动的差异性，学生参与的兴趣性。综合法不是简单的组合，而是要求老师根据学生的年龄特点和心理发展规律，根据辅导内容的内涵和需要，根据不同班级学生特点，有目标、有计划地进行合理选择和组合，以提高辅导的实效。

因此，在班级心理辅导中，何种途径最佳，没有定论，要综合考虑各方面的因素，如活动专题的内容、学生的年龄特点、学校和班级的条件、时间、场所的许可等。在选择具体途径时，应当考虑以上种种因素而灵活运用。

四、班级心理辅导的设计

如何设计班级心理辅导？可以遵循结构性团体心理辅导活动设计的原理。这种活动设计有明确的目标导向，而且有具体的主题活动要求，组员以一种体验探究的辅导模式去进行一系列的活动。通过这样的辅导，班级学生个体直接投身于活动的情境中，自我参与、自我体验、自我发现，在班级团体中互相分享、回馈，使旧有的认知结构受到冲击，从而产生了内心的各种矛盾，产生新的认知结构，心理上又达到新的平衡。因此，结构性班级团体心理辅导模式是最有意义和效果的。

（一）班级心理辅导的一般过程

班级心理辅导是通过班级团体的方式去辅导他人，而任何一个团体都会经历一个启动、发展、成熟、结束的发展过程。对于班级团体的形成与发展，我们认为可分为四个阶段，即热身—凝聚—探索—结束的发展过程，不同的阶段则有着不同的任务和内容。具体历程结构如下：

定向探索 → 规范建立 → 磨合转变 → 凝聚信任 → 成长建设 → 结束跟进

上述几个阶段相互影响，连续不断。作为一名成功的心理辅导老师，必须对班级团体的发展阶段及其特征有清晰的了解，才能把握住团体的发展方向，有效地设计、组织和引导班级团体向健康的、既定的方向前进。

（二）班级心理辅导活动设计的步骤

1. 确立辅导活动的目标

辅导老师要根据班级的发展需要和问题需要设定目标，目标要具体、明确，要紧紧围绕目标去设计活动内容、途径、方法和分享讨论的提纲。

2. 明确参加对象

一般发展性、预防性的班级心理辅导，是包括整个班级的学生，但是一些矫治性的辅导，就要找同质的群体成员，如英语学习障碍辅导、注意力分散辅导、人际交往障碍辅导等，同时，还要了解其性质、性别、年龄跨度、经验、行为表现等情况。

3. 组织过程

组织过程	内　容
时间与地点	班级心理辅导一般应在学校教室内进行，如果有条件的话，应设立团体辅导室。如果是户外的，应考虑到学生的经济能力与安全。
经费来源	校内辅导也需要物资，是学校负责还是学生负责呢？户外的辅导有没有单位赞助？这些都要考虑，但一切都要以服务学生为本。
设备与资源	每一次辅导需要的物资设备是不同的，我们设计时应以勤俭节约的原则去购买用品。例如强化物可以用实物又可以用象征物或符号。
甄别推选成员	如果整个班都参与就不用挑选，但要甄别，例如讲到家庭父母问题，就要调查班中有没有单亲家庭的学生，因为辅导者如果用语不当，便会伤害到这些成员。
选用小组领袖	班级心理辅导时，班主任就是导师，各小组要选取一个组员，经过培训成为小组领袖，起到导师的助手和示范作用。
程序书写格式	班级心理辅导程序书写格式有表格和非表格之分，与教师的日常备课差不多，也可以采用卡片式，即每张卡片就是一个程序，导师按目标需要抽出不同的卡片来组合成一个方案。
选取热身活动	这是一个助人的技巧性活动，一般用于活动的开始，目的在于创设宽松的心理氛围，要让学生尽快兴奋、活跃起来，积极地投入到接下来进行的各种形式的活动中。它是一个序曲或前奏。其形式可以不限：如跳健身操、做游戏、讲故事、唱歌、看录像等。

4. 活动实例

下面我们以活动"猜猜我是谁"和"沟通训练"为例，来具体说明如何在活动方案设计中体现和实施班级心理辅导。

（1）活动名称：猜猜我是谁

活动目标：（a）促进参加者正确认识自己，悦纳自己，增强自信心，提升自尊感。

　　　　　（b）帮助参加者正确地认识和理解别人。

活动时间：45分钟。

活动地点：室内活动室。

活动准备：（a）小长凳每组一张（长度可容纳全组成员站上去即可，高度

　　10 ～ 20 cm，宽度为 20 ～ 30 cm 为宜）；

　　（b）工作纸 5-1 "猜猜我是谁" 每人一份，纸箱每组一个；

　　（c）工作纸 5-2 "小组分享提纲" 每人一份。

活动内容：

所需时间	主 题	内 容	主持人	物 资
5分钟	热身	游戏：《生日重组》 玩法：按生日的月份或日期由小到大重新进行排队，游戏过程只能用非言语的方式进行交流而不能出声说话。	导师	小长凳
20分钟	主题活动	①填写工作纸：导师发给参加者每人一份工作纸5-1，说明填写要求，参加者填写后投入小组的箱子里；②"猜猜我是谁"活动：活动前将纸箱的工作纸摇匀，然后每人轮流抽一张，宣读纸上"我是这样的人"的内容，宣读者不能说出人名(包括自己)，让其他成员根据纸上的内容猜出是谁。	小组导师	工作纸5-1、纸箱
20分钟	团体分享	先说说有多少人猜中你，你猜中多少个同学；然后进行讨论，并说说对活动的感受；最后填写活动评价表，导师进行小结。	小组导师	工作纸5-2

　　分享提纲：（a）我猜中了 ＿＿＿ 同学，我被 ＿＿＿ 同学猜中了；

　　　　　　　（b）我很容易（或不容易）被同学猜中的原因是什么？

　　　　　　　（c）我很容易（或不容易）猜中同学的原因是什么？

　　　　　　　（d）说说活动的感受。

　　注意事项：（a）导师在带领游戏时，要引导学生遵守游戏规则及注意安全；

　　　　　　　（b）小组分享的重点是让组员了解自己独特的个性特点。

　　（2）活动名称：沟通训练

　　活动目标：（a）营造欢乐的团队气氛；

　　　　　　　（b）训练学生非语言的沟通能力。

　　活动时间：45 分钟。

　　活动地点：室内或室外较安静的地方。

　　活动内容：

所需时间	主题	内　容	主持人	物　资
5分钟	热身	土风舞：《采莲雾》	导师	
20分钟	主题活动	游戏：《有口难言》 ①参加者分为四小组，排成纵行。 ②第一轮单向沟通：各小组选派一代表到前台抽取一个成语名后，回到自己小组，用动作和表情将成语名表达给本组成员，组员跟着做动作并合力猜测，而他不能给任何暗示。 ③第二轮双向沟通：小组代表回到小组，用动作和表情将成语名传达给本组成员；可以向示范者发问，而示范者只能用点头或摇头表示对与错。 ④在规定时间内看哪一组能顺利猜出答案。	导师	成语词条若干
20分钟	分享	小组分享活动感受，导师进行总结，填写活动评价表。	小组导师	工作纸14-1、工作纸14-2

分享提纲：（a）两轮游戏你们组猜对了吗？哪一轮游戏更容易猜测？为什么？

　　　　　（b）你从游戏可得到什么启发？

注意事项：（a）游戏猜测的内容除成语名外，也可以是电影名、歌曲名或电视剧名；

　　　　　（b）分享时要引导组员领悟言语沟通与双向沟通的重要性。

五、班级心理辅导的评价反馈

班级心理辅导到了结束阶段，有一个重要任务要完成，那就是协助学生总结学习得失、学习迁移，适应班级团体外的世界、理顺情绪、评价与跟进。班级心理辅导评价的作用在于：一是促进整个班级团体的各个发展历程，保持班级团体旺盛的生命力；二是帮助辅导者评估每个成员和整个班级的达标情况；三是帮助辅导者了解所带团队的状况和程序设计效果。

（一）评价要素

对班级心理辅导的评价，大体可从以下几个方面实施。

1. 目标的评价——清晰、具体

目标是辅导的灵魂和核心，成功的班级心理辅导活动必须有明确和清晰的目标，而且目标要符合学生的年龄特点和实际状况，目标要具体，并贯穿在整个活动过程中才能得以贯彻和达成。

2. 内容的评价——适宜、贴切

内容是为目标服务的，也是要围绕目标而进行选择的。评价内容时，要注意是否具有适应性、针对性。具体来说，选材是否紧扣主题，是否适合学生的年龄、心理特点，是否贴近学生生活，亲近学生的心灵，让学生有一种亲切感，有兴趣参与，并且与自己的生活实际密切相关，关系到学生能否活跃思维，讨论热烈，提高实效。

3. 方法的评价——适合、多样

采用的辅导方法并不是越新颖越好，而要注意符合学生的年龄和需求。班级心理辅导活动中，辅导的方法和形式要有一定的变化，以免学生因单调而感到乏味，但也不是越多越好，而要根据主题的需要，把握好节奏和手段的变化。

4. 效果的评价——明显、及时

对一次班级心理辅导活动的即时评价，重要的是评学生的情况。心理辅导活动过程中学生的参与度，是否达到全员参与，若大多数学生是观众或听众，是旁观者，哪怕这次活动设计得再多、再新颖、再有趣，也不是一次成功的辅导。学生参与的热情、思维的活跃、兴趣的浓厚、气氛的融洽、真情的流露、交流的坦诚等都是评价效果是否明显的指标。

5. 辅导者能力的评价——能力素质良好

做好班级心理辅导活动，对辅导者的要求是很高的。辅导者自身的素质如何，辅导者的专业化水平如何，在一次班级心理辅导活动中都会体现出来。在组织活动过程中，辅导者的姿态和语言，机敏性和应变性，思路清晰性和条理性等都是评价辅导者能力和素质的因素。

在具体评价班级心理辅导时，以上五个方面都要参考，同时还要考虑它们各自的权重因素才比较合理。

（二）评价方式

评价班级心理辅导，可采用评价表、心理量表、问卷、座谈、听课记录、音像记录等方式，结合学生自评、辅导者评和督导员评三个途径进行。

其中，班级心理辅导评价反馈表可参考以下两个表格。

班级心理辅导活动记录评价表

| 学　校＿＿＿＿＿＿＿＿＿＿＿＿　　班　级＿＿＿＿＿＿＿＿＿＿＿＿ |
| 督导员＿＿＿＿＿＿＿＿＿＿＿＿　　辅导员＿＿＿＿＿＿＿＿＿＿＿＿ |

班级目标	
活动主题	
辅 导 者	
时　　间	＿＿＿＿＿　地　　点＿＿＿＿＿
辅导过程	
程序记录	＿＿＿＿＿　意　　见＿＿＿＿＿
综合建议	

评价表

评价项目	评价要素及要求	评价等级及分值				评价要素总分 （满分 20 分）	
		A	B	C	D		
目标	目的明确 符合实际 立意具体 贯穿全程						
内容	选材适宜 紧扣主题 贴近生活 亲近学生						
方法	生动活泼 形式多样 富有情趣 节奏适度						
效果	全员参与 真情流露 坦率交流 浓情分享						
能力	姿态自然 语言贴切 思路清晰 应变灵活						
总体评价						特色分	总评分

注：1.B、C、D 三项均有可加半分的打法。

　　2. 缺有特色的可另加 1~2 分

　　3. "总评分"为"评价要素总分"与"特色分"之和。

评价人：＿＿＿＿＿＿＿＿

＿＿＿＿＿年＿＿＿月＿＿＿日

资料来源：吴增强《学校心理辅导通论》

班级心理辅导活动自我评价表

亲爱的同学：

　　谢谢您参加这次活动，我们很想了解您的感受和意见，作为今后工作改进的参考，请如实填好以下问题并交回。无论表扬还是批评，我们都将感激不尽。

1. 经过这次活动，您对活动的评价是：（打√，可选多项）

□满意	□挑战	□愤怒	□开心	□幸运
□失望	□积极	□沉闷	□消极	□混乱
□兴奋	□烦恼	□怀疑	□好极了	□内疚
□疲倦	□骄傲	□安心	□无助	□有兴趣
□不肯定	□自豪	□有冲动	□有信心	□有心得
□充满希望	□感动	□尴尬	□害怕	□伤心

2. 在这次活动中，您感受体验最深的是：

3. 活动后，您有什么收获或者有什么变化吗？

4. 您觉得应该得到进一步解答的问题是：

再次感谢您的参与！

签名：_____

_____年____月____日

资料来源：吴增强《学校心理辅导通论》

思考与实践

1. 请对某特殊教育班级（聋、盲、智力障碍儿童班）学生的心理特点进行分析。

2. 针对班级学生某一心理问题确定讨论主题，设计讨论活动。

3. 针对班级学生某一心理问题，编演心理剧。

4. 在以上两活动完成后让学生填写《班级心理辅导活动记录评价表》和《班级心理辅导活动自我评价表》。

第九章　班级资源及资料运用与管理

本章摘要：特殊教育班级资源是教育教学顺利进行的保障，本章介绍了基础设施、清洁卫生设备、文献资料，日常生活用品、文体用品、现代教育技术、特殊用品的运用与管理。

第一节　班级资源运用与管理概述

一、班级资源的含义

凡是与班级教育教学相关，对班级教育教学起作用的所有事物均可称为班级教育教学资源，包括物质的或精神的、有形的或无形的、校内的或校外的等。

特殊教育班级的教育教学资源有其特殊性，如在人力资源上比普教班级需要更多义工的参与；特殊的教具或教学（如聋生的助听器、智能听力机、听觉转换仪、人工耳蜗，盲生的盲文课本、视觉转换仪、语音电脑系统，启智班的直观教具等）；学生的 IEP 资料等。

二、班级资源的分类

班级资源是教育过程中所占有、使用和消耗的人力、物力和财力资源的总和。其中人力资源包括教师、学生、与教学相关的人员（家长、教辅人员、教育专家等），以及他们之间的相互关系；财力资源包括在教育教学活动中投入和使用的所有经费。这两种资源在本书的其他章节中有介绍，本章不再赘述。关于班级资源的分类有多种方式，本章结合特殊教育班级管理的特点对教育教学过程中可能涉及的物质资源（其中资料管理和信息资源管理由于其特殊的作用和特点，分别在本章第三节和第四节作专门介绍）进行介绍。

（一）教室资源

教室是开展教育教学活动的主要场所。其资源主要包括基础设施、清洁卫生设备、文献资料、日常生活用品、现代教育技术、特殊用品等（关于各类资源的具体内容及管理办法参见本章第二节）。

（二）办公室资源

办公室既是教师活动的场所，又是进行教育诊断和评量以及个别化教学的主要场所，同时还是班级的一些重要教育教学物品存放的场所。其资源包括基础设施、文献资料、教具学具、班级中大型或贵重资源、办公用品等（关于各类资源的具体内容及管理办法参见本章第二节）。

三、班级资源的作用

教育教学资源贯穿于教学实践的全过程中，是教学活动顺利进行的保证，其本身并不对教学产生直接的影响，它的影响取决于师生对资源的利用情况，其对教育教学的意义主要表现如下所述。

（一）班级资源是教学活动的物质基础和前提条件

班级资源可以看作教师和学生进行教学活动的媒介和桥梁，他们依赖和利用教学资源完成教学活动。教学活动的顺利开展离不开适当的物质资源的支持，离开了物质资源，教学活动只能是纸上谈兵。教师在设计教学活动的时候必然要考虑现有资源和可能利用资源的情况，否则设计再好的教学活动也无法开展和实施。

（二）班级资源是教学实践活动本身的有机构成部分

广义的班级资源（教师、学生及相互关系）是教学实践活动的主体，而班级物质资源中的教材等是教学活动的对象，是承载教学内容的载体，而教学媒体是联系主客体的纽带。这些主客体相互作用，共同组成了教学实践活动。

（三）班级资源影响教学目标的制订和教学诊断及评估方案的设计

教师在制订教学目标时应该考虑到班级现有资源的支持或者是否可以开发利用有关资源，否则要实现教学目标的教学活动就无法开展。教育诊断和评估在特殊教育中的应用非常广泛，而这两者的开展必须依赖一定的教育诊断及评量工具这类教学资源。

四、班级资源管理的原则

资源管理是教师工作的重要组成部分，同时也是班级教学活动顺利开展的重要保证，进行班级管理应把握其特点，使班级资源得到最合理、最有效、最充分的利用。在进行班级资源管理时应注意以下原则。

（一）资源配备应适用有效

配备适用有效的教学资源是班级资源管理最重要的原则。在资源配备的过程中要充分了解班级教学活动的需要及班级的实际情况，使资源能物尽其用，为教学活动提供最有效的帮助。一些大而无用、贵而不当、不利于教学活动的资源不予配备。

（二）资源配备有轻重缓急之分

教学资源根据其在教学活动中的作用可以分为急需必备的资源和可以稍缓一步解决的资源，在配置时要首先解决前者的问题。例如教室、桌椅、教材这类资源如果不到位，教学就无法进行，必须首先配备。而照相机、摄像机等资源暂未配备不会影响正常的教学活动，可以暂缓一步配备。

（三）资源配备要有计划

教学资源不可能一日配齐，除了第二点提到的教学资源应按在教学中的作用配备外，还会在教学实践活动中产生新的需求，需要配备新的教学资源。因此学校和教师应该有关于教学资源需求和配备的计划。有的资源需经学校才能购置，教师应预先做出申报计划，由学校统一协调购置；有的资源教师可以自制或自己购入，也应根据教学需求拟出计划，提出资源名称、种类及制作或购入的顺序。

（四）充分利用各种资源

教学资源一旦配备就应该充分使用，令其作用充分发挥。闲置资源是一种浪费，也是老师工作不负责任的表现。资源的充分利用不仅体现在本班各学科的教学中，也应该在学校的各个班级共享。比如某个班配备的好的图书、教学光碟等资源，其他班级如有需要也可以使用。教师不仅要学会在其他班级寻找教学资源，也要学会将本班的资源贡献出来，与大家共享。在教学活动的设计中也应考虑已有的资源，在此基础上开展教学活动，使资源尽可能得到充分的利用。

（五）资源必须进行严格的管理

为了保证教学资源能合理利用,充分发挥资源的效能以及减少资源的破坏,需要进行严格的资源管理。资源管理需由专人进行，对各种资源登记上册、分类保管，制定相关的资源管理规章制度（如借出归还手续、损坏赔偿规定等）。

（六）教学资源的开发

教学资源不仅需要购置，更多的应该是在教学实践活动中由教师设计开发，这包括根据教学需求制作一些简单的教具学具，也包括根据特殊学生的特点，利用现代化的教学技术（计算机、多媒体教学手段等）开发设计适合他们的教学工具等。

第二节　班级资源管理的主要内容及措施

班级资源管理涉及的内容包括许多方面，教师除了应遵循上述管理原则外，还应该了解每类不同的资源各自不同的管理方法及措施，本节就班级资源管理的主要内容和措施进行较为详细的介绍。

一、教室资源管理的主要内容及措施

如前所述，教室资源主要包括基础设施、清洁卫生设备、文献资料、日常生活用品、文体用品、现代教育技术、特殊用品等。

（一）基础设施

基础设施资源包括黑板、课桌椅、书柜、通风设备（如空调、电风扇等）、教学用品等，这类资源是教学活动最基本的保证。管理这类资源时首先应保证环保指标是否合乎标准，以免给学生的身体造成伤害；其次要保证它们的清洁卫生，制订每日的值日计划，维护好教室及各类资源的清洁；同时，师生要爱惜课桌椅、书柜等，不乱砸乱碰，不乱写乱画，若有缺损要及时修补；最后，对主要设备应作物质登记，有意损坏应按有关规定处理。

（二）清洁卫生设备

对特殊教育来说，清洁卫生的意义不仅是维护教室和学生自身的整洁，更重要的是，它是培养学生生活自理能力及家务技能的一个重要途径，是教学活动的组成部分。因此各教室必须配备充分的清洁卫生设备，包括抹布、拖把、扫把、盆、桶以及洗涤用品（洗涤剂、洗手液、肥皂、香皂、洗衣粉等）。教室内应开辟专门的一角作为卫生角，将这些设备分类、整齐摆放。同时这些设备也应有记录，教师根据班级和学生的具体情况，可指定专人统一保管，也可

分发给学生，由学生负责保管。

（三）文献资料

文献资料包括与教学相关的图书、光碟以及电子阅览物等，这类资源通常由学校分发、班级购买或捐赠而来。班级的文献资料要分类整理存放，并落实专人管理，登记好借还的数量及日期。教师指导学生制作登记卡以及图书的修补等工作。除了班级登记以外，学校还需要对文献资料统一登记备案，以保证资料在各班级之间的有效流动和资源的共享。

（四）日常生活用品

学生的日常生活用品包括洗漱用品、水杯或饭碗盒、衣物等，这是学生在学校一日生活中所必备的资源。在班级中应配备学生饮水用的水桶、壶、瓶等，开水瓶、桶的放置需安全方便，保证学生饮水的供应、卫生、安全等。每个学生应配备水杯，教师可设计不同的标志如名字，让学生自行选择，标识自己的杯子。水杯必须天天清洗、消毒。每个学生还应配备洗脸毛巾，一人一条不得混用，挂于室外通风处，定期清洗消毒并更换。在教室内设置适当的场地为学生放置书包衣物等（住宿的学生可在寝室设置搁放衣物的场地），一人一格。日常生活用品的合理管理不仅有助于方便学生的生活，保证教室的整洁，同时也是培养学生生活自理的能力途径，教师可纳入常规训练中指导学生完成。

（五）文体用品

文体用品不仅可以丰富学生的课余生活，还可以用来进行教学，指导学生达成特定教学目标，培养学生的运动能力等，是教学资源的重要组成部分。文体用品包括文娱用品和体育用品。

班级中的文娱用品通常较为丰富，可以分为两类：一类是棋、牌、玩具、小型乐器等文娱用品。这类资源由教师登记后可由学生管理，放在学生方便拿取的地方，供学生使用。另一类是电子琴、吉他、风琴等大型的文娱用品，这类资源通常由教师管理，学生使用应得到教师许可。如果学校条件有限，不能为每个班级购置大型文娱用品，就应建立相应的制度，保证这类资源在班级的流通，保证其充分使用。

体育用品也可分为两类：一类是球、绳等小型体育用品。其管理同小型的文娱用品，但教师应注意指导学生安全使用这些用品，比如，防止球砸伤同学等。另一类是走步器、双杠、滑梯、秋千、蹦床等大型的体育用品，这类体育用品通常置于室外，全校所有同学均可共享，其管理除了按大型文娱用品的管理方法外，还应注意其卫生和安全，应常清扫、常检查、常维护。同时，教师还应指导学生安全使用，能力有限的学生应在教师的指导和帮助下使用。

（六）现代教育技术

现代教育技术资源包括电视机、投影仪、电脑等。利用这类技术可以使教学活动更加直观、生动、具体，有利于提高学生的学习兴趣，调动特殊需要儿童多种感官协同作用，提高教学效率。随着科学技术的发展和人民生活水平的提高，越来越多的特殊教育学校配备了现代教育技术资源。这类教学资源通常价格比较昂贵，且易于损坏，应由学校指定专人管理，定期维护清洁，制定相关的使用及借用办法规定，并保证其在教学中充分应用。对一些以前未使用过的技术还应组织专人对教师进行培训后再予使用。

（七）特殊用品

由于学生自身的特点，特殊教育班级中还备有特殊用品，包括聋生的助听器、智能听力机、听觉转换仪、人工耳蜗；盲生的盲文课本、视觉转换仪、语音电脑系统；沟通障碍学生的电子沟通板；肢体障碍学生的轮椅、助行器等。教师应了解学生的特点和物品的性能，帮助学生正确使用和维护这些物品，教给学生妥善的管理方法，为学生购置和更换产品提供建议。同时，教师还应帮助其他学生正确认识这些物品，不要嘲笑使用这些物品的同学。有的物品学生不需时时使用，应在教室中提供专门的场所供学生存放。另外，特殊班级的学生有的有生理上的疾病（如癫痫），需要定期按时服药，教师应遵照家长的要求妥善保管学生的药品，并指导和监督学生服药。

二、办公室资源管理的内容及措施

如前所述办公室资源包括基础设施、文献资料、教具学具、班级中大型或贵重资源、办公用品等。

（一）基础设施

办公室的基础设施包括办公桌、椅、书柜架等，要求干净、整洁，并需要做财产登记。

（二）文献资料

办公室内的文献资源与教室的文献资源有一定的差异，有的文献既可以存放在办公室里，又可以存放在教室，如与教学相关的书籍、音像资料等；有的文献资料如教育诊断评量的工具等只能存放在办公室，两类文献资源的管理方法也存在差异。因此，在本节中将其分开来讨论。办公室的文献资源除了教师用的专业书籍、光碟、影碟以及电子阅览物外，还包括教育测量工具（如比奈智力量表、韦氏智力量表、婴儿－初中生社会适应能力量表）等，这是教师教学非常重要的资料，随时随地都需要使用，因此应严格规范地管理，使用时要履行相应的借阅归还手续，并做详细的记录。对于一些需要保密的评量工具要严格执行保密制度，对一些应该推广和应用的评量工具要积极推广。学校要经常有目的、有计划地购入需要的图书、资料以及测量工具等，同时对现有的图书资料充分合理地使用。另外，教师也应大胆地根据教学实践开发一些适用的非标准化的测评工具，丰富文献资源。

（三）教具学具

办公室是存放教具学具的主要场所，应有专门的教具柜来放置。由于大多数教具学具都可反复利用，因此要妥善保管。教师应该在上课前一天准备好教具，必要时可备两份以防发生意外，造成教学时的忙乱，影响正常的教学。教具学具借用时应办好手续，每学期应对教师使用学具教具的情况做好记录并进行分析，同时要大力鼓励教师自制教具和学具。

（四）班级大型或贵重资源

如前所述，电脑、投影仪、电子琴等大型或较贵重的教学资源通常存放在办公室。这些资源应有明细的账目和管理制度，借用时需要登记，不能私人挪用。定期请专业人员检查，出现问题应及时维修。

（五）办公用品

教师的办公用品，如笔、纸、墨水、颜料、尺子、订书机、图钉、胶水、透明胶等是教师在教学活动中天天都要使用的教学资源，这是保证教学活动正常进行的最基本资源。这些办公用品应准备充分，快用完时应及时补充；但教师在使用中也应本着节约原则，合理使用，切忌浪费。

第三节　班级资料运用与管理

班级资料包括学生资料、教师资料等，其管理是班级资源管理的一部分，本该归在前面的内容中说明，但特殊教育的班级资料管理涉及很多特殊的内容和要求，因此单独列一节进行介绍。

一、班级资料的含义

班级资料是指在教学过程中与教师、学生以及教学活动有关的最原始的第一手资料，是了解学生和教育教学过程的重要依据，具有独有的价值和说服力，在班级管理中具有非常重要的作用，主要由教师进行管理。

二、班级资料的分类及主要内容

根据班级资料针对的对象，可以分为学生资料、教师教育教学资料以及其他资料等。

（一）学生资料

班级学生资料是全面反映学生基本情况和学习情况的资料，包括学生的基本资料（如姓名、性别、出生年月、家庭情况、受教育情况等）、学生的健康资料（医院的诊断报告书、服药的情况等）、部分测查鉴定资料、教育诊断、课程评量的结果，每期期末时学生的试卷（如语文作业、数学作业、美术手工制品等）、学习成绩记录、个案报告书、学生的个别化教育计划、学生的作业、优秀作品，病事假条，以及学生的照片、录像、音像资料等。

（二）教师教育教学资料

教师的教育教学资料主要指记录教师教育教学的资料，包括教学计划、班级管理计划、教案、课程表、教学总结、教研记录、教研资料、每日班务记录、学生行为记录、家长联络簿、家长培训和咨询记录等。这些资料真实而充分地反映和记录了班级教育教学活动进展的情况，能帮助教师正确地检验和反思自己的教育教学活动，为他们更好地提升自己的教育教学水平提供依据。

（三）其他资料

在班级管理中除了与教育教学密切相关的教师和学生资料外，还有一类资料，它们与教育教学没有直接的关系，但是在班级管理工作的正常运作中起着积极的作用，包括班级物质登记资料、财务资料（班费管理等）、往来账登记、教师外出学习参观资料及记录、各种班级管理条例及规章、学生行为规范、上行文、下行文、各类资料（报纸、杂志的剪辑汇总）、来访人员登记、学生服药记录等。这些资料看似对教育教学的影响不大，但在班级管理中也有重要作用，必须引起教师的高度重视。

由于特殊教育各班级有各自的实际情况，除了上面提及的资料外，教师在班级管理中还应根据各班自身的情况确定资料管理的内容。

三、班级资料管理的原则和方法

在特殊教育的班级资料管理中有许多与普通教育班级类似的原则和方法，

但由于其特殊性，也有许多不一样的方法和原则。

（一）资料管理应该全面

班级资料的收集要尽可能全面，减少遗漏。尽可能收集涉及各个方面的资料，不要只凭教师个人的判断而收集和保存自己觉得有用的资料，还应多听取家长及其他专业人员的意见。因为有的资料现在看似无关紧要，但在某些时候往往能发挥很大的作用或者说明很多问题。所以每位教师都应该树立全面收集资料和保存资料的意识，随时注意对各类资料的收集。

（二）资料管理应该有连续性

资料是一个班级发展和教学活动进展的记录，反映了班级和学生的真实情况，在管理当中必须保证其连续性。由于各种原因，学校内各班教师可能会发生流动或者有教师会离开学校，但资料是跟班级和学生在一起的，不能因为教师的流动而流动。管理资料的教师在离开之前要做好资料的交接工作，一些重要的资料还需双方签字认可。在学生转校或者转班的过程中，其个人资料应随学生带到新的学校或班级中，保证其评估和教育资料的完整性和连续性。而原来班级的老师为了教学和研究的需要，可以在家长同意的情况下复印学生的资料存档备份。

（三）资料应分类有序地进行管理

班级的资料通常较多，涉及的内容也较广，如果将所有资料混放在一起，杂乱无章，就难以查找和利用。教师可准备一些记录本、文件袋、文件夹，将各类文件和资料分类整理归纳，并在封面标注好资料的类型、内容和日期，如果时间允许还可编制资料目录，便于查找。分类整理好的资料就可分类存入文件柜，在文件柜上也应根据资料的类别分别贴上标签。

（四）资料应定期处理、调整

整理好的资料不应该是永远存在文件柜里，资料保留一定时期以后，应做资料处理及调整工作。根据各班的具体情况，有的资料需要重新装订，有的资料需要永远保留，有的资料可以不再保存。一学期结束时可将各类资料取出，与上学期同类资料按时间顺序排列后装订好，形成一学年的资料，这样的资料既有阶段性，也较为完整。对于一些资料，比如学生的作业，一学期后可留下一些重要且具有代表性的，其余的可发还给学生，学生的病事假条作病事假记录后，学期结束时可以处理不继续留存了。

（五）充分利用资料

班级资料对教师的教学活动有重要的指导作用，必须充分地利用各类资料，因此教师对资料不能只存不用，应经常查看，进行分析，对各类资料做比较研究，找到资料本身之间的本质联系，准确地把握学生的需求和实际情况，不断检查教师的教育教学活动，发现问题、总结经验、探索求新。

（六）部分资料的保密性

特殊教育班级中有一些资料涉及学生及家庭的隐私，应给予尊重，注意这些资料的保密。例如，学生的健康资料、测查鉴定资料、家庭状况资料不能随意透露给无关人员，学生的照片或录像未经本人、家长的同意不得随意展示。

（七）资料的数字化管理

随着计算机在特殊教育学校的普及，资料保存除了传统方式以外，还可以利用计算机和信息技术对资料进行管理和保存，一些重要资料可刻录成光盘永久保存，这样的方式可以提高资料管理和利用率，有的资料还可通过网络便捷地共享。数字化的资料管理方式，要注意在保存文件的时候应留有备份文件，保证出现意外情况时不影响正常的教学，同时对一些需要保密的电子文档可加设密码，注意文件安全。

第四节　班级信息资源运用与管理

随着计算机和网络技术的发展，以及相关产品的普及，教育技术现代化的进程越来越迅速，使得信息的作用越来越显著，成为现代教育教学和管理中不可或缺的重要资源。

一、班级信息资源的含义及分类

班级信息资源，是指师生在教育教学或班级管理的过程产生的，以及可利用的各类信息。关于信息资源有很多不同的分类方法，本节结合特殊教育班级管理的实际情况，考虑到班级既是信息资源的利用群体，也是信息资源产生的群体，从信息的利用和产生角度进行了分类。

（一）班级教育教学及管理中产生的信息资源

在教育教学及管理活动的实践过程中，时时处处会产生大量的信息，其中与教学密切相关的信息包括：学生的基本信息，反映学习进步情况的信息，学生对教学反馈的信息，教学活动进展的信息，师生互动的信息，不同学科之间教师交流的信息等。这些信息的内容基本上涵盖在学生、教师及其他资料管理的内容中，本节就不再赘述。但这些资料如果利用现代化的教育技术加以整合保存，可以得以共享、利于保存，发挥更大的作用。

（二）班级教育教学及管理中可利用的信息资源

信息技术的迅速发展，使得特殊教育教师可利用资源的范围越来越广泛，除了学校的、社区的信息资源可以共享以外，还可以通过互联网获取国内外相关的信息资源，这些信息包括最前沿的研究动态、最新的科研成果、国内外同行在该领域的教学实践（课程设置、教学活动设计、各类测评量表、课堂教学经验、学生行为处理技巧），与教师专业技术有关的培训和知识等。这类产生于本班教育教学活动之外，但可以为班级的教育教学活动服务的信息资源也是特殊教育教师可以而且应该利用，并且需要进行有效管理的资源（本节信息资源的作用及管理原则等内容的介绍主要针对这类信息资源，尤其是网络信息资源）。

二、班级信息资源的作用

网上的信息资源非常丰富，许多信息可低收费或者免费提供，而这些信息都是由国内外的专业人员或一线教师经过大量的研究和教学实践总结出来的，具有较强的权威性和实用性。同时，这些信息资源还具有实时性，能迅速传播等特点，在特殊教育领域发挥的作用不容忽视，主要表现在以下几个方面。

（一）帮助教师提高专业知识

特殊教育教师的专业知识需要不断提升才能更好地促进他们的教学，才能帮助他们解决在教学实践中遇到的问题。而我国特殊教育教师的工作任务通常较重，他们能外出学习的机会并不常有，同时由于经费短缺等原因，各学校可以提供的与特殊教育科研和教学的文献资料也不丰富，因此如何提高特殊教育教师的专业知识技能就成了一个比较棘手的问题。而网络提供了非常丰富的信息资源，通过浏览各类专业网站可以帮助教师在足不出户的情况下学习到相关的专业知识。同时，很多网站都有在线咨询栏目，有的网站留有一些专家的联系方式，教师可以向他们请教，解决教学中的困惑。另外，教师还可以通过网络交流工具与同行进行沟通，发现自己教学中存在的问题，解决困难。通过这些方式可以帮助教师提高自身的专业知识，促进教师继续教育的开展。

（二）完善教学活动

教师利用网络可以下载有用的软件和图片，可以参考典型的教学活动，还可以为自制教具学具找到丰富的资源和参考意见等，从而帮助教师寻找教学创新的灵感，丰富课堂教学内容，使得课堂教学形式更加多样化。

（三）弥补我国现阶段特殊教育领域缺乏跨学科专业人员合作的不足

特殊教育是一个融合了教育学、心理学、医学、社会学等多学科合作的学科，需要各领域专业人员、家长和社会工作者的合作，而目前我国的特殊教育在跨学科专业人员合作方面还很薄弱。利用网络信息资源，一方面特殊教育教师可以了解其他领域的相关知识，使得自己的专业知识更加完善；另一方面，利用网络提供的平台（如电子邮件、语音视频会议系统等），促进以特殊教育教师为核心的各领域人员的交流，弥补因时间和空间障碍给合作团队带来的问题。另外，现代社会工作压力较大，有的家长不能及时与教师面谈，不能按时参加家长会，通过上述的方式，教师可以与家长沟通交流，发送学生的资料等，提高工作的效率。

（四）促进学生的学习

网络的信息资源不仅为教师提供了广阔的学习空间，同时也更有利于特殊教育个别化教学的需求。在特殊教育班级中，学生的个体差异很大，在集体的课堂教学中，要满足所有学生的需求比较困难。而网络为特殊学生提供了更丰富的学习资源、更多样的学习方式，在教师的指导下学生如果能很好地利用这些资源，将更有利于提高学生的学习。

三、班级信息资源管理的原则和方法

尽管网络提供了大量的信息资源，特殊教育教师可利用的资源也非常丰富，但是在班级中如何有效地利用和管理这些资源，减少查找资源的时间，寻找更权威、更专业的资源，使资源更好地发挥作用也应讲究一定的原则和方法。

（一）与教育教学实践活动密切相关的信息资源才是有用的资源

信息资源必须在使用中才能发挥其巨大的作用。在资源利用和管理中，一个最重要的原则就是必须与自己的教育教学活动密切相关，必须对自己的教育教学活动有帮助。本着这样的原则，教师在面对大量的信息资源时才不会不知所措，才知道哪些信息资源是自己最需要的，从而提高利用信息资源的效率。

（二）信息资源的利用应该全面而准确

信息的利用不仅需要全面，要保证所查找和利用的资源除了满足自己的科研或者教学的需要，还应尽可能全面地收集反映该领域研究成果的资源，使自己的研究不至于以偏概全。另外，还应该保证所查资料的准确性，直接针对教育教学的需要，即所利用的资源是有的放矢的，尽可能减少在非重要资源上不必要的人力、财力资源的浪费。

（三）信息源是信息资源权威性和科学性的重要指标

网络的信息资源尽管非常丰富，但也存在良莠不齐的现象，如果没有较强的信息素养，不能很好地辨别信息是否正确，也难以有效地利用信息，而且还会被一些错误信息所误导。要保证信息资源的权威性和科学性，就要保证信息资源的可靠性，从正规的网站中查询信息。通常来说，国家级的网站、科研教学单位的网站、专业性网站的信息较为可靠，而一些商业性的网站提供的信息资源应辩证地看待，不能盲目地相信和引用。当然信息素养的养成非一日之功，教师在实践工作中需要不断总结和学习，寻找有效的具有权威性的网站。

（四）信息资源的利用和管理要注意其安全性

班级信息资源利用和管理的安全性涉及两方面的内容。一方面在使用别人提供信息时要注意该资源是否安全，因为网络是一个开放的系统，不可避免地存在一些不安全因素，计算机病毒可能通过网络传递，所以在使用时要注意随时用杀毒软件对下载的信息进行查毒杀毒，然后再打开，减少网络风险，同时应经常给杀毒软件升级，保证其查毒杀毒的能力。另一方面，教师在产生信息时，也要注意信息的安全性，做好有关信息的保密工作。

（五）信息资源的利用要尊重原作者的劳动成果

信息资源的利用还涉及一个非常敏感的问题，即版权。网络信息资源非常丰富，教师在利用信息资源的时候，一定要尊重原作者的智力和劳动成果，在使用的时候要标明出处，这样可以避免不必要的纠纷，并体现自己的科研道德。

思考与实践

1. 建立班级资源管理常规制度。

2. 建立班级资源管理专门空间与设施。

3. 建立班级信息与资源网络平台，开展与教学相关和与班级师生、生生互动活动。

第十章　义工管理

本章摘要：本章介绍了班级义工服务的意义，义工心态与义工服务内容和义工服务管理及义工服务实例。

第一节　义工管理概述

一、特殊教育班级义工服务的意义

（一）什么叫义工服务

1.义工的含义

义工是一个没有国界的名称，指的是在不为任何物质报酬的情况下，为改进社会而提供服务、贡献个人的时间及精力的人。这里特指特殊教育班级接纳的前来义务服务的工作人员。

2.义工服务的特点

（1）主动参与。义工服务不靠行政命令，不勉强，完全由参与者自己作决定，是主动的参与过程。

（2）不计报酬的服务。义工服务，作为义工一方，是不为获取经济报酬而从事的活动，作为被服务一方也不提供金钱的回报，联系双方的是特殊儿童。

（二）义工服务的意义

1.宏观分析

特殊教育班级出现义工群体是对太过功利教育的一种反思，至少义工群体的部分成员在自我精神层面的建构上有自己的理解、追求和行动。我们也可以将义工群体的出现理解为现实社会的亮点，人的素质水平在一定程度上的表达，是对"一切向钱看""金钱万能""物欲横流"的一种回答与挑战，彰显了人性中善良的一面。义工在服务特殊教育班级的过程中经历着一种生活，这种经历将会促使自己去理解人，支持帮助他人，使自己获得成长。义工的出现在特殊教育班级能唤起社会更多的人关心特殊教育、关心特殊儿童。

2. 微观分析

义工的到来，将使特殊教育班级学生接触较为广泛的社会成员，增进他们更多的了解，扩大其与社会交流面。义工能帮助特殊教育班级教师解决人力资源不足的问题，并支持学生的学习和生活，增强支持系统的力度。

二、义工的基本心态

（一）义工人员的构成

义工是来自社会各种职业、各种年龄与性别的社会成员。其中主要是：

1. 家长或亲友

特殊儿童的家长在养育自己孩子的过程中深感对孩子教育的重要与艰辛，所以会在力所能及的范围内到特殊教育班级做义工。家长、亲友参加的班级可能是自己孩子所在的班级，也可能是其他班级，家长愿意为更多的像自己孩子一样的其他孩子们服务。

2. 在校学生

在学校就读的大学生、中学生（含中专、职高生）、小学生，接受成人教育的学生。这部分人员在义工中为数不少，形成学生义工群体。年轻人有理想、有热情、有见识，关注社会问题，希望为社会服务，积极参与社会实践活动。

3. 其他

除以上人员外，义工还有解放军官兵、机关干部、企事业职工、医务工作者、离退休人员、家庭妇女各类社会成员等。参加义工队伍的多是热情、善良、愿意服务于人群的社会成员。

（二）义工的主要心态

1. 参与心态

（1）服务社会。这是多数义工的心态，愿意为社会出力，尽一份义务，这一心态因年龄、阅历、理解的不尽相同而有一定差异。比如：年轻人希望当义工认识人、理解人、多做社会实践，为适应社会生活做准备；中、老年人则是出自关心回报社会、扶助支持弱小等观念或出于同情心，但对特殊教育较陌生。

（2）好奇心。部分选择到特殊教育班级做义工的年轻人抱着好奇心参与，感到这部分人在身心发展上与正常人有一定差异，而希望看看他们的生活、学习以及教育等状况。

（3）支持特殊教育。对特殊教育有一定了解，比如：特殊儿童家长、特殊教育专业大中专学生或相关人员，有明确目标，并具有一定的专业知识与能力而进入义工行列。

2. 可能遭遇的挫折

（1）与环境的矛盾。刚开始服务时，义工与班级教师与班级学生之间缺乏了解而较为生疏，服务中与班级教师在教学、生活指导中意见不同时可能发生小冲突。

（2）工作中的困难。由于义工专业知识和能力缺乏而导致工作的困难。服务中虽认为自己做了很大努力，但在学生身上见效缓慢而产生挫折感。工作进行时，特殊教育班级事务中诸多小事、杂事的不断出现，反复应对而出现疲惫、厌倦情绪。

义工若能对服务时可能出现的心态及可能遭遇的挫折有预估，或遇到情况能正确应对，对保证服务品质会起到积极作用。

第二节　义工管理实务

一、特殊教育班级对义工的要求

（一）义工需有对特殊教育概貌的了解

义工对特殊儿童要有正确的态度，如平等、尊重、耐心、负责。义工在服务班级中要掌握特殊儿童的基本身心特点和一般学习、生活情况。同时，义工还要学习一定的特殊教育知识与技能。

（二）坚持性培养

这是做好义工工作非常重要的心理品质。从事特殊教育班级的义工服务工作有热情、兴奋的开始似乎不难，但能坚持不懈、不怕困难、挫折、坚持下去则是对意志、人格的磨炼。

（三）遵规守纪、维护教学秩序

首先，义工应遵守班级的规章，严格按班级的要求开展工作。其次，义工参与班级有时可能会影响班级的正常教学秩序，需与班级教师共同商定一些处理方法。再次，义工需与班级教育合作，听从班级教师的指示与安排。

二、特殊教育班级义工的服务范围

（一）教学方面

- 专门性单元教学。
- 学习迟缓儿童的学习辅导（包括智力低下、低成就儿童）。
- 残障儿童的学习辅导（含视觉、听觉、肢体等残障的儿童）。
- 资优儿童的扩充学习及辅导。
- 特殊才艺的学习及辅导。

（二）作业方面

- 实验、操作、练习等分组指导。
- 批改定期测验或作业。
- 测验或作业错误的订正。

（三）教学资料方面

- 准备上课所需的教具。
- 制作教具。
- 教室环境布置。
- 教具管理与整理。
- 指导学生从事图书管理。
- 办理图书征集或捐书活动。

（四）休闲及教学充实方面

- 课间或安排专门时间的说故事活动。
- 视听器材的播放服务。
- 办理学校师生小超市。
- 整理或种植花木，饲养动物。
- 配合时令或周会，担任专题报告或演讲。
- 团队活动（按兴趣或专长分组活动）。
- 校队训练。
- 办理各种学艺或体育竞赛。
- 儿童刊物的编辑、出版。
- 儿童园地或时事栏的公布或张贴。
- 带队或参与校外教学参观活动。
- 带队或参与校外各项服务活动。

（五）校园安全方面

- 上、下学交通安全。
- 早自习时的安全及秩序维护。
- 中午休息时间的安全及秩序维护。
- 下课时间学生的游戏指导及安全维护。
- 担任或协助放学后接待学生的辅导。
- 学校值日工作。
- 学校值夜工作。
- 学校内困难或有危险性的环境的清洁打扫。

（六）辅导方面

- 辅导信箱的收件或解答。

· 生活琐事的爱心服务（补衣、缝扣、兑换零钱、打电话、失物处理等）。

· 办理急难、灾害、扶贫、助学等互助慰问工作。

· 晨间检查及卫生健康习惯指导。

（七）社区教育及联系方面

· 协助学校与家长保持联系。

· 协助学校与重要人士的联系。

· 协助学校与其他学校或机构的联系。

· 邀请家长或社区居民访问学校或座谈。

· 协助宣传学校及老师的做法与行政措施。

· 协助学校有计划地开放学校场所供社区居民使用。

· 协助组织社区健康娱乐活动。

· 配合时令、时事协助举办有意义的教育活动（亲职教育、爱家爱国、社会教育、环境教育等）。

· 协助学校办理区域性的各项比赛活动。

· 邀请或鼓励社区居民积极参与学校的活动。

· 协助学校发掘好人好事，并加以表扬。

三、特殊教育班级义工管理

（一）接受义工服务

1. 接纳的态度

特殊教育班级应该以热情的态度接纳义工的到来，包括班级教师的接纳以及引导学生的接纳。班级教师应协助义工尽快熟悉班级情况及环境，教师应给义工工作以鼓励和支持，帮助义工开展工作，帮助义工克服困难，遇事与义工商量，让义工感到与教师的地位平等，同时应给义工必要的指导。

2. 礼貌与尊重

义工来班级时应向全班学生作介绍，让全班学生像对教师一样对待义工，并致以礼貌的称谓，与义工相处态度和蔼，每日互有问候，运用礼貌用语，切忌冷漠、不闻不问，让义工手脚无措或无所事事。

（二）必要的义工管理

随着社会的进步，向文明的迈进，随着特殊教育事业的发展，各特殊教育班级接纳义工人数日益增多。如何做好义工管理，充分发挥义工的服务与作用，是特殊教育管理中需要考虑的问题。

流　程	内　容
订立义工管理制度	明确义工的意义、工作目的、工作内容、纪律要求、基本素质要求。
面试、登记	来做义工的人员需在上岗前与班级负责人面谈，合格者发给《义工登记表》登记在册。
进行岗前、在岗培训	义工上岗前接受上岗培训，主要有特殊儿童教育观、教育流程、教学法、教学管理等入门培训，在岗期间也有专题培训。同时强调义工服务性质及对义工条例各项的解释。
工作分配	按义工的兴趣爱好、可以提供的服务时段，班级负责人与义工一起商量决定服务内容、联系人员等事宜。义工工作多为辅助性服务（如：起床、就寝、用餐、外出活动、作业辅导等），也有部分义工做个别补救教学，但需由管理人员或教师拟出个别补救教案，并与义工一起讨论，修改后由教师指导义工实施。
开展工作	义工需在约定时间内按照班级安排执行本职工作。本班级工作人员应热情支持，帮助义工工作；义工应向教师及工作人员请教，逐渐熟悉本职工作；义工有责任向班级提出意见和建议；班级应虚心听取意见和建议，并完善工作。
结束	义工服务结束时，应告知班级负责人。双方可就义工工作作简短的评议，修正义工服务工作。

四、特殊教育班级如何推行义工管理制度

（一）寻求全面性支持

寻求全面性支持（包含校长、行政人员、教师、社区居民）从推广、强化普及志愿工作的观念着手，让大家深刻体会义工工作的可行性与重要性，可从以下几个角度进行推广、倡导：

· 服务性的角度。

· 自我成长的心理需求的角度。

· 人文关怀的角度。

· 回馈社会的角度。

（二）建立系统化、制度化的组织

· 足够的人力资源、招募、培训、组织及分配。

· 编制指导手册规范、引导义工执行工作。

· 实施义工定期的在职培训。

· 提供义工成长、学习机会。

· 了解义工需求与困难。

五、特殊教育班级义工管理可能遭遇的困难

（一）行政支持方面

· 校长不支持、不鼓励。

· 行政人员不支持、不配合。

· 家长会推动不积极。

（二）行政管理方面

· 没有足够的人力资源处理训练、管理事宜。

· 没有建立具体可行的实施计划。

· 缺乏系统性、制度化的组织管理。

· 缺乏正式规章来管理约束。

（三）设施与经费方面

· 学校场所及设施不足。

· 学校缺乏办理有关活动的经费与物资。

· 环境维护不易。

（四）教师认同度方面

· 教师认为义工介入会增加工作负担。

· 教师认为义工介入会影响教师地位与尊严。

· 教师认为义工修养、素质良莠不一，权限分寸未能把握得当，易造成学校、
　老师、家长之间的困扰。

· 教师认为与义工在辅导上、观念上若无法取得一致性，反而让学生无所适从。

（五）居民因素方面

· 社区居民缺乏主动参与精神。

· 社区居民教育水平较低，不易沟通。

· 社区居民很难找出参与的时间。

· 家长对子女教育关心度低或过高。

· 家长对走出家庭、参与社区教育与社会福利工作的观念尚待加强。

· 社区居民缺乏参与工作的能力。

（六）义工本身方面

- 对自身的义工角色认知不够清楚。
- 对自身权限分寸无法适当把握。
- 少数义工参加义工团体的动机不纯。
- 义工本身虽然热心参与，但未能得到家人亲朋的支持。
- 义工干部、职务的传承欠佳，衔接困难。
- 义工为无报酬的志愿服务，经过长时间的无条件奉献后易产生倦怠。
- 义工对职务的推动，大都能恪尽职守，但是在会议或讨论会时，出席状况不佳。

第三节　义工管理案例

以下提供重庆嘉陵小学资源教室义工管理案例。

一、背景介绍

其是重庆市沙坪坝区一所普通小学，校内设有资源教室，有行动不便、轻度智障、学习困难等随班就读学生。校方出于构建和谐校园、营造无障碍健康校园考虑，也本着给予学生生活实践机会的目的，在该校资源教室下设立了"心语义工组"，它给全校学生提供了一个自我展现的舞台。

二、义工组织和管理的流程

（一）义工招募与甄选

1. 宣传期（一周）

为了让更多的学生获得义工甄选的信息，相关的宣传做得广泛而细致。主要通过以下方式进行宣传：在校门张贴海报、向班级派发《义工甄选》的宣传单、广播站广播等。

2. 报名期（一周）

自愿加入义工团体的学生主动前往负责教师处领取报名表，在一周内填完交回。然后，负责教师参照学生的志愿，将学生分为美工、爱心、广播剧团三个组。

3. 甄选期

基于报名学生与所需义工人数之间的差异，适当的甄选必不可少。美工组、爱心组、广播剧团三部分义工的甄选独立进行。各组负责教师按照报名表进行编号，报名学生按编号依次进行技能测试。

各组所需人数、所需掌握技能如下表：

义工组	美工组		爱心组	广播剧团		
	绘图员	书写员		播音员	记者	演员
人数	2	2	若干	2	5	5
所需技能	快速画画、用色大胆	会写毛笔字或 POP 艺术字体	成绩优异、课余时间充足	阅读流畅、吐字清晰	外向热情、文笔流畅	有舞蹈或武术基础
工作内容	双周制作两份海报、制作资源室学具与剧团道具		陪助特殊学生	播音、安排学生点歌	发现热点、采写稿件	每学期排演两出儿童剧

（二）义工培训

在义工招募之后，将针对他们的工作性质进行相应的培训。培训的内容与时间如下表：

义工组	美工组		爱心组	广播剧团		
	绘图员	书写员		播音员	记者	演员
培训内容	上色方法、背景的渲染	各种笔的使用、POP字体书写	实例学习	熟悉点歌流程、针对主题选稿	如何写采访提纲、采访提问的技巧	无
培训时间（课时）	3		1	1	2	无

（三）义工工作的评价

在做义工组织的同时，校方领导、教师、家长，甚至包括义工自己，都会问：我们如此付出人力与物力，是否达到了我们所期望的结果？是否做了实实在在的益事？因此，需要对义工的工作效果进行评价，在以此作为修订工作计划的指标的同时，也向外界证明了义工工作的重要性。该校义工主要通过以下方式进行评量（见下表）。

印花的多少直接决定了义工参与工作的质和量。因此，在每学期末的"义工总结会"上，评量记录表就成了评选各组"优秀义工"的先决条件。与此同时，对即将结束工作的义工而言，这次总结会也是他们的欢送会。

评量记录表

义工组		评量指标	评价机制
美工组		1. 单周五 16：00—17：30 制作主题海报	准时完成给予印花一个
		2. 双周周一 7：50 到校张贴海报	
		3. 图画、配文与主题相对应	给予印花一个
		4. 制作资源室学具、剧团道具	每完成一个给予印花一个
爱心组		1. 课后帮助特殊学生如厕，或带领有需要的特殊学生前往其他教室上课	每周给予印花一个
		2. 帮助特殊学生记录课后作业	每周给予印花一个
		3. 课后邀请特殊学生加入力所能及的游戏或谈话活动	每周给予印花一个
		4. 当其他人对特殊学生做出不尊重的行为时，及时制止并向心理教师汇报	每周给予印花一个
广播剧团	播音员	1. 记录点歌名单、准时收还影碟	无误给予印花一个
		2. 周五 16：00 播音	准时完成给予印花一个
	记者	每周四交一篇采访稿或文摘	完成给予印花一个
	演员	1. 排演准时	每次给予印花一个
		2. 自制演出服装	完成给予印花一个

义工工作评量表

嘉陵小学·心语义工组
义工工作记录板

姓名：何 x
义工组：广播剧团
工作时间：2015—2016 上学期（1—15 周）

1	♥	2	♥	3	♥
4	♥	5	♥	6	♥
7	♥	8	♥	9	♥
10	♥	11	♥	12	♥
13	♥	14	♥	15	♥

三、义工对随班生服务的案例

Y 是一个运动障碍型脑性麻痹的小孩，虽然天资聪明，但是由于不自主的肌肉动作，她的外观不自然、活动困难、说话也不清楚。在随班就读中，Y面临的问题主要是：前往其他教室上课，以及如厕时行动不便；记课堂笔记很困难。因此，Y的爱心义工由班上的6个同学组成，他们分成了3组，每天轮流帮Y记笔记、讲解家庭作业、带她如厕、帮助她和其他同学一起玩。因此，Y在学习上面临的外界困难解决了，Y与同学们的交流时间也大幅度增加。因为义工的帮助，她比其他的脑性麻痹小孩更快被班集体接纳。

四、经验分享

（一）来自指导教师的建议

主动与有子女担任义工的家长交流，争取家长的尽力配合与支持，保证义工与特殊学生家长有沟通的机会。这种沟通有利于义工认同特殊学生；便于义工从家长处获得重要的经验与信息，了解该生需要什么、自己应该怎样具体操作；促使家长与义工的配合，令学生更快融入班集体；同时，也增强了家长对学生融入群体的自信心。

（二）来自义工的话

我第一次看见A的时候，她刚刚一年级。班上的同学对她感到既好笑又害怕。她和我们那么不一样，好像很难接近。

有一天放学后。A的妈妈又来接她回家。这时，A的妈妈主动和我们一起走。在路上，她给我们讲了许多关于A的事情，我还和A说了一些话。渐渐地，在大家看来，A不再那么神秘和可怕了。当时，班主任老师在班上征集义工轮流帮助A，很多同学都报了名。

现在，我已经毕业，要进入中学读书了，我想对大家说：当你遇到残疾的同学时，请不要因为他和我们有不同而嘲笑、冷落他们。因为本来就不方便的他们已经很痛苦了，再这样做的话，会让他们感到更失望。你可以和他们聊天，让他们感到你愿意和他们玩，还可以尽自己所能帮助他们。

思考与实践

1. 进行班级义工服务宣传工作。

2. 组织义工队伍。

3. 参与特殊教育学校义工服务工作。

4. 写出义工服务工作总结。

嘉陵小学心语义工报名单

嘉陵小学心语义工报名单				
义务组别：美工			报名时间：2014.9	
个人资料				
姓名	xx 桐	性别	女	照片
出生日	略	班级	五年级二班	
家庭住址	略	电话	略	
爱好	绘画、舞蹈			
特长	绘画、舞蹈			
曾参加过的学习班或培训班				
	时间起止	所学内容	学习程度	
1	幼儿园—五年级	绘画	初　　中　　[高]	
2	一年级— 五年级	舞蹈	初　　中　　[高]	
3			初　　中　　高	
4			初　　中　　高	
其他				
1.熟练操作电脑	[是]　　否	2.订有杂志	[是]　　否	
3.使用网络查找资料	[是]　　否	4.打字速度	[快]　慢　不会	
5.父母知道我利用课余时间在学校做义工			[是]　　否	
6.父母支持我利用课余时间在学校做义工			[是]　　否	
7.现在，我的课余时间安排如下				
课余时间表				
周一	略			
周二				
周三				
周四				
周五				
周六				
周日				

第十一章 一日活动管理

本章摘要：本章以一个特殊班级一日活动为例，对一日晨间活动、圆圈活动、语文活动、数学活动、间餐、早操、单元活动、休闲、个别教学、艺术活动、游戏、劳动、户外活动、再见和晚间活动等进行了介绍。

第一节 一日活动概述

一、一日活动的意义

日出而作，日落而息，称为一日。特殊教育学校和班级的一日活动是指学生从早上进校到下午离校所经历的一切活动，它既是学生在学校的生活，又是他们在学校学习的内容、过程，是教育教学全程当中最基本、完整的片段。

"生活即教育"启示我们要"以生活为核心"，把学生一天的活动作为教学活动设计的一部分，生成教育目标、教育内容，"在真实、自然的情境中教学、评量"，开发自然支持系统，提高学生的生活适应能力。班级管理实则按一日活动展开，管理与活动一一对应。

二、一日活动要素

（一）时间

一日活动的安排与实施是在一定的时间当中，活动与活动之间各时段明确划分，并且严格按时间规定执行至结束活动。对时间的遵循是一日活动的基本保证。

（二）活动内容

一日活动应在每个时段中确定活动项目或内容。而每个活动以时间为界限，都有其先后顺序，并严格按此执行，是师生一天活动的行动指令。

（三）活动参与者

活动时间与内容不同，参与者也就不同。但各时间段不同活动的参与者应明确，并落实责任人，如 11：00—11：20 个别辅导，学生是小明，辅导老师王老师。

三、一日活动原则

（一）功能性

每项活动都应有其教育教学的意义，在活动中体现教育教学理念，在真实而自然的情境中调动学生的有效参与。不只是学科课、团体课等才是学习，生活中处处都有学习。例如起床，学生在认知方面可以学习分辨衣物的前后里外，在精细动作方面可以学扣扣子以训练眼手协调。虽然每个学生每天都会有这样的活动，但能力不同，拟订的教育目标也会因人而异。

（二）安全

安全是指注意一般活动安全。除了每个活动落实责任人外，还应注意转换时段的安全，如课间、起床后等。此外，每天的活动应固定有序。固定的活动可以让学生心里更觉得安全。

（三）流畅性

各活动之间应有转换时段，即预留转换时间，使师生都有准备和放松的时间迎接下一时段的活动，这样才不会有压迫感。如上完学科课后听一段音乐，团体课后喝水、上厕所或自由活动，下午的再见活动可以唱些学生喜欢的歌，让学生带着愉快的心情回家。

（四）均衡性

1. 动静结合

指教学活动形态是由相对静态（如学科课、美劳课等）和相对动态的活动（如游戏、外出活动）相结合，让学生不至于疲倦，保持兴趣。

2. 个人、小组与团体活动相结合

个别辅导弥补学生在某一领域的能力缺陷，在小组活动中让学生和与其能力相近的学生在一起互动学习，让学生参与团体活动以提高其社会适应能力。

3. 室内外活动相结合

《幼儿园管理条例》提到，"三岁前的非寄宿制学龄前儿童每天户外活动时间不少于 2 个小时，寄宿制学龄前儿童不少于 3 个小时"。全天在室内学习不利于学生的身心发展。可以在校内增加玩乐设施，延长课间活动时间，设置休闲课等以增加学生的户外活动时间。

4. 脑力活动与操作活动相结合

脑力活动调动大脑思维更多，操作性活动是通过动作进行思维，二者相结合可以让大脑得以休息，调节身心。

5. 教育与康复相结合

因应特殊教育需求，以及学生生理、心理及社会发展需求，特殊教育在专业化发展中，借助康复理论和技术提升服务品质，教育康复整合也受到国家的重视。康复作为专门的课程进入特殊教育的课程设置中。

6. 知识学习与适应能力相结合

在特殊教育中知识的学习是为了提高适应能力，不能只重视认字、计算，活动不能完全如普通小学一样，应把培养适应能力放在首位，所有活动围绕这个核心开展。所以，生活自理能力的训练、个别辅导等活动是每天都应该有的例行活动。每个学校情况各异，因而有适合自己教育观念与运作规律的一日教学活动。

四、一日活动计划与记录

一日活动安排有相应的规律、原则，如上午的时间应该安排紧凑些，脑力的、静态的活动（如学科课）在上午进行，当中穿插一些操作的、动态的活动（如课间操）。下午的活动以操作性为主，如音乐活动、美劳活动、游戏等。晚上安排不可紧张，应让学生有轻松的感觉，应有休闲活动，也可组织一些活动，如辅导作业、散步等。晚间活动是提高学生生活自理、自我选择与决定、休闲、与人交往等能力的大好时机。下面以重庆师范大学儿童实验学校一日活动为例，作一日活动管理说明。该校招收了 3 ~ 14 岁心智障碍儿童，全校学生 32 名，按年龄分 5 个班。

（一）一日活动计划拟订

一日活动计划在特殊学校是由校教务处拟订，辅读班及一些特殊教育机构的计划由教师制订。计划拟订的依据是：一日活动计划拟订的原则，学生的个别化教育计划及学期总计划，季节更替，学生目前的需要、能力层次及兴趣等，参考其他学校或机构的一日活动计划，本校或是本班的实际情况等。一日活动依具体学校和班级而定。

一日作息及活动举例

时　间		活　动	教　师
上午	8：00－8：40	晨间活动／如厕	教师轮流值周
	8：40－9：05	圆圈活动	各组负责教师
	9：05－9：10	如厕／课前准备	各班教师
	9：10－9：40	学科课：一、三、五语文，二、四数学	各教学班教师
		个别教学与康复	个别教学教师
	9：40－10：00	早操	各班教师
	10：00－10：30	间食／如厕	各组负责教师
	10：30－11：00	单元课	各教学班教师
		个别教学与康复	个别教学教师
	11：00－11：20	休闲（沙池、蹦床、卡拉OK、阅读、荡秋千等）	各班教师
		个别教学	个别教学教师
	11：20－11：30	整理、准备	各班教师
	11：30－12：30	午餐、清洁	各班教师
下午	12：30－14：30	午休	值班教师
	14：30－15：00	起床	各班教师
	15：00－15：30	吃水果／生活自理训练、个别训练	各班负责教师
		个别教学与康复	个别教学教师
	15：30－16：00	兴趣活动（三个组轮流以下活动：音乐、美劳、游戏、外出）	各学科教师及助教
	16：00－16：25	休闲／个别训练／生活自理训练	各教学教师
		个别教学与康复	个别教学教师
	16：25－16：30	再见活动	各班负责教师

来源：重庆师范大学儿童实验学校

（二）一日活动的执行

　　一日活动的执行要由教师及相关人员准备、指导、支持、辅助，需要学生参与，教师及相关人员配合完成。教师和相关人员在一日活动中根据活动安排，作好自己所负责的活动的准备（教案、教具）。各活动负责人依计划完成活动。

（三）一日活动的记录及评量

每个活动都有其功能，教师要在活动中观察学生的反应与表现，可设计班组日志，记录每天活动的开展情况。

（四）一日作息、记录举例

××实验学校好好班班级日志

负责教师：胡××		记录者：		记录日期：		
时　　间	活　　动		教　师	执行情况	学生表现	备注
8：00—8：40	晨间活动／如厕		胡××			
8：00—9：05	圆圈活动		唐××			
9：05—9：10	如厕／课前准备		好好班各位教师			
9：10—9：40	学科课：一、三、五语文，二、四数学		胡××			
	甘××：语言认知个别辅导		唐××			
9：40—10：00	早操		唐××			
10：00—10：30	间餐／如厕		闫××			
10：30—11：00	单元课		唐××			
	梁×：语言认知个别辅导		胡××			
11：00—11：20	休闲（沙池、蹦床、卡拉OK、阅读、荡秋千等）		唐××			
	倪××：语言认知个别辅导		胡××			
11：20—11：30	整理、准备		好好班各位教师			
11：30—12：30	午餐、清洁		好好班各位教师			

续表

负责教师：胡××		记录者：		记录日期：	
时　间	活　动	教　师	执行情况	学生表现	备注
12：30—14：30	午休	闫××			
14：30—15：00	起床	好好班各位教师			
15：00—15：30	吃水果／生活自理训练、个别训练	闫××			
	邹××：语言认知个别辅导	胡××			
15：30—16：00	兴趣活动（周一外出，周二音乐，周三美劳，周四游戏）／喝豆浆	张××唐××袁××轮流			
16：00—16：30	休闲／个别训练／生活自理训练	闫××			
	正××、廖××：语言认知个别辅导（两学生各15分钟）	胡××			
完成情况：A 未执行　B 执行情况一般　C 执行情况良好					

第二节　特殊教育班级一日活动实施与管理

一、晨间活动

　　主要是指学生到校至正式上课之间从事的活动，包括学生入校（园）身体检查，其功能在于：养成打招呼的习惯；养成劳动态度及品质；练习并强化个别化目标；师生共同复习头一天的学习情况，检查家庭辅导情况，对于一些没有完成家庭辅导的学生及家长，则应立即告知家长这一情况，督促学生做完作业再上课。

　　一般活动流程为：学生入园→接园教师做一般身体检查→学生与老师、同学打招呼→进教室签到（或找名字牌）→拿出家庭联络簿及作业→与教师一起检查作业完成情况→完成教师所给任务→自由活动，等待第一节课的到来。

　　本活动内容应因学生 IEP 而变化，教师在一天活动中作一定的调整。如：

让学生摆放桌椅；提醒学生如厕，教师作一定指导；与学生一起读一些社会性故事，培养学生的阅读习惯，同时提高学生日常生活能力等。晨间活动、课间休息等都是非正式教学时间，其间的活动安排也是较机动的。教师除了给学生安排一些活动外，还应将每日的例行活动坚持下去，形成常规，在此过程中，培养学生良好的行为习惯和责任感。

二、圆圈活动

这通常是学生到校的第一个正式教学时间。在这一时间内，学生可认知每天的日期、星期及天气，通过活动增进学生间的了解与互动，并在音乐活动中提高语言、认知能力。

一般活动过程为：点名→认识日期、星期及天气→听儿歌、做动作→唱数／练声／认识常见物品图片→听音乐做律动→共同完成集体律动或游戏。

圆圈活动的策划参考了学生的IEP及学生的需要，如果班上构音障碍的孩子比较多，则该班的圆圈活动除了音乐活动外，还应设计一些有趣的故事，在故事中做言语机转能力的训练，引导学生发音。以上活动流程通常用于学前、学龄的儿童。高段组可安排一些成人化的活动，如健美操、瑜伽、茶叙等。当然，圆圈活动的内容可视学生的掌握情况而变化，一般两周或每月更换一次，但不是全部更换，每次应保留其中的一部分。

三、语文活动

培养学生听说读写的能力，教学生如何在生活中利用语文这一工具与人沟通。一般上课流程为：复习上堂课内容→引入新内容→教授新知识→练习→总结本堂课所学→布置作业→讲评作业→奖励。

以上流程看似简单，实际操作却要花费相当大的工夫。首先，要依学生语文能力进行分组，然后根据学生各自能力状况处理教材，包括字词句，并事先根据学生的能力状况布置个别化的作业。教学依据学生的生理及心理年龄调整。低段的学生注重口语表达，课文具可朗读性、节奏性及重复性，以一个简单的构句规则，更换不同的主语、谓语，如"我要喝水，爸爸喝水，老师喝水"。也有为了加强口语互动能力的回答句型的课文，如"这是什么？这是苹果""怎么啦？下雨了"等。高段的学生着重学习实用语文，常配合单元主题，学习书信、请假条、留言条的写法。为了使班上一部分学生将来更能适应普通小学的生活，高段学科教学的形式应保持与普通小学一致。

语文教学活动卡

主要内容：认识常见玩具及其名称　　班级：乖乖班　　上课时间：06/03　　授课教师：余××							
训练目标	评量						
	林	坤	松	铭	俊	佳	迪
会指认常见的玩具3个以上	G/4	4	4	3			
会指认常见玩具的图片至少4张	M/4	4	P2/3	2	4	4	4
会将玩具与其图片配对	P2/4	G/4	P1/3	P1/1	4	G/4	G/4
会仿说三个以上玩具的名字		G/1			G/2	G/3	P1/2

教学过程	9：05｜9：10	1. 复习 T：上节课我们指认了哪些玩具？你们还记得吗？下面老师把上节课的玩具都变出来，到时候老师提问请小朋友来指，好吗？ 　老师和学生一起数1、2、3，然后从身后抽出玩具，闪现玩具的幻灯片。而后，说出一个玩具的名字，并闪现幻灯片，请学生拿出相应的玩具。
	9：10｜9：18	2. 引入新课内容 T：刚才我们看了玩具，下面我们来看看它们叫什么名字吧！ 　老师先把上次课学习的玩具贴在黑板上，每贴一个玩具对应贴名字，请学生仿说。教师指玩具及其名字，请学生再次仿说。幻灯片闪现玩具及其名字，同时朗读玩具名字。停顿3秒，请学生仿说。重复一次
	9：18｜9：26	3. 练习　小游戏——找朋友 T：下面老师把这些玩具换一换，请小朋友把它们的名字找出来！找对的小朋友有奖励哟！
	9：26｜9：30	4. 总结本次课内容 T：小朋友们刚才表现得真不错！对了，我们这节课学习了些什么呀？我们来看看吧。 　说完放映幻灯片：每显示一个玩具，弹出相应的名字，请学生仿说玩具的名字。下课，结束本堂课。

教学方法：直接教学法、游戏教学法。

教学资源：玩具小汽车、布娃娃、玩具喇叭、玩具鸭子、投影仪、计算机。

备注：本组学生为重度智力障碍的学龄前小朋友。

评量标准：0 完全未达到　　1 完成25%　　2 完成50%　　3 完成75%　　4 完成100%

完成方式：PI 大量协助　　P2 少量协助　　M 示范协助　　G 口头提示

四、数学活动

发挥生活中应用数学的功能，培养学生在生活中用数学解决实际问题的能力。利用数学活动促进符号思考的能力，使学生得到解答的满足感。

数学教学活动卡

主要内容：认识数字 1～3　　班级：乖乖班　　上课时间：06/04　　授课教师：余××

训练目标	评量						
	林	坤	松	铭	俊	佳	迪
会唱数 1～3	P1/3	P1/3	G/3	PI/2	G/4		G/4
会拿物品一个	M/3	3	P1/2		4		P1/4
会数量配对 1～3		M/4			P1/4	P1/4	
会指认数字 1～3		2			3	4	

教学过程	9：05 ｜ 9：10	复习 T：请小朋友们注意啦，老师要变好吃的出来了！你们要不要啊？好，咱们一起数 1、2、3，数完了老师就把好吃的变出来，好不好？ 与学生一起数完，变出身后的三块雪饼。问学生有几块，请学生数完 1、2、3 才发。
	9：10 ｜ 9：18	2. 引入新课内容 T：刚才我们吃了三块雪饼（边说边比出三个手指头），今天我们来看看 1、2、3 吧！ 　教师在黑板上依次贴 1、2、3 个苹果。然后问学生：苹果有几个？请把你的手伸出来，我们一起数吧！每数完一个就把相应的数字贴在苹果下面。再数一次。请学生看幻灯片。（幻灯片中先跑出一条狗，停顿 5 秒，请学生数"1"再继续。2、3 同前面一样。而后同理游出一条鱼，教法同前面一样。）最后，请学生指读 1、2、3。
	9：18 ｜ 9：26	3. 练习：游戏一看谁跑得快 T：小朋友们注意啦，老师又要数 1、2、3，变、变、变了！数完后变出边长 50 厘米的数字垫，上面贴有与此大小差不多的 1、2、3。 T：下面老师要说数了！老师说完一个，小朋友们就到上面去站好，看谁跑得快！站对了的小朋友有奖励啊！
	9：26 ｜ 9：30	4. 总结本次课内容 T：小朋友们刚才表现得真不错！对了，我们这节课学习了些什么呀？我们来看看吧。 　说完放映展示新课内容的幻灯片。下课，结束本堂课。

教学方法：直接教学法、游戏教学法

教学资源：雪饼三块；边长 50 厘米的正方形数字垫三块；长度为 45 厘米的数字 1、2、3；投影仪；电脑；苹果模型三个

备注：本组学生为重度智力障碍的学龄前小朋友。

评量标准：0 完全未达到　1 完成 25%　2 完成 50%　3 完成 75%　4 完成 100%
完成方式：P1 大量协助　P2 少量协助　M 示范协助　G 口头提示

其上课流程与语文活动一样，也同样是分组教学，活动内容紧扣单元主题，按儿童认知发展的进程编排。低段的学生着重在数字概念的掌握（即先提高认知能力），会一些简单的运算；高段的学生强调数学在生活中的运用，如核算价格、付款等。中段的学生训练基本的数的概念及运算，了解生活中数量关系。

五、间餐

间餐是学生学习餐饮礼仪、补充营养，在生活情境中训练生活自理、动作、语言、认知的大好时机。

一般流程为：学生洗手后坐好→教师发间餐盘→教师拿出食品，根据学生的能力与 IEP 目标给不同的学生提不同的要求→分发间餐→等大家都有食物后，伸手说"请用"后吃间餐→间餐后的整理→休闲。对于要求再吃间餐的学生，教师根据其能力状况提一些目标要求，达成后发间餐。

间餐时间是在情境中进行一对一教学的好时机。如小明语言领域的目标为"会用'动词＋名词'词组描述正在发生的事件"，就可在其间餐的时候提问："你在做什么？"可先示范回答，让其模仿，多次重复，直至他能独立回答为止。间餐中，尽量让学生看到食物完成的全过程，如西瓜是怎样切出来的。对于一些口腔功能不太好的学生，则需要在间餐前做口腔按摩操，并注意姿势。

六、课间操

它涵盖了大量的动作学习，所以，此活动不仅仅是体能锻炼，还是动作模仿及听从指令学习。通常课间操是全校性的活动，是大团体活动，通过这样的活动可提高团队精神。并可以进行康复训练，融入相关目标。

一般活动流程为：课间操信号响起→整队→做操→活动结束，学生自由活动或进教室迎接下一堂课的到来。

应不同学生的需要，课间操可做不同的灵活编制，在做操中有一些需共同完成的活动，如集体舞等可提升学生与人交往、适应集体生活的能力；引入一些肢体放松活动如瑜伽，可让情绪障碍、自闭症的学生学习如何放松，在他们出现情绪问题时引导其使用；节奏感强、活泼的音乐可以让学生发泄自己的情绪。为了提示学生每次做操找到自己的位置及整队的需要，可以在活动场地中用圆点等做标记。这一时段康复目标有集体或个别的目标，经设计进入。

七、单元活动

单元活动围绕一个教学主题进行，同时涵盖各领域内容，给学生提供一个完整的学习、生活经验。设计单元活动主题要先确定与学生生活相关或相近的是什么，选择一些学生短期内能学会的目标。活动主题视内容难易情况更换，一般两周换一次活动主题。

单元教学活动卡

主题：看看春的颜色　授教班级：三班　教师：王××　上课时间：06/3/13—06/3/17

训练目标	评量							
	尚	瑞	宇	菲	成	恒	峰	扬
会配对和分类至少三种颜色	P2/4	G/4		P1/3	P1/4			
会指认三种以上颜色	M/4	P2/2	G/4	P1/2	G/3	4	4	
会指认至少三种颜色的名字	P1/3		G/3		M/1	G/2	4	4
能说出自己喜欢的颜色			G/3				G/3	4
会用 5 句以上简单完整句描述事物			P1/2					G/3

教学过程

看看春的颜色
- 欣赏：实地景致、春的影片、图片
- 配对与分类：至少三种颜色、春天景致的图片
- 指认：至少三种颜色、春天景致的颜色、颜色的名字

教学方法：直观教学法、情境教学、游戏法

评量标准：0 完全未达到　1 完成 25%　2 完成 50%　3 完成 75%　4 完成 100%
完成方式：P1 大量协助　P2 少量协助　M 示范协助　G 口头提示
重难点把握：O 表示重点　☆表示难点

　　单元活动进行的过程一般为：确定单元主题→分析此主题所涵盖的内容→拟订单元目标，确定教学所需时间→分析学生能力状况，订出每位学生的行为目标→教学方法的研究→规划整个教学时间，对整个内容进行整体、分化、统整，设

计始活动、主活动、练习活动、整理活动→准备教具→教学→评量学生目标达成情况→总结。

单元活动比较适合统整的问题，也适合年龄小或应用能力较弱的学生。

整体→分化→统整				
3/13	3/14	3/15	3/16	3/17
1. 放关于春天的影片问学生看到了什么？ 2. 暂停其中的镜头，请学生观察影片中的树、花。 3. 请学生用肢体动作表示所看到的树、花。 4. 请学生用简单完整句描述所看到的树、花。 5. 总结本次课所讲内容。	1. 再次放映关于春天的影片，复习上次课所讲内容。 2. 暂停一些镜头，请学生用简单完整句描述所看到的事物。 3. 问学生：红色在哪里？请找找。 4. 找找你身边的红色。 5. 总结本次课所讲内容。	1. 放映上次课的影片，复习上次课所学。 2. 放映其他关于春天的影片，请学生用简单完整句描述所看到的景致。 3. 问学生：黄色在哪里？请找出来。 4. 还有黄色吗？请找找。 5. 总结本次课所学内容。	1. 复习前几次课所学。 2. 放映其他关于春天的影片，问学生：你看到了红（黄）色了吗？请说说在哪里。 3. 今天我们来学习另外一种颜色——绿色。 4. 请学生找找和影片中的绿色一样的颜色。 5. 总结本次课所学。	1. 放映关于春天的影片，请学生找出其中的红色、黄色、绿色。 2. 和学生一起选颜色装扮。 3. 和学生一起做一次颜色展示走秀。 4. 总结本周所学。
关于春天的视频	关于春天的视频、红色图卡及字卡、各色各样的玩具、舒缓音乐。	关于春天的视频、黄色图卡及字卡、各种各样的玩具、舒缓音乐。	关于春天的视频、绿色图卡及字卡、各种各样的玩具、舒缓音乐。	关于春天的视频、红色/黄色/绿色图卡及字卡、各种各样的玩具、皱纹纸、瓦楞纸、节奏比较快的音乐。

（第一列表头：始活动↓主活动↓练习活动↓整体活动；教学资源）

八、角落休闲

此处指角落活动，休闲本是极广的含义，这里仅限于一日班级标出的课程时段。主要是培养学生自我选择、休闲的能力。由于本活动中学生从事的是他们比较感兴趣的活动，所以他们会比较投入，出现的问题行为也相对比较少，所以可以在这一时段抽出教师做一对一教学。

一般活动流程为：请学生选择所要从事的活动→在指定场所活动，教师在其中引导学生→整理物品、教室。

本活动的进行需要一个开放的空间便于学生自由选择、自由活动，各个功能区界线分明，并有标记提示各个区的内容。教师根据学生的兴趣、注意力引导学生，做随机的情境教学。

对于一些兴趣比较单一或由于障碍程度比较重而不知如何打发时间的学生，则需要在这一时间段根据其能力和爱好培养其休闲能力。

九、个别教学与康复

个别教学与康复也就是一对一教学与康复，主要教授一些需反复机械练习、需特别设备、需在安静场景中学习或在团体活动中老是学不会的目标，同时也是新生的常规训练，以及一些康复目标训练。

个别教学与康复的一般过程为：明确教学目标→对此目标进行工作分析→找到学生学习康复的起点，分析教学策略与方法，准备教具→进行教学→评量学生目标达成情况→总结本次教学。

往往一些个别教学与康复也要求家长在家继续训练，但很多时候家长并不知道该目标应该如何操作，所以可邀请家长观摩教师的教学康复情况，从中学习一些教学训练方法与技巧，从而增强在家教育的效果。然而，并不是所有目标都需要个别教学，如果 IEP 中的目标在团体或小组活动中就能完成，就不必个别教学。

十、艺术活动

艺术活动是一门综合实践课，融合了多感官教学，陶冶学生的情操，培养学生的生活情趣及休闲能力，一般紧扣单元活动主题设计活动。在此活动中并不强调学生学会多少内容，而关注学生受到多少启发。每次课后保留学生的作品作为成长的记录，还可将一些优秀的作品展出，增强学生的成就感。

十一、游戏

游戏能让学生理解一些简单的规则，在活动中学习如何与人沟通及合作，从而提高学生的社会技能。

一般活动过程为：教师告知学生将要进行的游戏→告知游戏规则，并加以示范→进行游戏→评价学生表现，发奖品→评量目标达成情况。

特殊儿童与普通儿童相比，虽然游戏的层次及能力差别较大，但对他们而言，游戏却在增进其认知社会及沟通能力方面发挥着不可替代的作用。由于游戏生动有趣，孩子的参与度比较高，能在快乐的参与中学习。应视学生能力情况采用不同的策略，如跟学前组的学生讲述时不仅要配图片，还要现场演示。

十二、体育活动

体育活动是为了增强体质，培养学生运动能力，学习运动技巧，形成运动习惯与运动精神。根据 IEP 拟订体育活动总计划，确定体育活动主题，分析主题后，形成体育活动计划 ，设计并实施教学活动。一般经热身、准备、进行、结束几个阶段。体育活动有室内、室外，依年龄特征和个别差异开展活动，依天气和环境调整活动，配入康复目标。

十三、劳动

特殊儿童和普通儿童一样，也是社会中的一员，应该要求他们参与劳动，让他们在劳动中学习工作技能，提高工作意识与品质，端正工作态度，以此提高他们适应家居及社会生活的能力。

低学段的学生主要学习一些简单的清扫整理，如饭前准备、饭后收拾；中段组的学生则需加强家事技能及一些简单的自我照顾，如冲泡速食等；高段组在此基础上学习"独立生活"需要的技能及一些职前训练，如串珠链和社区清扫等。

一般过程为：告知学生学习内容→边讲授边示范→请学生练习，教师巡回指导→学生独立操作，教师针对学生进展情况辅导→总结本次活动，鼓励学生。

十四、户外活动

户外活动是学生了解所在社区、参与社区、使用社区的途径之一，以此提高学生的适应能力。

一般活动过程为：告知学生要去的地方及目的→讲述注意事项→排队外出活动→返回并总结本次活动。

户外是一个开放的大课堂，在这个课堂上有许多新鲜有趣的东西，学生们乐于参与此活动。学生活动时比较兴奋，可能会到处跑或是出现其他突发状况，有安全隐患，所以，外出活动前教师一定要预算充足的人手，并将责任落实到人头上，从而避免安全事故的发生。尽管如此，户外活动仍是引导学生观察社区、进行随机教学的好时机。对于低段组的学生，可教他们指认花草树木、颜色并加以命名等，以认识社区为主；中段组、高段组则着重于使用社区。

十五、再见活动

再见活动总结当天所学，让学生了解到一天的学校生活到此结束，并学习相关礼仪。

一般活动流程为：再见活动音乐响起→提示学生背起书包，与同学手拉手围成一个大圆圈→教师回顾当天的活动，复习并交代回家应完成的事项→唱再见歌→遵照教师提出的要求，学生一一离校（如依年龄大小或当天衣服的颜色）。

十六、晚间活动

在校住读的学生会有此活动，主要有学生自我选择、自我休闲的时间，提高了学生的生活自理能力，也是个别补救时间。

一般活动流程为：晚餐→整理→自由活动→作业或个别补救→户外活动→洗漱→就寝。晚间活动是一个综合活动时间，根据学生的能力及其需要，具体活动会有所不同。建议依据学生的年龄、能力、个别化教育计划内容对学生进行分组，并将责任落实到人头上，以免出现安全问题。

思考与实践

请对一个特殊教育班做一日每个活动（既有功课表上的课程还包括日常时段，如间餐、休闲）的记录与分析。

第十二章　班级管理评价

本章摘要: 本章对班级评价意义、类别,班级管理主要内容、评价实施作了介绍。

第一节　班级管理评价概述

一、班级管理评价的定义

班级管理评价是以班级管理目标为依据,运用可操作的科学方法与手段,通过系统地收集有关班级管理的信息,对班级管理的过程和结果作出价值上的判断,并为被评价者的自我完善和有关部门的科学决策提供依据的过程。

二、班级管理评价的目的

班级管理是进行教学活动的有效保证,班级管理评价促进班级管理的有效性。其目的首先在于实现目标过程中做了多少,做得好坏必须以班级管理目标的既定水准进行评价;其次,在师生共同实现目标的各项活动中,又要在评价中予以鼓励或改进;再次,全班师生在实现目标的过程中与目标的距离是以不断的评价来判断的。评价的基本标准就是班级管理的目标。所以,班级管理目标能够自始至终地体现出评价的作用。

在班级管理活动中,评价是伴随着管理全过程的,评价的依据是班级管理目标和实现目标的要求。班级管理目标的这个作用不仅能够使班级管理活动不断趋于完善,而且是实现目标过程的调整手段。学校考评班级管理工作,要以班级管理目标为基准,班主任评价学生,同样离不开班级管理目标。这样,班级管理目标的评价作用就体现在班级管理工作的各个方面了。

三、班级管理评价的意义

班级管理评价对班级管理的意义重大。

首先，通过加强班级管理评价，有利于促进班级管理的调整和发展，如通过可行性评价论证和确立方案；通过实施性评价，引导调整的进程；借助总结性评价，肯定和推广班级管理改革成果。

其次，在班级管理评价过程中，通过制定科学的评价标准，有利于树立全面质量观，提高班级管理水平。

再次，通过班级管理评价制度的建立和完善有利于促进班级管理由经验型向科学型转变，从而提高班级管理的质量和效率。

四、班级管理评价的类别

班级管理主要有诊断性评价、形成性评价和终结性评价三种类别。

（一）诊断性评价

诊断性评价又称准备性评价，是在班级管理开始之前进行的评价，是对班级管理的准备。它主要是对班级管理背景及学生的各方面情况作出评价，并据此进行班级管理设计。班级管理背景主要是指实际的班级管理环境，涉及的内容有：班级时间管理、班级环境与空间管理、班级常规管理、班级师生关系管理、班级学生关系管理、班级家长与教师关系管理、班级资料管理、班级教学资源管理、班级卫生健康管理、班级安全管理、班级心理辅导、义工管理及一日活动管理等。

（二）形成性评价

形成性评价又称过程评价，是在班级管理过程中进行的评价，是为引导班级管理教学过程正确、完善地前进而对学生学习结果和教师教学效果采取的评价。从班级管理形成性评价的实施来讲，反馈是最重要的过程。

（三）终结性评价

终结性评价又称结果评价，是在某一相对完整的班级管理阶段结束后对整个班级管理目标实现的程度作出结论的评价。终结性评价的次数较少，一般是一学期或一学年一次。在班级管理目标实施一个阶段后就应该作出相应的终结性评价，以便下一个学期或常年维持或拟订新的班级管理目标。

班级管理评价是一项不可缺少的教育行为，必须发挥它的教育功能。即通过班级管理评价，调动教师的主动性和积极性，修正班级管理不适合的目标，使班级管理在不断的评价中得以改进发展，促进班级良性发展。只有班级管理得当，才可能创设一个良性的学习环境，激发学生的学习积极性，提高教学品质，促进学生健康和谐发展。因此，建议如下：

- 班级管理评价要求必须合乎儿童的年龄和实际状况。
- 对评价结果的处理不是不断地否定，而是朝肯定的、积极的方向引导。
- 所有班级管理评价必须出于对教师和学生潜能的信赖感。
- 班级管理评价归根到底必须指向教师自我评价能力的培养。

第二节　班级管理评价内容

一、理念与行政管理

- 班级管理计划与手册。
- 办学理念或教学宗旨是否达成一致共识。
- 管理人员或负责人的管理理念和学业经历是否合格。
- 管理人员的领导能力和工作状况，如工作时间与工作内容如何。
- 行政组织：如召开会议，专业决策，执行结果及班级编制。
- 人事制度：如教职员工编制及选择录用、待遇、出勤、差假福利、退休、抚恤及考核奖惩。
- 财政制度：如预决算，收费与支出，会计制度。
- 总务制度：如事务管理和文书管理，财产管理。
- 学生资料服务及综合事务。
- 家长满意度。
- 教职员满意度：如工作环境、行政效率。
- 检视人力资源的妥善规划。
- 学生的适当转衔与安置。
- 研究改进特殊教育的课程与教学及各类特殊教育教材等。

二、班级时间的管理

- 教师在教学活动前要准备好教材、教具。
- 教师能激励学生尽早开始学习活动。
- 教师能激发学生长期而高度专注于学习。
- 教师能激发学生迅速完成学习任务。

三、班级环境的管理

- 环境布置能结合当前教育活动。
- 教学设备：如教具、桌椅设备、图书设备等是否符合儿童需要。
- 学生参与环境创设。
- 玩具、图书要注意定期更换或更换玩法。
- 根据当地特色，利用乡土材料和废旧材料。
- 材料为学生取放方便，材料使用充分。

四、班级常规的管理

- 教师能建立教室秩序及常规，发展处理例行事务的程序，使得出缺席情况、公告事项、讲义作业分发及收齐等能井然有序。
- 教师在班级教学，小团体教学情境中，能制定学生表达或参与的规则。
- 教师对不同类别的教学活动中，学生的行动和参与表现能制定准则。
- 教师在教学过程之中，能够随时并修正学生的行为表现。
- 教师能适时地制止或纠正学生的不良行为且能兼顾学生的自尊。
- 教师对学习的正、误均能提供奖励或回馈，以增进或校正行为。
- 教师能做正确的口头反应，激励继续学习。
- 组织学习环境以增加学习的时间。
- 合理安排教室情境以促进学习。
- 学习活动之间转接顺畅自然。
- 清楚界定或说明对学生行为表现的期望。
- 对问题行为能做正确有效的处理。
- 协助学生发展积极的自我观念。
- 对敏感的问题能做审慎恰当的处理。
- 鼓励所有的学生积极参与。
- 建立师生之间相互的尊重。

五、一日活动的管理

- 制订切实可行的班计划，月、周计划。
- 教育活动的组织动静交替，室内外结合。
- 游戏、正规教育活动开展比例得当。
- 集体、小组、个人活动形式相结合。
- 一日活动有序安排与执行，依实际情况一日活动可弹性调整。

六、班级师生关系的管理

- 教师对教育活动的计划性、目的性强。
- 善于控制教育过程，要求明确，组织有条理。
- 教师能公平公正地对待全部学生。
- 能抓住教育契机，因势利导。
- 因材施教。
- 教师秉持正面教育。
- 教师之间协调好，主、助教协作好。
- 老师尊重学生，与学生有情感交流。
- 为学生主动活动提供机会。
- 注意引起学生的主动探求，鼓励学生提问。

七、班级生生关系管理

- 学生之间的交往。
- 关注学生的情绪状态。
- 引导学生合作，共同完成活动。

八、班级教师与家长关系管理

- 教师主动与家长沟通。
- 教师尊重家长、帮助家长。
- 教师家长建立合作与信任关系。
- 教师家长共同处理学生的教育问题。

九、班级教学管理

- 个别化教育计划是否有个别化、定期化、适应性。
- 教学目标与教学活动是否适当配合。
- 安置形态与课程内容是否符合学生需求。
- 教师之间是否协同合作等。

十、班级专业团队或资源整合管理

- 各学科教师、科任教师与班主任教师合作。
- 强调资源班教师是否与普通班教师合作，提供普通班教师咨询或其他支持服务。

- 召开个案研讨寻求其他专业协助。
- 给家长提供适当的信息、咨询、辅导和教育。
- 教师、家长要经常沟通，获得家长和义工的支持。
- 能运用校外、社区的资源等。

十一、班级资源管理与运用

- 班级资源配备是否实用有效。
- 班级资源管理章程。
- 资料管理的充分利用。
- 教学资源的开发与运用。
- 定期处理与调整资源。
- 特殊资源的管理与应用。
- 有班级网络交流平台。

十二、班级卫生健康管理

- 对班级卫生健康管理的任务制订。
- 班级构成人员的卫生健康意识及行为。
- 卫生健康目标的制订。
- 卫生健康目标的实施。
- 有针对卫生健康目标达标率呈现。

十三、班级心理辅导

- 班级心理辅导纳入班级管理计划。
- 能建立班级心理辅导的学生自评辅导者评价和督导员评价体系。
- 有进行班级心理辅导的评价表、心理量表、问卷、座谈、听课记录、音像记录。
- 能给出本期心理辅导的目标。
- 能给出本期心理辅导的内容。
- 能给出本期心理辅导的方法。
- 能总结本期心理辅导的效果。
- 有对心理辅导者的自我评价。

十四、班级安全卫生管理

- 安全卫生管理条例与章程。

- 安全卫生管理内容要完备，如火、电、饮食、锐器、交通、有毒物品及药物、防盗、预防疾病等。
- 树立安全意识。
- 安全卫生常识的学习与演练。
- 安全卫生管理措施，如教师安全管理岗前学习等。
- 处理安全卫生问题。

十五、义工管理

- 义工管理的规章制度。
- 接受义工服务意识及态度。
- 进行义工岗前、岗职培训。
- 安排义工适合的工作，提高工作效率。
- 充分发挥义工社会效益。
- 有对本期义工服务的自评与他评。

第三节　班级管理评价实施

班级管理评价是一个连续的活动过程，但有其阶段性和步骤。一般而言，班级管理评价分为准备阶段、实施阶段和检验阶段。

一、准备阶段

准备阶段作为科学的评价过程是必不可少的，准备是否充分将直接影响评价的质量。这一阶段需要选择评价对象和种类确定评价目标和标准、编制指标体系和选用评价方法等三个具体步骤。

（一）选择评价对象和种类

如果是最初进行班级管理评价，那么就要明确评价的内容和对象，继而决定被评价的人员对象。在班级管理评价中，一般是以一个班级为评价对象，其内容涵盖班级管理的相关内容（前有叙述），而被评价的人员对象则可以采取上级评、同行评、家长评、学生评、自评等几种评价方式。

（二）确定评价目标和标准

此环节是整体评价过程的关键。一般来说，班级管理评价目标与班级管理目标是一致的，制订班级管理评价目标，首先对班级管理目标进行恰当的分解。

分解出的各个项目、内容应当比较明确,这样评价者在评价时才能有统一的认识,评定的结果才具有可比性。确定了评价目标,就可以制订出评价标准,评价标准一般可以用打分的方式来评价。如三分制、五分制或等级制。

（三）编制指标体系，确定评价方法

班级管理评价需要多种方法,采用定性与定量的方法结合进行。一般说来,依评价者的不同,有这样五种,即领导评价、同行评价、家长评价、学生评价、自我评价。

1. 领导评价

领导评价是领导班子而不是某一位领导或几个领导的个人评价,这是领导集体对被评教师所进行的评价,这种评价影响较大,有一定的权威。主要由学校领导通过对班级管理的实际调查,了解教师的班级管理质量而作出评价,加强和改善班级管理。它可以和学生评价、同行评价及自我评价互相补充、参照。

2. 同行评价

同行评价即由教研室或学校的其他教师对某位教师的班级管理进行评价。由于教师相互之间比较了解,对本学科的班级管理目标、内容、方法以及对师生的背景情况（如教师的专业水平、责任心、工作习惯）、学生的基本能力、总体水平、学习热情等较为熟悉,因此,同行评价易于作出恰如其分的判断,同时也有利于教师之间的相互学习、相互交流,提高教师的整体水平。

3. 家长评价

家长主要从自己孩子在班上的感受、情绪、得到的关心、取得的成绩与进步等,与教师交流对班级设施、设备、班级的气氛、满意程度等,进行评价。

4. 学生评价

学生是班级管理的对象与直接感受者,他们是最有发言权的。通过学生对班级管理的评价,可以反映出班级管理是否适合学生的身心发展与学生的要求。这就要求教师的班级管理从实际出发,从学生出发,不能主观化、形式化。但由于学生主要是从个人的角度来评价班级管理,缺乏对班级管理目标、内容、方法上的总体了解,他们的评价可能与教师班级管理本身的情况产生一定误差,也可能导致师生关系的恶化,甚至使教师产生消极、反感情绪。因此,学生评价应与其他评价相对照。

5. 自我评价

教师对自身所进行的班级管理进行评价,这也是评价的一个主要方法。自我评价的进行,一般采用自我分析或自我反思的方法。如拟订一份"教师自我

评价"单，以检查自己的班级管理情况。教师自我评价相对于前四种评价方式更能调动教师的主动性和积极性，需要教师对自己的班级管理情况进行反思。教师可以用"班级管理日志"的方式来记录班级管理的进程，同时记下过程中的所思所想，以便总结、改进。这样的班级管理才是"活"的循环，才是创造性的班级管理。计划与过程的考察和反思是不可缺少的，而反思，就是描述出自己教学的过程和结果，并对此作出评价解释，以利于形成下一步班级管理的新的判断。

二、实施阶段

此阶段包括搜集信息、处理信息资料、作出评价结论三个相互衔接的步骤。

（一）搜集信息

搜集班级管理信息的途径和方法有很多种，例如观察、回顾、调查、访问、考查、评定表等。一般需要几种方法相结合，才能得出正确的结论。

（二）处理信息资料

搜集来的资料必须加以整理，使之系统化。可以有叙述性资料及量化资料。叙述的资料要用简明的文字加以整理；量化的资料则要用教育统计学的各种方法进行统计处理。

（三）作出评价结论

评价结论要求将所搜集的评价对象在各个指标方面的表现与指标规定的标准作比较，找出符合与不符合的程度，作为最终的价值判断结果，通过分析比较，应指出被评对象的成绩和进步、缺陷和不足，分析其原因所在，并对现实情况作一客观的结论。

三、检验阶段

此阶段包括作出决策和再评价两个步骤：

（一）作出决策

班级管理评价的过程并不是作出有关结论就结束了，它的最终目的是以评价的信息和结论为改进教学提出建设性意见和措施。一个评价只有导致作出有效的决策，才能充分发挥它的功能，成为一个有效的评价。

（二）对评价进行评价

班级管理评价是一个循环的、周而复始的过程，是对上次班级管理评价全过程的检验，同时，又是下一轮班级管理评价的起点。

思考与实践

1. 就班级管理内容，依特教班级实际情况拟订全面的班级管理评价指标。

2. 拟订班级管理家长评价表、学生评价表、教师评价表。

3. 按评价指标进行班级管理评价后，写出班级管理改进措施。

下篇

第一部分　班级管理手册 *

一、班级管理手册简介

（一）班级管理手册编制目的

为了实验校班级管理井然有序、有据可依，使本校学生达到最佳的教育效果，学校所有同人，共同参与、商讨、拟订《班级管理手册》，希望各班在实施手册过程中建设团结、友爱、共享、共进的班级。

（二）班级管理手册目录

1. 行政管理类

1.1　招生与咨询（招生、咨询）

1.2　行政安置（鉴定安置）

1.3　拟订行政管理条例

1.4　经费收支与管理

1.5　财产登录与保管、维护（附：财产管理）

1.6　教学用品采购

1.7　消耗品采购

1.8　修缮类

1.9　义工制度

2. 教学类

2.1　评量

2.2　 IEP 教学方案

2.3　教学计划

2.4　空间规划

2.5　周课表

2.6　一日活动

2.7　教学记录

2.8　教师工作责任制

2.9　正向行为建构

---

* 来自重庆师范大学儿童实验学校，可扫描本书封底二维码获取文本。

2.10　自修

2.11　教学活动设计

2.12　教学活动实施

2.13　期末评比

2.14　偶发事件

2.15　假期教育训练计划

3. 教研类

3.1　教师研讨会

3.2　教师进修与活动

4. 教学资源类

4.1　教学图书、设备、管理

4.2　开架参考教材

4.3　玩教具管理与维修

4.4　教学资料管理

4.5　多媒体的使用

4.6　多媒体课件制作

4.7　社会资源应用

5. 家庭联系类

5.1　家长面谈

5.2　家长笔谈

5.3　家长会

5.4　家长协会

5.5　家庭访问

5.6　家长学校

6. 生活保健

6.1　环境卫生维护

6.2　健康检查

6.3　学生安全

6.4　清理活动

6.5　厨房管理及儿童营养

6.6　晚间活动

（三）编辑方式

（1）召集行政人员、主管人员、教学人员、后勤人员会议，拟订编辑方式及内容。

（2）工作人员分类、分工编辑初稿。

（3）所有参与编辑的人员参与讨论、修改且通过。

（4）再修订，编辑成册使用。

二、班级管理手册文本

1. 行政管理类

1.1　招生与咨询

1.1.1　招生

1.1.1.1　招生的意义。

· 招生工作是本学校一个常年的工作，它保证教育对象数量的恒定，是实施教育的基本条件之一。

1.1.1.2　招生对象及范围。

· 本学校招收3—8岁中、重度智力障碍儿童，家住本市（能保证每周五接返），本学校提倡走读，收少量住读生。

1.1.1.3　招生程序。

· 家长参观、咨询，并实地了解本学校招生、就读等各种情况，学校将告知家长学校的情况及要求。

· 家长和学校双方比照招生条件，若双方均认为合适，填好《咨询表》和《学生登记表》。

· 通知将入学的学生体检，作好招生鉴定（详见相关检查条例）。

· 学校将合格者选出，并寄发入学通知（入学通知寄达学生家庭）。

· 安排招收的学生及家长来学校参观，以便对学校有一个基本了解。

· 安排一个月试读期。试读期间，若家庭、学校双方均满意，则该生于本校正式入学。

1.1.1.4　招生注意事项。

· 在学期末做好下期招生工作，原则上中途不招生。

· 招生必须经学校负责人集体讨论决定，任何负责人不得一个人决定招生事宜。

· 试读期一个月以后，学生即成为本学校正式学生，必须严格遵守本学校所有规章制度。

1.1.2　咨询

1.1.2.1　咨询的意义。

· 咨询是指家长或社会人员与本学校联系，了解有关智力障碍儿童就医、就业、就读、教育、生活服务的有关知识和相关情况，并兼有给家长心理等方面支持的任务。本学校开展咨询服务是义不容辞的责任。

1.1.2.2 咨询服务形式。

· 面晤咨询：咨询者亲临学校与本学校咨询服务人员面谈。

· 信函与网络：通过信函与网络向本学校了解相关情况。

· 电话咨询：通过电话向本学校了解相关情况。

· 社区性宣传、普及、咨询：咨询服务人员到街头或社区进行宣传，普及特殊教育知识。

1.1.2.3 咨询服务流程。

· 接待来访者（应事先预约做好安排，有时要接待突然来访者）。

· 问清来访者基本情况（姓名、职业、工作单位）、来访目的、需解决的问题、填写"咨询登记表"。

· 进行咨询，尽力解决问题，提出建议，做好咨询记录。

· 结束咨询。

1.1.2.4 咨询服务注意事项。

· 注意咨询环境安排（空间不宜过大，要整洁、美观）。

· 以正确的态度对待来访者（诚恳、有信赖感、耐心、负责）。

· 具备咨询服务的基本技能（对来访者心理个性的把握，语言、动作等的适当运用）。

· 具较为全面丰富的本专业知识，有一定的理论基础、分析能力、判断能力。

· 深入系统地把握学生情况和教育教学情况。

· 保护来访者隐私。

· 严格遵守约定的咨询时间，不得随意中断、停止咨询服务。

· 许多咨询往往不是一次就能解决问题，应保持咨询的连续性。

· 信函咨询，在一周内应予答复。

1.2 鉴定安置

1.2.1 鉴定安置的含义

指专业人员用严格的鉴定标准及评量工具，尽可能全面取证，鉴定出该生是否智力障碍、程度如何，给予适合于该生发展的教育安置和教育建议。

1.2.2 鉴定安置原则

1.2.2.1 严肃、科学。

· 鉴定安置工作是一项非常严肃、慎重且具有法律责任的工作。

· 第一，鉴定人员必须由受过专门训练的教育、心理、医学、教育管理人员进行。

- 第二，鉴定工具必须是经国家认可、已建立中国常模且信度、效度高的鉴定工具，而且有全面的鉴定指标。鉴定时严格按多项指标进行测查和调查。
- 第三，鉴定结论需综合各项指标，广泛收集各类信息，由鉴定小组共同讨论得出鉴定结论。

1.2.2.2　最少限制的教育安置。

- 鉴定结论得出以后，根据学生的实际情况，考虑将其安排在怎样的教育环境中（随班就读？辅读班？特殊教育学校？）以最有利于发展为原则。

1.2.3　鉴定安置种类

分鉴定后做安置建议还是直接安置两类：

1.2.3.1　安置建议。

- 指鉴定后给家庭提供最适合该生的教育安置形式，由家长自己去联系或由鉴定单位协助联系教育安置地。本学校承担此类鉴定工作。
- 此类鉴定还有在学校鉴定和由学校人员联系其他单位做鉴定两种形式。

1.2.3.2　直接安置。

- 与招生工作密切联系。凡是准备就读本校的儿童，均需由本校作鉴定，再作招生的考虑。在本校安置的学生还包括安置于哪一个班级、哪位教师和哪几位教师任教。

1.2.4　鉴定安置流程

1.2.4.1　组建鉴定安置小组。

- 本校已有较为固定的人员组成鉴定安置组，并形成常规工作程序。
- 除本校派出智力、适应力等测评人员而外，还需教育行政管理干部，必要时还要有教师、医生共同参与鉴定组。

1.2.4.2　预约鉴定时间。

1.2.4.3　尽量将教师问卷和家长问卷先期发给家长与教师填写，填写前给予指导。

1.2.4.4　按《智力障碍儿童智力—社会适应能力鉴定书》所列各项，经各类测查人员做各种测评。

1.2.4.5　鉴定小组综合各种测评结果，集体讨论得出鉴定结论，并对疑难个案建议增测项目，确定增测时间并告知儿童家长和测评人员。

1.2.4.6　向家长或教育行政部门解释（外出做鉴定时，有时参测儿童较多）鉴定结论。

1.2.4.7　鉴定书归档。

1.2.5　鉴定安置注意事项

1.2.5.1　严格要求鉴定人员资格。

1.2.5.2　鉴定工具保密，不得任意泄露和复印。

1.2.5.3　鉴定测评人员必须具备相应的职业道德。

1.2.5.4　鉴定结果应作有教育意义的解释，避免产生负效应。

1.2.5.5　单纯的智力测查应慎用。

1.2.5.6　应拒绝不实施教育安置的测查。

1.2.5.7　控制智力测查的环境，不能在违反测查场地标准的环境中做智力测查（如大街上、购物时）。

1.3　拟订行政管理条例

1.3.1　拟订行政管理条例的意义

拟订行政管理条例由管理人员按自己的教育观、管理观，并依据本机构（学校）实际而制定的工作总原则和规范，是各项工作细则拟订与实施的大前提。行政管理条例的实施，保证了机构的良性运行。

1.3.2　行政管理条例涉及的主要内容

本校的行政管理条例主要有：工作总则、教师工作守则、教辅人员工作守则、安全管理条例、卫生健康管理条例。此外还有作息时间安排、病、事假管理等条例。

1.3.3　行政管理条例拟订原则

1.3.3.1　参与性。

· 行政管理条例来源于学校的实际工作，所有人员均可对条例的拟订和执行提出自己的意见，以促进条例的完善。行政管理条例最后由学校负责人及所有管理人员一起逐条制定。

1.3.3.2　坚持执行。

· 条例确定后必须坚持执行，严格按条例办事，否则一个机构（学校）将无法展开工作。

1.3.4　行政管理条例拟订程序

1.3.4.1　管理者详细了解各部门工作情况，各类人员的思想状况和对工作的理解与建议。

1.3.4.2　管理者理清自己的教育、管理理念，联系本机构实际理清管理思路。

1.3.4.3　管理人员与学校负责人一起确定各条例类别及基本内容。

1.3.4.4　负责人拟出条例初稿。

1.3.4.5　所有管理人员共同讨论条例各项并形成文字。

1.3.4.6　向所有工作人员宣布条例，并逐项解释和讨论条例。

1.3.4.7　条例试行一期，收集意见，分析执行情况。

1.3.4.8　做条例修订工作。

1.3.5　拟订行政管理条例的注意事项

1.3.5.1　行政管理条例拟订是件大事，所有管理人员与负责人要在广泛征求意见的基础上集体反复讨论。

1.3.5.2　行政管理条例可做适当修订，但不能经常修订，朝令夕改的管理条例没有权威性，也无法贯彻执行。

1.4　经费收支与管理

1.4.1　经费收入

1.4.1.1　学费。

· 根据有关部门批准的标准收取学生学费。

1.4.1.2　护理费。

· 根据提供的服务收取护理费

1.4.1.3　伙食费。

伙食费实行非营利性独立核算，确保所有费用全部用于学生的正餐和间餐，不得以任何名义挪用或用于其他开支。

1.4.1.4　其他收入。

· 其他收入包括各种来源的、研究经费和其他可能的非经常性收入。该项经费均根据提供经费项目的相关要求管理与开支。

1.4.2　开支

1.4.2.1　教师工资和福利。

· 教师工资由基本工资、特殊教育补助、质量积分、增岗工资和项目工资等组成，并根据工作年限和工作成绩晋升。工作餐所需费用，奖金保险等属福利开支费用。

1.4.2.2　教育行政费。

· 教行费开支范围包括基本办公、常用教学用品用具、文印费用、教学用车、能源、通信费用等。

1.4.2.3 维修费。

· 维修费开支范围包括学校的教学环境和教室的维修、改建、大型教学用具和设施的维修、电教室的维修等方面。

1.4.2.4　教学资源费。

· 购置图书资料、教学用具、康复体育用具，其他低质耐用和固定资产范围的教学设施、材料、纸张等。

1.4.2.5　教师进修活动费。

· 教师各类进修、学习和与之相关的活动费用。

1.4.2.6　其他开支。

· 不经常的或不能预见的开支。

1.4.3　经费管理

1.4.3.1　健全的财务制度。

· 根据《会计法》，建立健全财务管理制度，设置专门的会计和出纳，定期
制订财务报表，并提交主管部门和相关管理机构。

1.4.3.2　经费管理权限。

· 学校负责人任主管、专人验收和经手人签字的经费管理制度，共同检核开
支是否合理。手续完备后财务人员才能报销。

1.4.3.3　经费使用原则。

· 厉行节约。优先满足教学工作的直接需要，凡属间接性的费用一律从严。

1.5　财产登记与保管、维护

1.5.1　目的

保护学校的设施设备，为学校工作的顺利进行提供物质保障。

1.5.2　原则

1.5.2.1　新旧财产的取用和存入都须登录。

1.5.2.2　全体工作人员须共同维护。

1.5.2.3　有专门人员负责登录、保管。

1.5.3　内容

1.5.3.1　财产登录。

· 家具类：床、桌、椅、柜、大型玩具。

· 电器类：电扇、电灯、电视机、录像机、音响、电脑、电教设备、音像设备。

· 玩具类：各种大型玩具、小型玩具、塑料玩具、插接玩具等。

· 图书资料和音像制品：儿童用书、教师用书及音像制品。

· 卫生设备、厨具设备：冰箱、洗衣机、燃气灶、油烟机、各种餐具。

1.5.3.2　教学用品采购。

· 玩教具、体育用品、文具、办公用品、各类教材，各种教具、文具按需要
进行采购。

1.5.3.3　消耗用品之采购。

· 日用品：洗衣粉、肥皂、牙膏、洗洁剂、消毒水、灭蚊药，按需购买。

· 学生保健药品：感冒药、抗病毒药、助消化药、外伤擦药（紫药水、红药水）、
纱布、胶布、邦迪，一般的常用药都应备齐。

1.5.3.4　修缮类：各种大型玩具、房屋、桌椅、电灯、开关、冰箱、电视机、
电脑、洗衣机等，均需维修。

1.5.3.5　库房保管。

· 物资类：电器、五金、家具、教具设备（幻灯机、投影仪、音像设备、复

印设备、胶印设备等），进行登记建卡，办好借还手续。

- 图书资料类：各种书籍（理论书籍、学生教材、康复资料、卫生安全资料）、各种资料分类、建卡、登记分类、存放、借还办理手续。
- 各种物资、日用品、教具、教材盘存清理、核算，排列整齐。
- 预防传染病的药物，消毒剂、消毒柜、紫外线等。

1.5.4　办法

1.5.4.1　费用登记、核算，期末总盘存、核算。

1.5.4.2　一学期的教师工资附加费、日用品、食品都应每一笔登记，进行成本核算。

1.5.4.3　所有工作由专职保管人员进行。

1.6　财产管理

1.6.1　财产管理的意义

1.6.1.1　财产管理。

- 这里的财产管理是指对学校的所有物品的第一级（总体）管理。物品的第二级由使用部门分管，如教师保管玩具、教材；炊事员保管厨房用具。

1.6.1.2　财产保管的意义。

- 财产被称为教育教学的硬件。财产管理服务于教育，是教育顺利进行的物质保障。

1.6.2　财产管理分类

财产分类角度不同可有不同的类别。

1.6.2.1　以教学为核心分。

- 教学类（教材、教具）。
- 非教学类（饮食、盥洗等）。

1.6.2.2　按财产稳定性及价位分。

- 固定财产：桌椅、电视机、音响、空调、电脑、复印机、打印机、钢琴等。
- 低值易耗品：纸张、笔类、洗涤用品。

1.6.2.3　以活动内容分。

- 清洁类、游戏活动类、生活自理类、图书资料类、音像制品等、教具类、药品类。各种分类并无明显区分，其中常有交叉。

1.6.3　财产管理原则

1.6.3.1　充分利用。

- 财产管理是为了充分利用各种财产，为教育教学服务，所以强调每一件财产都要物尽其用。

1.6.3.2　安全。

·财产安全管理值得高度重视，一是防盗；二是防爆、防火、触电等。

1.6.3.3　状况明了。

·财产管理者应做到心中有数，主要包括财产名目、数量、存放地、使用状况等。

1.6.3.4　整洁、有序。

·财产管理者必须保证财产整洁有序地放置，便于随时取用，同时也体现管理者的精神面貌和工作能力。

1.6.3.5　珍惜、爱护。

·财产必须大家珍惜、爱护，否则再大的家当也会抛撒殆尽。

1.6.4　财产管理运作

1.6.4.1　按财产管理所需确定财产管理人员。此处特指一级总管，一般由机构（班级）管理员或教师担任，要求奉公、守法、头脑清晰、工作责任心强。

1.6.4.2　由财产管理者选择财产分类标准，并依所选标准，准备好各类财产登记册（卡）。

1.6.4.3　设计登记册（卡）的项目。如：财产总册、分册、入账、出账列出财产名称、来源、时间、单价、件数、总价、用途、采购人，或列出借用者、时间、用途、归还日期、报损件、原因、维修情况等。

1.6.4.4　拟订财产管理办法（条例）。

1.6.4.5　新任财产管理人员与前任管理员工作交接时，需对现有全部财产做好账与实物的一对一核实，新立册或一年一度的财产情况清理均应做登记账与实物的一一核对。

1.6.4.6　按《财产管理条例》实行财产的借还、管理工作，及时了解财产需求情况，做好财产借还、调配、检查财产情况、补充或处理工作。

1.6.4.7　做好财产使用情况记录及建议。

·以一学期为记录时段，按物品性质而定，有的分月、周做记录，如：电视机、电脑使用以周计，一周内使用次数，每次使用的主要内容、时间长度、安全操作记录、故障登记、故障排除、维修情况等。一学期结束时，汇总按月装订记录卡，做好图书资料借阅情况分析，哪些类别图书借阅率高、借阅周期、借阅人及评价如何。

·全面掌握财产现状，收集教职工对财产使用及管理的意见。

1.6.4.8　每学期期末进行一次全面财产清理。

1.6.4.9　拟订下学期财产管理计划。

1.6.5　财产管理注意事项

1.6.5.1　财产管理是常年的细致而又琐碎的工作，只有严格按条例执行才能做到忙而不乱，管、用双方互相理解与支持。

1.6.5.2   明确财产管理是为财产使用服务的，所以管理者必须关注财产使用情况，及时发现问题、处理问题。同时财产管理还应为财产采购提供可靠的依据。

1.6.5.3   勤俭持家、修旧利废，是财产管理者、使用者在任何时候都应有的观念。

1.6.5.4   借用最长期限为一学期，若需续借必须另办续借手续。

1.6.5.5   对二级财产管理的物品应有经常的检查、督促，二级财产管理者必须每周向一级财产总管汇报其财产管理、使用情况（填报财产使用情况记录卡）。

1.6.5.6   寒暑假期间的财产管理，特别是贵重财产，如电器等，需派专人值班或放置妥当之处。

1.6.5.7   财产安全管理已作为原则强调在前，除防盗的措施外，还应有专门的"安全条例"，诸如易燃易爆物品的安全管理，电器、电源的安全管理，药品的安全管理等。

1.7 消耗品的采购

1.7.1 消耗品采购所指

消耗品的采购主要指对日常生活常用物品（除教育教学用品之外）的采购，这几乎是每日的例行工作，须忙而不乱地处理，常由管理人员或安排相关人员共同完成采购任务。

1.7.2 消耗品采购分类

消耗品采购情况可分为：厨房伙食的采购、药品的采购、水果糕点的采购、生活用品的采购。

1.7.3 消耗品采购原则

1.7.3.1   卫生、清洁。

·消耗品中厨房食物、水果糕点采购等必须保持清洁、卫生、新鲜，腐烂、霉变、过期食品、药品绝不能采购。

1.7.3.2   预留、储备。

·许多物品需有一定量的储备，如：药品、针线、清洁液、卫生纸、肥皂等，应避免需使用时物品告缺。

1.7.3.3   安全。

·采购一些易燃、易爆、易碎、有毒物品时，应注意运输等安全。如液化气、玻璃板等。

1.7.3.4   计划安排。

·采购前应有一定的计划，比如：一周需用多少卫生纸、洗衣粉、洗手液等，做到心中有数，要购进哪些物品都应提前安排。

1.7.3.5   精打细算。

・采购人员应像管理家庭一样为机构设想，采购时从质量、数量、价格等方面权衡、计算，要有勤俭节约的作风。

1.7.4　消耗品采购步骤

1.7.4.1　采购前一天，采购员应作情况调查（需要物品名称、数量、价格、品牌等信息）。

1.7.4.2　列出采购清单。

1.7.4.3　准备钱款和采购工具。

1.7.4.4　按采购原则进行采购。

1.7.4.5　填报账单据，并做采购记录。

1.7.5　消耗品采购注意事项

1.7.5.1　各类消耗品采购有别，均应由管理员作具体安排。

1.7.5.2　各位有消耗品采购任务的人员应对管理员负责，并完备财经手续，每次采购后力争当天结账。

1.7.5.3　药品采购遵从医嘱，预备常用药。

1.7.5.4　食物采购详见《厨房管理》《食物管理》等条例。

1.8　修缮

1.8.1　修缮所指

修缮指对学校缺损设备、设施的修理工作。

1.8.2　修缮原则

1.8.2.1　及时。

・设备、设施缺损应及时发现、及时修理，常做检查，做好维护工作。

1.8.2.2　保证质量。

・修缮应保证质量，避免应付式修缮。

1.8.3　修缮程序

1.8.3.1　各部门填报修缮单或及时报告需修缮物品交管理员。

1.8.3.2　管理员检查需维修物品的缺损情况。

1.8.3.3　管理员及时与维修人员联系，确定维修时间、费用概算，需学校准备的物品、场地等安排妥当，或安排好外运维修等。

1.8.3.4　进行维修，注意安全施工，并与维修人员协调，接待、说明学校对维修的要求，配合工作，检查维修质量。

1.8.3.5　修缮完毕，双方应填好维修单，办理交付手续。

1.8.3.6　清扫修缮场地，做维修物的清洁安放工作。

1.8.4　修缮注意事项

1.8.4.1　管理人员应经常检查各种设备、设施的使用情况，了解其状态、性能，做好日常维护工作（如：电视、电脑、抽烟机的清洁），发现小问题立即解决。

1.8.4.2　较大型的设备（如：冰箱、音响、电脑等）的保修单，使用说明书等需存档备用，便于与厂家或经销单位联系，并正确操作使用。

1.8.4.3　与一些专业单位、机构建立长期的联系（如：学校木工房、水电房、气站、疏通管道单位等），记下联系电话、联系人。

1.8.4.4　维修过程中一定要分析其中不安全的因素，并尽量做好防范（场地、设施、人员、时间、方式等），注意维修者和周围人员的安全。

1.8.4.5　需维修的物品（如：电风扇、木马、荡船等）应停用，避免危险。

1.8.4.6　能自己动手维修的物品自己修理，教师应经常维修教具、教学设备。

1.8.4.7　定期清理报废物品，并填写报废单（报废原因、件数等）。

1.9　义工制度

1.9.1　义工的意义

儿童实验校提倡义工服务，为义工提供一个学习的基地，让他们经历一种生活，能理解、协助一群需要帮助的儿童，也使学校的儿童们能在与义工的接触中拓展认知，获得帮助。

1.9.2　义工服务特点

1.9.2.1　必须是自愿参与。

1.9.2.2　无需报酬的服务。

1.9.2.3　义工需严格遵守学校的所有规章制度，严守纪律。

1.9.3　义工工作流程

1.9.3.1　欲做义工工作的人员，需与学校负责人面议。

1.9.3.2　负责人考核同意后，方可成为本校义工。

1.9.3.3　填写义工登记表并确定服务时间。

1.9.3.4　进行上岗培训。

1.9.3.5　分配具体工作。

1.9.3.6　在学校教保人员带领下学习工作。

1.9.3.7　参加义工工作，并做好每日工作记录。

1.9.4　注意事项

1.9.4.1　参加义工服务者必须无传染病。

1.9.4.2　具备良好品行，严格遵守义工工作条例。

1.9.4.3　因事不能按时来学校须预先请假。

1.9.4.4　服务时期必须严守纪律，不得迟到、早退。

1.9.4.5 应处理好本校工作人员与义工的友好互助联系，义工之间应团结、合作。

1.9.4.6 义工服务至少一学期，无特殊情况不得中途退出。

2. 教学类

2.1 评量

2.1.1 定义

评量是指教师针对每一位学生的具体情况，按一定的要求进行的评估。它包括学生的 IEP 评量、单元评量、课堂评量、期末总评量等。

2.1.2 功能

各种评量便于教师掌握学生在教育实施前后，及实施过程中的各种情况，进行更为有效的教学，以达到教学有的放矢、有据可依。

2.1.3 原则

2.1.3.1 评量须客观真实。

2.1.3.2 评量须及时有效。

2.1.3.3 评量最好由各科教师合作完成，避免片面主观。

2.1.4 执行步骤

2.1.4.1 IEP 评量。

· IEP 评量是指对学生的个别化教育计划的评量，应在每学期，期中与期末各进行一次，便于了解学生 IEP 计划目标达到情况。

2.1.4.2 课堂评量。

· 课堂评量是指每天每堂课后的评量，教师应利用当天时间完成当天的课堂评量。

· 由每堂课任教老师自己进行评量。

2.1.4.3 单元评量。

· 单元评量应在每个教学单元结束之后及时评量，了解学生掌握情况，没达到的目标可再重复进入下面单元。

· 单元评量由负责大单元教学的教师进行评量。

2.1.4.4 期末总评量。

· 期末总评量包括各个学科的评量，如语文、数学、音乐、美术、体育、游戏等。

· 期末总评量需写出一学期的教学目标，做统一的评量。

· 由每个任教老师负责自己担任的教学科目的评量。

2.1.5 说明

2.1.5.1 各评量用专门表格填写。

2.1.5.2   IEP 评量，课堂评量直接评在计划纸上，单元评量、学期总评量用专门表格。

2.1.6   绩效评估

2.1.6.1   课堂评量表每周五由任课教师整理，再交教学管理人员。

2.1.6.2   单元评量表每个教学单元完成之后，由任课教师整理好，交教学管理人员。

2.1.6.3   IEP 评量表平时存放于每位班主任处，在期中、期末评估后上交。

2.1.6.4   期末总评量应于每学期结束之前一周完成，并交教学管理人员统一保存。

2.2   IEP（个别化教育计划）方案

2.2.1   IEP 编制的意义

编制个别化教育计划是执行个别化教学的基本保障，是个别化教学的文件和依据。通过 IEP 的编行，"提供给每一个特殊儿童符合其需求的教育服务"才不会成为一句空话。

2.2.2   IEP 编制流程

评量（教育诊断）→召开个案研讨会→拟订个别化教育计划（IEP）→实施 IEP 教学活动→评量。

2.2.3   IEP 编制

2.2.3.1   评量（教育诊断）。

- 教育诊断的含义。此处的教育诊断主要指为直接教育介入提供的首次诊断，它建立在前面的鉴定诊断基础上，但更细致、全面地为教育提供更准确的信息。
- 教育诊断的依据。第一，主要对每个学生进行课程评量，本校选用智力障碍儿童 IEP 教育课程和智力障碍儿童适应性功能教育课程。第二，为诊断准确，对个案还可作专门的测评。如：动作、语言等。第三，日常行为观察或访谈等。
- 教育诊断时间和执行人。为了拟订 IEP，首次教育诊断时间安排在学生试读期一个月内，由教师完成。
- 教育诊断的进行。教师依据课程，首先用课程评量手册对每个学生按手册各项做等级评量，有的项目在平日的教学活动中未能观察到，可以向家长或其他教师了解，设计专门活动后再做评量。若有必要，建议学生作相应的医学检查，如：听力、视力、神经、心理等检测，或动作、语言认知等测评。了解学生的兴趣、学习特征、学习态度等状况。进行家访，做好家庭访谈记录。

2.2.3.2   召开个案研讨会。

- 个案研讨会所指。这里的个案研讨会，特指首次教育介入时为全面了解某个案，并提出教育建议及对策，拟订个别化教育计划而召开的专门会议。教学过程中还有日常的个案研讨会，针对某生的问题，由教师主持，家长参与或相关人员参加，共谋解决问题的方法。

- 个案研讨会准备工作。个案研讨会召开前一周，会议主持人应将该个案的所有资料（个人简况、鉴定书、课程评量、各种测评结果）汇总，做好个案摘要、登录工作，增补一些所需要的材料，并对个案的情况熟悉于心，并拟订个案会议记录表。由主持人将个案会召开的时间、地点及对各类人员的要求和需要资料，于一周前通知每个与会者。做好个案会所需资料及器材的充分准备工作。

- 个案会参加人员有教师、学生家长、各种测评人员（智力、社会适应能力、语言、动作、认知、医生、测评等人员），如医生不能到场，应有检查结果、病历等。

- 个案会时间（一般一个个案需 40～90 分钟）。

- 个案会进行。由主持人主持会议，请各测评人员报告各种测评结果，教师报告课程评量结果，家长介绍学生基本情况。所有参会人员按"个案会记录表"上所列的学生学习优劣势、潜能、障碍影响等逐项讨论，特别针对课程评量后面的教学建议栏，认真综合分析，做出各领域的教育教学建议。最后主持人做会议总结，参会人员一一签字。将个案研讨会详细记录，交该生教师，用后归档，仔细保存。这是极重要的学生资料。

2.2.3.3　拟订个别化教育计划（IEP），同时形成个别化支持计划。

- 个别化教育计划所指。IEP 教育计划，分首次教育介入时的 IEP 及各学期拟订并执行的 IEP，这里重点放在首次教育介入时的 IEP 拟订，IEP 教育计划拟订人是教师、家长，执行人是教师及家长等。

- IEP 教育计划的拟订。IEP 的拟订在个案研讨会结束以后，教师仔细研讨，对学生各领域的教学建议，并结合研讨会上各方面的测评及分析，征求学生家长的意见，将各领域的教学建议作为学生 IEP 中的长程目标列出。在长程目标的指引下依照课程目标，依照学生的现实状况，依现实要求选出各长程目标下的短程目标（为达成长程目标的具体行为、内容）。将拟出的长短程目标，认真填写在学生的 IEP 计划表中（每个学生一份），并且注明针对每个目标的教学策略。依学生实际及教师教学能力，注意把握各领域短程目标的数量和相互关系。在拟订个别化教育计划时，依每个目标，学生的需求，同时形成个别化支持计划，含人、事物及环境的支持。

2.2.3.4　实施 IEP 教学。

· IEP 教学活动实施的含义。实施 IEP 教学，指将 IEP 教育计划目标，通过教学活动的开展，转化为学生的实际知识和能力。其中包括教和学双边的参与，教学活动的设计，教材、教法的运用，教学环境的利用等。

· IEP 教学活动实施大要。首先应将每个学生的 IEP 教育计划，融入班级教学计划中。然后依班级教学计划设定各种教学活动。最后教学双方互动开展教学活动。

2.2.3.5　评量。

· 评量所指。指实施教学以后。特指一学期结束，拿出 IEP 教育计划，对每个短程目标、长程目标逐一评量。

· 评量过程。首先对每个学生的个别化教育计划各项逐一作等级评量，主要由教师并征求家长意见进行。然后分析评量结果，从教和学的双方寻找原因，最好有家长参加。根据评量结果，确定后继教育教学对策，拟出一个新的 IEP，将旧 IEP 归档。

2.2.4　注意事项

2.2.4.1　IEP 教育计划拟订（特别是首次介入的 IEP）必须在深入、全面的个案研讨会、课程评量以后拟订，应征求家长意见。

2.2.4.2　IEP 教育计划一定要深入教学计划和教学活动设计，及日常教学活动和生活当中，否则 IEP 永远只是一纸空文。

2.2.4.3　每个学生本期 IEP 应置于教师工作室方便处，每位教师应熟悉每位学生的 IEP，并随时调阅，同时应交付学生家长一份，教师应指导家长共同执行学生的 IEP。

2.3　班级教学计划的拟订

2.3.1　拟订班级教学计划的意义

IEP 教育的施行，部分情况下通过一对一进行，但更多的是在小组或团体活动中进行，如何在小组、团体活动中，融入学生的个别化教育目标是做班级教育计划时需要认真考虑的问题，同时班级的诸多活动欲能正常、有序地开展，欲完成课程目标，实现最终的教育目的，也要计划先行。班级教学计划是以 IEP 教育计划为基础的团体教育计划。

2.3.2　班级教学的基本模式

本校选择核心课程，教学选择以单元为核心的较为弹性、统合的教学模式。

2.3.3　教学活动分类及称谓

本校的教学活动有：单元活动、学科活动（语、数）、美劳、音乐、体育、游戏、生活自理。

2.3.4 班级教学计划拟订依据

　　2.3.4.1 所有学生的个别化教育计划。

　　2.3.4.2 班级的实际情况。

　　2.3.4.3 各类教学活动的特点及实情。

2.3.5 班级教学计划拟订步骤

　　2.3.5.1 将班级所有学生的 IEP 教育计划汇集在一起，从中拟出各领域较为共同的目标。

　　2.3.5.2 先做出单元活动计划。

- 依据。学生较共同的 IEP 目标，如大多数学生在教学中、日常生活中普遍存在的问题、需求，日常的节气、节日、自然环境的特点。
- 过程。依上面三个依据，有联系地将 IEP 目标分为若干份。结合三个依据以一个月为单位定出全期各单元活动主题名称，以及要融入的目标。
- 以单元主题为核心做其他各类计划。做其他各类计划除选择较共同 IEP 目标融入外，还应考虑该类活动特点（如：语文、音乐、美术各有其特点）。
- 各类计划形成文字，最好画出表格，按月份列出全期各类计划。既需列出单元主题名称，还应有在此主题下的教学目标，并有简要活动提示和各主题的前后顺序排列及主题执行起止时间。

2.3.6 注意事项

　　2.3.6.1 单元计划应由所有教师一起拟订。

　　2.3.6.2 其他各类计划由担任教师拟订后，征求所有教师意见。

　　2.3.6.3 将计划订好后复印，每位教师一份。

　　2.3.6.4 每个月中旬，拿出下个月的较为详细的各类月计划。

　　2.3.6.5 无论单元计划还是其他计划，需要有其相关的联系，还应有属于该计划的、内部的、能够解释的纵向关联。

2.4 空间规划

2.4.1 定义

　　空间规划乃为教学实施做好环境准备，是必不可少的重要环节，其中需包括教学空间安排、生活空间安排、空间管理几方面。

2.4.2 功能

　　更安全、更有效地利用空间，提供合理的生活教学场所。

2.4.3 原则

　　2.4.3.1 适用性：空间规划必须符合儿童的身心特点。

　　2.4.3.2 安全性：活动场所应安全，课桌椅摆放合理。

　　2.4.3.3 灵活性：空间规划应富于变化，可随时调整教学所需的环境。

2.4.4   执行步骤

2.4.4.1   教学空间安排。

应包括教室的分配、课桌椅的安排、墙壁布置等几个主要方面。

- 教室的分配。由全校教师在开学前一周讨论决定各班教室的位置，随校儿童的人数变化，可适时调整教室。
- 课桌椅安排。为使儿童有一相对稳定的学习空间，课桌椅的安排与调整应在开学前一周由教师讨论。遇特殊情况（如节日、表演以及增加新生）可作适当调整。课桌椅安排应力求合理、安全，最大限度地利用此资源，为教学提供良好的辅助。
- 墙壁布置。大面积的墙壁装饰布置，应在每学期开学前一周由老师合作完成，应具有功能性。如准备拼音卡、挂历、天气表等。展示板的布置是在教学的过程中结合教学内容经常进行变化的，内容应有学生的各种美术、音乐作品、作业展览、单元教学内容展览等。在娱乐、休息、就餐环境的墙面上，也应布置有相关内容的图画、文字。墙面格局布置应先由教师分工合作完成，各教学班由班主任负责布置。

2.4.4.2   生活空间安排。

应包括寝室、饭厅、盥洗室等空间的合理安排。

- 寝室的安排。于每期开学前一周，大致确定学生人数、准备床位。由值班教师针对每个学生的特点，照顾全体为原则安排床位。注意男女生隔离，根据年龄大小合理安排。
- 饭厅的安排。根据学生人数于开学前准备好就餐用的桌椅。桌椅应与儿童的身高相符，不合适的应及时调整。
- 盥洗室的安排。挂毛巾处贴好每位儿童的姓名，由晚间值班教师于开学前一周准备好。遇有新生应及时补贴上姓名。住校学生的盆子应贴上姓名签，固定放入盆架中。

2.4.4.3   空间管理。

包括玩教具管理、桌椅的使用等。

- 玩教具管理。开学前一周，教师到保管处领取自己所需的玩教具，填写领借条。体育用品、音乐器材、美术用具由各负责教师领取、管理。注意爱护玩教具，避免不必要的浪费和损坏。借用物品应在每学期末归还。
- 桌椅的使用。搬动桌子调整空间结构时，注意轻拿轻放。每天使用的小椅子贴上姓名签，每人固定一把，注意爱护。

2.4.5   绩效评估

2.4.5.1   教学空间、生活空间安排、玩教具管理在每周教学研讨会上提出不

当之处，及时调整。

2.4.5.2　每学期末总结一次，提出需改进之处，便于下学期安排。

2.5　周课表

2.5.1　定义

周课表指安排一周的教学活动内容和相关工作、时段计划的表格。

2.5.2　功能

周课表的拟订，可使每周的教学活动井然有序、有据可依，为达到教学活动的最佳功能，提供条件。

2.5.3　原则

2.5.3.1　每个活动时段符合学生学习特点。

2.5.3.2　每个教学活动内容符合学生需要。

2.5.3.3　工作人员的安排调度因教学活动需要而确定。

2.5.3.4　周课表的形成，由行政人员、主管人员据教学需求而定。

2.5.4　执行步骤

2.5.4.1　拟出本学校本学期、本周应该安排哪些教学活动形式（不同组可有不同教学内容）。如：晨检、早操、学科、团体（音乐、体育、美劳、游戏）等。

2.5.4.2　确定本学校有多少工作人员，且可承担哪些教学活动。

2.5.4.3　教学活动与工作人员的配置。

2.5.4.4　教学活动、工作人员与时段的搭配，每周的教学活动配置。

2.5.5　注意事项

教学活动内容、时间、工作人员安排都要以学生需要为主导。

2.6　一日活动安排表

2.6.1　定义

一日活动指学生早上到校和傍晚回家，这段时间活动的具体规划和安排（住校生也包括晚间活动）。

2.6.2　意义

有了一日活动的具体安排，学生在学校的每一个时段都有活动安排，活动紧凑，为达到教学最大功能提供了保障。

2.6.3　原则

2.6.3.1　每位工作人员，严格遵照表上时段、内容进行工作，安排运行。

2.6.3.2　教师是活动的主导，要随时主动以时间和活动安排进行教学。

2.6.3.3　如有特殊教学活动，需要改变当日的活动安排，教师应事先向主管汇报，获批准后执行。

2.6.3.4　一日活动安排表由行政人员、主管人员、工作人员共同拟订，全体执行。

2.6.4　表格范例

时　间　具体内容　项　目	教学活动内容	教育功能	工作人员	工作人员职责
上午	8：00至12：00			
中午	12：00至15：00			
下午	15：00至17：30			
晚间	17：30至20：30			

2.7　教学记录

2.7.1　定义

教学记录反映教学计划、过程、结果。它包括教学管理记录、教师工作记录、保育工作记录、义工工作记录。

2.7.2　功能

2.7.2.1　教学管理记录有利于本校、班有计划地规划各种事务。

2.7.2.2　教师记录便于教师在教学之前中后做好各种准备，顺利实施教学，获得良好教学结果。

2.7.2.3　保育记录便于观察每个学生的身体健康状况、生活状况、学习状况，安全、卫生、心理状况，提供相关教育与养护。

2.7.2.4　义工记录有利于了解义工工作状况，完备义工工作。

2.7.3　原则

2.7.3.1　教学记录、保育记录应及时、详细、真实。

2.7.3.2　义工记录应由义工本人在每天工作结束时认真填写。

2.7.4　执行步骤

2.7.4.1　教学管理记录。

包括每日记录、会议记录等。

·每日记录由教学管理人员于每天下班前完成填写。

·会议记录由教学管理人员或值周老师于每次会议中记录。

2.7.4.2　教师工作记录。

包括教案、周表格、月表格、教学日志等。

·教案应在教学活动前一周准备好。

- 教学活动结束后，对教案的教学效果做一评量，教案分类存放于备课室。
- 周表格、月表格提前一周填写好各人所负责的项目，分类存放于备课室或贴于固定处。
- 每天都要记工作日志，周五交教学主管。

2.7.4.3　保育工作记录。

包括每日记录、服药记录等。

- 每日记录由当班的保育员于当日下班前，把当天的情况记录下来。如身体健康状况、午睡情况、活动执行情况等。
- 由当班保育员在接到药品时及时填写服药人姓名、服药时间、数量、药品交付人、交付时间、药品名称等，建立服药记录本。
- 接班老师应及时核对服药记录，并由主管教师随时检查。

2.7.4.4　义工记录。

- 义工记录由义工自己完成。
- 记录内容应包括工作内容、自我感受，需反映的重要情况等。
- 义工记录应由主管老师随时检查。

2.7.5　绩效评估

2.7.5.1　教学管理记录由主管人员每周检查一次。

2.7.5.2　教学记录、义工记录由教学主管人员于每周五下午集中检查一次。

2.7.5.3　保育记录由主管人员于每周五下午集中检查。

2.7.6　表格范例

附：服药记录表格

值班教师	学生姓名	服药时间	确切服药次数	药品名	每次数量	交付人	检　核
***	***	*天	早√√√				
			中√ × √				
			晚√√√				

1. "√" 表示已按时服药；2. "×" 表示未服药；3. 检核一栏由后勤主管人员每周检查一次。

2.8　教师工作责任制

2.8.1　建立教师工作责任制的意义

教师是教学双方中起主导作用的一方，教师工作决定了教学的效果，其重要性已无须多论。为确保教学活动的品质，强调教师工作责任当是关键。

2.8.2　教师工作责任分类

2.8.2.1　教师工作人格。

2.8.2.2　教师工作基本态度。

2.8.2.3　教师工作能力。

2.8.3　教师工作责任要求

2.8.3.1　教师工作人格要求。

· 从事特殊教育的教师，应该有热情、认真、进取的精神，能够坚持、善于思考，具正确态度，能理解、宽容他人，身心健康。

2.8.3.2　教师工作的基本态度要求。

· 对学生。教师首先应接纳学生（包话其适应和不适应行为）。教师要尊重学生（尊重学生隐私、尊重学生的兴趣，给学生提出要求、表达愿望、选择的权利，不大声呵斥学生，不对学生提出带侮辱地要求；不体罚、打骂学生，禁止威胁性语言、嘲讽式、轻蔑地说话，对学生多用敬辞敬语"谢谢""你好""对不起""没关系"；对学生要一视同仁、要公平公正）。教师要理解、关心学生（当学生出现某种行为问题时，应站在学生的立场上，分析他为什么要这样做，应该为其提供何种帮助）。教师要营造出良好的学习氛围（教师不大呼小叫，手忙脚乱，不唉声叹气、怨天尤人）。

· 对工作。教师应热爱自己的工作，全身心投入工作，应该尽职尽责、求精进取（能熟练地从事工作，对工作有信心、有兴趣，能体会工作的乐趣，而不是将工作视为负担、马虎应付）。

· 对常规的遵循。教师应严格遵守时间（不迟到、早退、不旷工、充分利用时间）。教师应严守一切规章制度，处理好与同事的关系；教师应具备 IEP 教育计划拟订能力，有教学活动设计与实施的能力；教师应有教育诊断、教育评量的能力；教师应具有班级管理能力和处理学生行为问题的能力；教师应具有一定的社会活动能力（与医疗、公安、社区等交往）。

2.8.4　如何实施教师工作责任制

2.8.4.1　教师培训中应有对教师工作责任制的内容及重要性的详细介绍。

2.8.4.2　拟订《教师工作责任》和《教师工作总则》，逐条指导教师学习并牢记。《教师工作总则》贴上墙，将《教师工作责任》印发给教师，人手一份。

2.8.4.3　在实际教学工作中理解、执行教师工作责任。（执行中讨论、交流）

2.8.4.4　坚持对教师工作责任执行情况的评量、检查、督促工作，做好教师奖评工作。

· 教师应做《工作日志》记录。

· 每周五下午做一周工作回顾，全体教师及管理人员参加。

· 每周的《家长联系簿》以利教师与家长沟通。

· 每周有一月工作情况评议会：管理人员与教师沟通。

・学期末做《本期工作总结》：教师个人总结。

・教师学期工作评议：管理人员与教师共同进行。

・家长会：教师、家长、管理人员共同完成。

2.9　正向行为建构

2.9.1　积极性

积极的增强环境是正向行为建构的必要条件，也是重要措施。

2.9.1.1　环境：干净、安静、优美（音乐背景、视觉背景）。

2.9.1.2　教师的行为：祥和、友好。

2.9.1.3　儿童的行为：良好常规。

2.9.1.4　采用以"代币制"为核心的综合增强措施。

2.9.2　采用正增强为主的行为控制

当儿童的行为需要得到改变时，教师应遵循以下的步骤进行：

2.9.2.1　提供适合儿童需要的积极活动。

2.9.2.2　运用行为正增强技术。

2.9.2.3　少用、慎用惩罚。

2.9.3　问题行为的处理

对有比较突出的行为问题的儿童，应召开个案会议，制订行为改变方案，采取以下步骤处理：

2.9.3.1　行为的观察与记录。

2.9.3.2　行为改变方案的制订。

2.9.3.3　行为改变方式的实施。

2.9.3.4　行为改变方案的调整。

2.9.3.5　行为改变效果分析总结。

2.10　自修

2.10.1　功能

通过自修使教师在专业和技能方面能够自我完善和提高，学生则养成自我控制和安排的能力。

2.10.2　实施原则

2.10.2.1　拟订自修计划。

2.10.2.2　老师的自修需要翻阅各种有关资料。

2.10.2.3　学生的自修需要教师的引导和个别指导。

2.10.2.4　学生的自修须配合本班计划予以增强。

2.10.3　实施内容

2.10.3.1　老师自修。

・备课、专业自修。

2.10.3.2　学生自修。

・晨间活动（到校教师检查作业、学生自修）。

2.10.4　执行步骤

2.10.4.1　为老师和学生的自修安排好固定时间和场地。

2.10.4.2　教师定好本人与学生的自修内容，分长期内容和短期内容。

2.10.4.3　教师本人拟好自修的时间和内容，并严格执行。

2.10.4.4　教师为学生的自修做好时间和人员的安排，以及内容的安排。

2.10.4.5　教师利用自修时间对学生进行集体和个别的指导。

2.10.4.6　依 IEP 来评估每位学生自修的能力。

2.10.5　注意事项

2.10.5.1　老师的专业自修可据实际情况灵活变动。

2.10.5.2　老师自修要有高度的自觉性。

2.10.5.3　学生自修时可给予增强物。

2.11　教学活动设计

2.11.1　教学活动设计

指教师将教学计划中的目标，通过何种教学环境、教学形式、教学方法、教学顺序等去完成的一种设想和筹划，是教师头脑中思维的结果，是停留在纸上的尚未实践的阶段，是教学的假设和前导。

2.11.2　教学活动设计要素

2.11.2.1　教学目标和教学内容。

2.11.2.2　教学主题。

2.11.2.3　教学形式和教学方法。

2.11.2.4　教学环境及教材、教具、辅具。

2.11.2.5　教学时间和顺序（始活动、发展活动、综合活动；活动起始时间；一个活动开展的时段分配）。

2.11.2.6　教学人员和教学对象。

2.11.2.7　教学评量。

2.11.3　教学活动设计依据

2.11.3.1　教学活动主题。

2.11.3.2　学生 IEP 目标。

2.11.3.3　学生的学习特征和学习水平、兴趣。

2.11.4　教学活动设计步骤

2.11.4.1　明确教学主题，做详细的主题分析，明确该主题的范围和内容。

2.11.4.2 考虑该教学主题所给的课时数。

2.11.4.3 根据主题分析结果和课时数，联系学生目前水平、兴趣等，按始活动→发展活动→综合活动，来分布在该主题下的一个或多个相关联的活动。

2.11.4.4 在活动中融入，拟订的个别化教育目标（可有较为共同的，也有属于较个别的）。

2.11.4.5 注意活动内容、环境、教学方法、教学顺序、教学形式、教具、时间的仔细安排。

2.11.4.6 设计教学评量。

2.11.4.7 将以上构想与安排形成文字，填写在预先设计好的项目、程序的教学活动卡上，形成教案。

2.11.5 教学活动设计注意事项

2.11.5.1 教学活动设计要考虑学生的个别化教育计划目标的融入，注意目标融入适量。

2.11.5.2 应设计教学评量，避免教学活动热烈但与目标脱节的情况。

2.11.5.3 教学活动卡填写要简明，重难点突出，对教学活动实施有指导作用。

2.11.5.4 教学活动设计是集体智慧的结晶，需在活动实施前一周完成。

2.12 教学活动实施

2.12.1 教学活动实施的含义

指按教学活动设计，教学双方的教学实践行为，此行为以教学目标达成为目的。

2.12.2 教学活动实施原则

2.12.2.1 按教学活动设计执行教学。

2.12.2.2 教学实施中会遇到一些意外情况，教师应能随机应变，因势利导。

2.12.3 教学活动实施

2.12.3.1 熟悉教学活动设计，从内容、目标到教具、教材等。

2.12.3.2 按教学活动设计做教学前的环境、物质准备。如：教室布置、桌椅调整、教具制作、购置、教材编写或选用，有关人员的联系。

2.12.3.3 按教学活动设计做教学前的心理准备。

· 设想整个教学活动从开始、进行到结束的全程，先在头脑中预演几遍。

· 设想教学中可能会出现的问题并设想应对措施。

· 于教学前一天，将所需教学资源准备妥当，放置在最方便、顺当的地方，再一次熟悉教学活动卡，将教学活动卡带到课堂。

· 教学若有助教参与，应与助教一起熟悉整个教学活动，并与助教一起讨论相互间的配合。

· 按设计开始教学，同时注意积极正向引导，及随堂的恰当处置。力求教学有吸引人的开始，踏踏实实的发展和有效果的结束。

- 教学活动结束（让学生知道结束）并整理、收拾教学场地，归位（还）所用物品。
- 做教学评量及教学活动评量。

2.12.4　教学活动实施注意事项

2.12.4.1　教学活动实施应有充分的物质及心理准备，切忌仓促上课堂、随心所欲、马虎应付。教具应多备一份，对教学过程应熟悉。

2.12.4.2　坚持每个教学活动后的评量（教学目标评量和教学活动评量），找到教学的得失。

2.12.4.3　教学活动设计是教学的依循，不能随意放弃教学设计中的环节或目标，若要放弃或修正，应慎重，应分析、权衡后合理取舍。

2.12.4.4　实施教学后，教学活动卡应留存。期末时，将其依序装订。

2.13　期末评比

2.13.1　功能

通过评"少先队员""优秀学生""进步学生"来激发学生学习积极性，从而使学生能更好、更快地学习，使其常规和生活自理能力得到提高。

2.13.2　实施原则

2.13.2.1　以激发学生主观能动性为主，评比只作为手段。

2.13.2.2　由于儿童本身能力不一样，因此以评进步学生为主。而"少先队员"和"优秀学生"只评选两名。

2.13.2.3　班主任对本班学生的评选应以学生的进步程度来衡量。

2.13.3　实施内容

2.13.3.1　少先队员。

- 评比条件：学习、生活自理、常规在全班较优，且对"少先队员"知识有所了解，尊老爱幼，与同学友好相处。

2.13.3.2　优秀学生。

- 评比条件：学习、生活自理、常规在全班较优。

2.13.3.3　进步学生。

- 评比条件：学习、生活自理、常规三项中任一项比过去有较大进步。

2.13.4　执行步骤

2.13.4.1　学期末由各班主任对学生 IEP 做出评量。

2.13.4.2　班主任列出 IEP 中学习、常规、生活自理的分数，看是否达到 3 分或较以前提高。

2.13.4.3　班主任对评为少先队员或优秀学生进行相关知识教育，并向家长询问学生在家中表现。

2.13.4.4 班主任将评选学生名单列出，并与其他老师讨论通过。

2.13.4.5 准备奖状、奖品。

2.13.4.6 每学期开学颁发奖状、奖品。

2.13.5 注意事项

2.13.5.1 在评比中，要考虑特殊学生的积极主动性，尽量不打击积极性。

2.13.5.2 某学生在三项中有一项进步就有获奖机会。

2.13.5.3 颁发奖状时应向全班及获奖者说明为何获奖，以让学生明白其意义并能以此作为努力目标。

2.14 偶发事件

2.14.1 定义

偶发事件是指学校生活中突然出现的、预料之外的事件。

2.14.2 原则

2.14.2.1 及时、正确地处理各种偶发事件。注意不伤害学生的身心健康。

2.14.2.2 班主任不能单独处理时应与其他老师配合解决。

2.14.2.3 做好家长工作，向家长解释偶发事件发生的原因，实事求是，态度诚恳。

2.14.3 分类

2.14.3.1 安全健康类（疾病、安全事故）。

2.14.3.2 情绪状态类意外、突发的干扰事件，引发情绪波动。

2.14.4 处理措施

2.14.4.1 安全健康类。

· 学生突发疾病时，由当班老师先判断状况并送医院就诊，由另外的老师及时打电话通知主管人员。

· 出现安全事故时，较严重的应立即送医院治疗，另外的老师通知主管人员，放学时向家长说明情况，妥善处理。

2.14.4.2 情绪状态类。

· 如遇学生独自离校出走或走失，当班老师立即通报主管，组织人员立即找寻，且与家长联系，必要时报警请求协助。

· 学生因情绪波动发脾气、打人、摔东西时，由几名老师配合把该生暂时与其他学生隔离，让其独处，待其平静后，再做处理。

2.14.5 记录

遇有偶发事件时，当班老师及时处理、及时记录，及时讨论总结处理方法，事后应有得失评议。

2.15　假期教育训练计划

2.15.1　目的

为了使学生教育和训练不间断，达到最佳的教育适应功能，同时让家长参与教育，丰富学生假期生活。

2.15.2　原则

2.15.2.1　教育计划详细。

2.15.2.2　安排内容应具操作性。

2.15.2.3　时段安排具体。

2.15.2.4　家长操作。

2.15.2.5　与学校教育衔接紧密。

2.15.2.6　要求家长做好评量。

2.15.3　内容

2.15.3.1　学科：主要依期末评量，定出学生假期教育训练计划，起到复习巩固练习的作用，完成老师布置的各种练习。

2.15.3.2　生活自理：盥洗、如厕、清扫、衣着整理等生活自理及家庭服务项目。

2.15.3.3　家庭社区适应。

·与家庭成员和睦相处。

·与邻居、熟人、同龄伙伴、亲友友好相处、往来。

·社区场所的认识与使用。

2.15.4　步骤

2.15.4.1　在放假前，拟订学生假期计划。

2.15.4.2　了解家庭情况，同父母讨论制订出教育训练计划，拟订出评量记录。

2.15.4.3　家长实施计划并做好记录。

2.15.4.4　下期开学返校时与老师衔接训练效果，交流心得体会。

2.15.5　注意事项

2.15.5.1　调动家长参与。

2.15.5.2　加强评量记录。

2.15.5.3　以复习巩固为主，以家庭、社会环境为主。

2.15.5.4　假期要加强社区适应。

3. 教研类

3.1　教学研讨会

3.1.1　目的（意义）

在教学过程中，教学相关人员定期或不定期以会议形式，集合群体专业智慧与经验，依有效的程序，及时检讨教师教学上所发生的各种问题，提出教学改进的措施，以达到提高教师教学能力，确保教学品质的目的。

3.1.2　功能（内容）

3.1.2.1　个别化教学研讨：讨论教师在班级中，怎样运用各种教学技巧，以达到个别化教学目标。

3.1.2.2　个案学习状况评估：针对某一学生学习情况，加以检讨，寻求改进策略。

3.1.2.3　教学协调与沟通：教学前有关教学目标、教学活动、教学时间、教学场地、教学资源等的协调；以及教学后有关学生学习行为沟通等。

3.1.2.4　教学研讨及观摩：运用有效的教学原理、教室管理原则等知识，提升专业能力；可以用实际演示方式或录像等进行教学，多用互评的形式进行。

3.1.3　原则

3.1.3.1　每周二、五定期召开教学研讨会，凡相关人员均应参加。

3.1.3.2　若遇特殊情况，则及时召开会议。

3.1.3.3　参加人应持积极主动态度，提出问题，参与讨论，解决问题，得出结论。

3.1.3.4　按讨论的决定，立即执行。

3.1.4　会议程序及会议执行

3.1.4.1　说明本次会议目的、方式、主持人。

3.1.4.2　写出书面资料，该问题负责人。

3.1.4.3　提出讨论内容提要，以及解决该问题负责人。

3.1.4.4　分析现有资料。

3.1.4.5　讨论：问题、原则及对策。

3.1.4.6　拟订负责人及追踪期限。

3.1.4.7　结论。

3.1.5　注意

该研讨会每次均有会议记录，以便存档和查询、追踪。

3.1.5.1　会议记录程序：时间、地点、参加人、主持人、内容。

3.1.5.2　上次追踪。

3.1.5.3　本次讨论内容。

3.2　教师进修与活动

教师的进修是提高教育教学质量的重要步骤，也是提高教师业务素质的基本手段。教师进修活动主要围绕教学活动的需要来组织，同时应具有促进教师专业成长的功能。

·鼓励教师钻研业务。

· 提供持续的学术交流平台，如信息网络、学术会、外出学习等。

· 组织集体备课。

· 组织观摩教学活动。

· 组织教学活动设计、实施、比赛和评比。

· 利用学期的开头和结束，进行短期培训，增加一学期培训频度。

· 给优秀教师提供参加"咨询教师工作营"的机会。

· 有条件时，为教师提供学习和进修机会。

· 培养种子教师，指导其他教师学习。

· 在经费允许的情况下，为教师安排教育旅游和其他的娱乐活动。

4. 教学资源类

4.1　教学图书设备、管理

4.1.1　目的（意义）

便于教学人员能够便捷地查阅相关资料，同时有效利用资料。

4.1.2　原则

4.1.2.1　借阅者需严格遵守借阅手续。

4.1.2.2　损坏、遗失书籍者应按规定修复和赔偿。

4.1.3　实施方法及步骤

4.1.3.1　图书的分类整理。

4.1.3.2　借阅书籍。

· 借阅者按类别查找资料。

· 在图书管理处办理借阅手续。

· 借阅者每次借阅不超过三本，每本借阅时间不超过一月。

· 借阅者归还时应放回原归类架。

4.1.3.3　开架书籍见《开架参考教材》。

4.1.4　备注

开架书籍由一位工作人员负责整理保管。

4.2　开架参考教材

4.2.1　定义

开架参考教材指教师能随时参阅的与教学有关的各类教材、参考书和儿童图书等。

4.2.2　功能

4.2.2.1　有利于教师及时参阅。

4.2.2.2　提高教师的阅读面，增大信息量。

4.2.2.3　帮助教师更好地备课。

4.2.3　原则

4.2.3.1　由专业人负责管理、分类。

4.2.3.2　在办公室内可随时阅读。

4.2.3.3　外借时需填写借条、及时归还。

4.2.3.4　注意爱护各种书籍，如有丢失应予适当赔偿。

4.2.4　执行步骤与检核

4.2.4.1　借阅时应填写下表

借阅人	借阅书籍	借阅日期	归还日期	检　核

4.2.4.2　检核一栏由教学主管人员于每周五下午填写。"√"表示已归还。

4.2.4.3　此表便于所有教师借阅书籍。

4.3　玩教具管理与维修

4.3.1　功能

玩教具的管理与维修是为方便教师组织教学，是为服务于教学的。

4.3.2　实施原则

4.3.2.1　玩教具管理要方便教学。

4.3.2.2　玩教具的维修要经济、及时。

4.3.2.3　玩教具的管理要落实到具体人头上。

4.3.2.4　保管人要随时注意玩教具的清点。

4.3.3　实施内容

4.3.3.1　分类。

· 将玩教具分为音乐类、体育类、美劳类、学科类。除学科类玩教具外，各类玩教具由任课教师保管，而难以分类或兼属几类的玩教具由总保管处管理。

4.3.3.2　保管办法。

· 每学期开学，各任课老师到总保管处领取属自己保管的玩教具，并写上领取人姓名和时间。

· 保管玩教具的老师应妥善放置玩教具。

· 使用中发现玩教具有损坏有丢失应及时向总保管处说明。

· 期末时应按领取玩教具的数量交回玩教具。

4.3.3.3　借用办法。

·学科类玩教具，兼属几类的玩教具由总保管处保管。

·老师必须在上课前一天借出，并写上领取单或借条，下课后归还。

·在使用玩教具时不慎损坏，应及时说明并维修。

4.3.4　实施步骤

4.3.4.1　任课教师领取玩教具时，应了解保管处玩教具的种类和数量。

4.3.4.2　任课教师应妥善保管玩教具。

4.3.4.3　保管处向教师说明玩教具的借用办法、维修办法。

4.3.5　注意事项

4.3.5.1　玩教具须妥善保管。

4.3.5.2　为节约开支，玩教具应小心使用。

4.3.5.3　玩教具应物尽其用，避免闲置与浪费。

4.4　教学资料管理

4.4.1　目的

教学各类相关资料分门别类管理，便于学校各种资料的保存和取用。

4.4.2　教学资料分类

4.4.2.1　学生资料。

·学生基本资料（出生史、发育史、病史、家庭状况等）。

·学生健康资料（体检、医疗史）。

·家庭联络记录。

4.4.2.2　教学资料。

·各项评量（课程评量、各科目评量、IEP评量等）。

·教学计划。

·教学研讨会记录。

·常规记录（服药、值日等工作日志等）。

4.4.2.3　学生作品。

·随堂作品。

·家庭作业。

4.4.3　原则

4.4.3.1　学校所有工作人员应对学生资料保密。

4.4.3.2　资料需用时取用，用后放回原处。

4.4.3.3　每位工作人员都要有主人翁责任感，妥善分类保管资料。

4.4.4　保管与使用

4.4.4.1　各类资料应具备资料夹、记录夹、评量夹、作品袋等辅具。

4.4.4.2　各类资料分类、标识，存放于相应位置，如学生资料需存档，各类资料利于取用，学生作品储存。

4.4.4.3 各工作人员了解各类资料保管办法，便于查询管理。

4.4.4.4 资料不带出学校，以免流失，用后归回原位。

4.4.4.5 若有丢失，主管有追踪查找的责任。

4.5 多媒体的使用

4.5.1 定义

指在教学过程中，根据教学目标和教学对象的特点，通过教学设计，合理选择和运用现代教学媒体，并与传统教学手段有机组合，共同参与教学全过程，以多种媒体信息作用于学生，形成合理的教学过程结构，达到最优化的教学效果。

4.5.2 功能

提高学生的注意力及学习兴趣，使课堂内容丰富多彩，能大量地减轻教师板书的工作量，使教师能腾出更多的时间，采用灵活的教学方法进行教学。

4.5.3 使用原则

4.5.3.1 教室多媒体设备是学校开展教育教学的主要工具，不得用于其他活动。

4.5.3.2 教室多媒体设备由专门人员负责日常管理、设备维护及使用人员的技术培训工作。

4.5.3.3 使用时，严格按仪器设备的操作规范操作，时刻注意仪器设备运转情况，一旦有故障，应立即停止，查找出故障的原因。

4.5.3.4 未经同意，不得擅自修改系统及系统相关参数，不准擅自改动系统设备的连接线，不准移动或拆卸系统设备，不准擅自把系统设备拿到室外使用。安装课件、应用程序时，应严格采取预防病毒措施。

4.5.3.5 使用结束，应严格按规定程序关闭系统设备及电源，整理好设备。

4.5.3.6 班主任老师为各班多媒体设备管理的第一责任人，每天放学后，班主任要进行全面检查，各设备电源必须处于断开状态，将总电源插头拔下，防止引起火灾和设备的损坏。学生不能私自动用多媒体设备，若因学生私自动用设备，导致设备损坏，该生家长和教师应负其责。

4.5.3.7 教室多媒体系统使用班级变动时，班主任应积极配合管理人员办理交接手续（备注：教室多媒体教学配发给各班使用的多媒体设备。包括：电视机、电脑、影碟机、录音机、音响、遥控器等）。

4.5.3.8 多媒体教室必须做到防雷、防火；防盗、防损，对贵重的电教设备，应按使用说明书做好维护和保养工作。

4.5.4 执行步骤

4.5.4.1 根据本校实际情况制定管理办法，指定负责人专门管理。

4.5.4.2　教师需使用多媒体教室或多媒体设备时，应提前申请，提交使用计划。

4.5.4.3　任何单位或个人，未经允许不得擅自使用多媒体教室或多媒体设备进行任何形式的活动。确需在计划外使用多媒体教室或多媒体设备者，须以书面形式提出申请，经所在部门审核，经同意后由教务科统筹安排。

4.5.4.4　未经允许擅自使用多媒体教室或多媒体设备，以致影响正常教学者，将按教学事故处理，并视情节轻重，追究相关部门和个人的责任。

4.5.5　使用注意事项

4.5.5.1　学生使用教室内的多媒体教学设备需经教师同意。

4.5.5.2　多媒体教室内的设备相对固定，未经允许不得随意挪作他用。

4.6　多媒体课件制作

4.6.1　定义

根据教师的教案，把需要讲述的教学内容通过计算机多媒体网络（视频、声音、动画、图片、文字）来表述并构成课堂要件。

4.6.2　功能

生动、形象地描述各种教学问题，增加课堂教学气氛，能有效地解决教学难点，使课堂丰富多彩，从而提高学生的学习兴趣，增强课堂效果。

4.6.3　制作原则

4.6.3.1　需要性原则。

4.6.3.2　可行性原则。

4.6.3.3　创造性原则。

4.6.3.4　科学性原则。

4.6.3.5　因科制宜原则。

4.6.3.6　性价比原则

4.6.4　执行步骤

4.6.4.1　分析教学内容和目标。

4.6.4.2　设计课件略图。

4.6.4.3　编写脚本。

4.6.4.4　准备素材。

4.6.4.5　制作和修正。

4.6.5　注意事项

4.6.5.1　多媒体课件在教学过程当中发挥的是辅助教学作用。

4.6.5.2　使用时要适度。

4.6.5.3　多媒体教学虽可提供丰富的多媒体信息和资料，但却没办法完成感情教学目标，更不能取代传统教学。

4.6.5.4　设计者应避免流于多媒体技术的各种展示技巧上，而忽视了教学内容，造成本末倒置，影响教学效果。

4.7　社会资源应用

4.7.1　应用社会资源的意义

特殊教育需要社会的理解、支持，特殊教育的目的就是要将特殊儿童送入社会，可以说，没有社会支持便没有特殊教育，与此同时社会有责任理解并协助特殊儿童，所以，特殊教育与社会的联系，对社会资源的发掘与应用，是每个特教教师和特教管理人员必做的工作和必备的能力。双方结合才称得上现代化教育。

4.7.2　社会资源分类

4.7.2.1　按资源性质分。

· 人的资源。

· 财的资源。

· 物的资源。

4.7.2.2　按与教学的关系分。

· 教学资源（如：教学中需要学生认识医院，某医院就成为教学资源；需要了解交通常规，某街区就成为教学资源）。

· 服务性资源（如带学生春游，联系的汽车及驾驶员就是服务性社会资源）。

4.7.2.3　按资源的稳定程度分为：

· 稳定的社会资源（指与本机构、班级有长期联系或者有较为稳定关系的人、事、物，比如：与本机构、校、班联系紧密的医院、医生、公安局、交通警察可以经常地长期合作）。

· 一般社会资源。指一次性的社会支持或在教育计划、教学活动设计之外随时随地的社会资源应用。

4.7.3　社会资源应用原则

4.7.3.1　合法。

获得与利用社会资源必须严守法律、法规，不做为一己私利或者任何违法的事情。

4.7.3.2　充分。

对社会资源，特别是社区的社会资源应充分发挥其应用功能。

4.7.3.3　互敬、互助。

应用社会资源时，对提供资源一方应持平等、尊重的态度，除接受帮助、支持外，还应力所能及地给对方以感谢，以支持、帮助及回应。

4.7.3.4　不图私利。

获得社会资源是为团体服务的行为，任何个人不得从中牟取私利。

4.7.4   利用社会资源的方法

· 结合机构、班级情况，详细分析所需社会资源。

· 排列出目前所需资源的顺序（按需求缓急排列，按可能获得资源顺序排列，将两个标准综合考虑）。

· 将最有希望获得的资源项目列出，分析欲获得此资源所需条件（需要什么人员配合？需要哪些部门、单位协调参与？需要怎样的手续？需要准备何种资料？需要准备哪些物资？需要怎样的环境安排？在何时在何地？）。

· 所选择方法、程序、途径。预估可能达到的结果（预计能获得资源的范围、数量，若不能获得，将怎样弥补和处理）。

· 实际操作

按预先分析作为获得社会资源的人、事、物联系，并落实相关事宜。其中包含人事协调，当一种方法不能解决问题时，可能设想另外的方法，要坚持不懈，不怕麻烦，不怕挫折，要勤快、诚恳、灵活、多思考。

4.7.5   运用社会资源注意事项

4.7.5.1   每一学期末、开学初都应以教学计划安排为依据，做好相应的教学资源准备，对于关系机构（班级）生存发展的服务性资源，能够预先计划，力争在学期末或开学初预定，若遇突发情况也应及时了解情况、全面分析。

4.7.5.2   信息网络要广阔，应准确、迅速地捕捉机遇。

4.7.5.3   建立稳定的社会资源体系。

· 社区网络（包括主管部门、有关行政管理、社区服务项目，社区环境、人员等在内的稳定网络系统。如：与本校、与教委、残联、妇联、民政、职介所、当地医院、公安局、派出所、市场、商店（场）、汽车站、交警、消防、影剧院等的长期联系。）

· 建立社区以外，如校际、市际、省际、国际的交流。

4.7.5.4   应加强对获取的社会资源的管理。特别对捐赠款项或无偿、免费提供的物质资源需按国家规定及财经要求行事，做好出入账登记，确保专款专用。

4.7.5.5   提倡义工服务制。

5. 家庭联系类

5.1   家长面谈

5.1.1   定义

针对特殊的儿童，家长与老师间要互相交流沟通，让双方都从不同的角度了解孩子，找到合适的干预方法。为了便于了解和掌握学生多方面的情况，教师与学生家长之间应进行面谈。

5.1.2 实施的原则

5.1.2.1 尊重每一位家长，不能由于小孩的缺陷，无意中伤害家长。

5.1.2.2 虚心听取家长所提的各种建议与要求，教师要合理地把握并有取舍地采纳。

5.1.2.3 教师向家长反映学生的缺点时，要耐心引导家长，正确对待，避免家长不够了解导致态度粗暴。

5.1.3 实施的内容

5.1.3.1 家长与教师面谈。

5.1.3.2 家长与保教人员面谈。

5.1.3.3 家长与家长面谈。

5.1.3.4 家长会。

5.1.3.5 执行。

5.1.4 执行步骤

5.1.4.1 每学期拟出家长面谈的时间，选出形式（家长会、家访），可据实际情况安排。

5.1.4.2 家长会和家访，包括家长与老师、保教员、家长之间的面谈。

5.1.4.3 学校组织活动邀请家长时，可请家长讲话。

5.1.4.4 每周家长与老师或保育员的一次面谈。

5.1.4.5 针对问题较多的孩子，面谈需加强。

5.1.4.6 面谈时，根据不同的情况或安排孩子参与或让其回避。

5.1.5 注意事项

5.1.5.1 面谈时老师要把握分寸与方式。

5.1.5.2 面谈时要有针对性，应解决实际问题。

5.2 家长笔谈

5.2.1 功能

协调家庭与学校教育的关系。学校与家长距离较远，或面谈时间不充分时，可采用笔谈方式，效果可能会更好。

5.2.2 实施原则

5.2.2.1 在笔谈中尊重家长，顾及家长的想法及感受。

5.2.2.2 引导家长朝向正确的教育思想。

5.2.2.3 与家长有信息反馈。

5.2.3 实施内容

针对一些运用笔谈更易解答的问题，比如调查问卷等。

5.2.4　注意事项

5.2.4.1　笔谈中教师应尊重家长，避免消极的、挫败的结论，如"这小孩根本不行"等。

5.2.4.2　做到循循善诱，逐步引导。

5.2.4.3　教师在处理问题时应注意态度与方法，注意造词用句。

5.3　家长会

5.3.1　家长会所指

指由机构（班级）主持召开的请家长参与的专门会议。家长会的目的在于：向家长介绍学校（班）的教学情况，学生情况以及与教育教学相关事宜，并征求家长对教育教学的意见与建议，求得家长的理解与监督，是学校（班）与家长沟通的一种形式。

5.3.2　家长会类别

5.3.2.1　家长会召开前，学校（班）负责人和家长会主持人一起对此次家长会进行的目的、内容、顺序的安排，进行认真的讨论。

5.3.2.2　按讨论结果在家长会召开前一天备齐家长会所需资料和材料，并要求参加会议的相关人员做好相应的准备（发言提纲、有关资料）。

5.3.2.3　家长会召开前五天寄发家长会通知（开会时间、地点、目的、开会主要内容及顺序安排等），加盖公章，以便家长向所在单位请假。

5.3.2.4　收拾整理好家长会场地，准备茶、水、杯等。

5.3.2.5　按约定时间开会，做好会议记录。

5.3.2.6　会议要留充裕的时间让家长发表意见，会议记录归档。

5.3.3　家长会注意事项

5.3.3.1　虚心听取家长意见，耐心解答家长的问题，如果家长有误解或不实之词或态度不佳，作为学校一方应保持冷静态度。

5.3.3.2　对家长提出的问题能解答的应立即作答，一时不能作答的两天之内应予以回答，在力所能及的范围内尽量解决家长提出的问题，对一时不能解决的问题应向家长说明原因。

5.4　家长协会

5.4.1　家长协会所指

家长协会是指家长自己组织起来协助、参与机构（班级）的工作，并广泛开展与社会联系的工作，为促进学生成长而努力。

5.4.2　家长协会的特点

5.4.2.1　是家长自己的组织。

5.4.2.2　家长协会与班级机构联系密切。

5.4.3　家长协会组建

5.4.3.1　由家长自己发起或由机构、班级教师提议，家长推举成立家长协会，并推举负责人。

5.4.3.2　协会成员一起拟订工作目标、工作内容、工作分工等。

5.4.3.3　协会开展活动（为机构班级宣传、捐赠、义卖、病医、康复、就业联系、开展家长交流互助等活动）。

5.4.4　家长协会注意事项

5.4.4.1　应鼓励家长成立家长协会。

5.4.4.2　家长协会一经成立，应常年组织活动，开展工作。

5.4.4.3　家长协会成员的品质，需有奉献精神和有能力的带头人，团结全班家长共同努力。

5.4.4.4　注意家长协会之间的联系和相互支持。

5.5　家庭访问

5.5.1　目的

家庭访问是为更全面地了解儿童在家庭中的一些情况和家中的基本生活环境，与家长取得沟通。促进家校联系，协调教师与家长之间的关系，以利儿童成长。

5.5.2　原则

5.5.2.1　以取得儿童与其家庭的合作协调为本。

5.5.2.2　家庭访问时教师不应接受家长的任何赠物。

5.5.2.3　访问时间不宜过长。

5.5.3　执行步骤

5.5.3.1　拟订家访计划。

· 家访时间。

· 家访目的。

· 家访内容。

· 所备物品。

· 所提问题。

5.5.3.2　约定时间，检查所带物品是否齐全。

5.5.3.3　依据目的进行访问／当时填写相关表格。

5.5.3.4　做好记录。

5.5.3.5　追踪：两周之内追踪，本次家访目的是否达到，问题是否解决。

5.5.4　家庭访问内容

5.5.4.1　家长对儿童的态度？家庭教育成效，家庭环境调查。

5.5.4.2　家庭常用教育方法与家庭教育需求。

5.5.4.3 孩子在家最喜欢什么？希望得到什么？什么时候最高兴？

5.5.4.4 儿童在家庭中最惧怕谁？儿童拒绝的教育方法为何？

5.5.4.5 儿童在家有哪些良好的行为表现和习惯？

5.5.4.6 儿童在家中有哪些不良行为习惯？

5.5.4.7 家长对儿童优点和弱点的分析。

5.5.4.8 家长对孩子教育的希望。

5.5.4.9 家长对学校教育的意见和建议。

5.5.4.10 家庭教育中可提供的支持与帮助。

5.5.5 注意

在家访时，教师应以亲切交谈的形式从家长处了解所需家访内容。

5.6 家长学校

5.6.1 家长学校的意义

家长学校是指机构（班级）为提高家长教育教学品质，鼓励家长参与教育的积极性，给予家长教育方式、教育能力的培训而组织的定期学习，同时也为家长聚会、交流提供帮助。

5.6.2 家长学校的教学形式

家长学校的教学可以用：

5.6.2.1 讲授式。

5.6.2.2 讨论式。

5.6.2.3 操作或其他形式，宜灵活、多样。

5.6.3 家长学校教师来源

5.6.3.1 机构（班级）教师、管理人员。

5.6.3.2 外聘专业人员（医生、家庭教育专家、交警等特殊职业人员、家长）上讲台。

5.6.4 家长学校教学内容

5.6.4.1 特殊儿童教育观点、态度。

5.6.4.2 特殊儿童教育有关知识、技能（IEP 教育计划、课程、教学活动设计、儿童行为改变）。

5.6.4.3 儿童卫生健康保健知识与技能（营养、保健、卫生、疾病防治、体育锻炼等）。

5.6.4.4 康复知识与技能。语言治疗、动作训练、认知能力训练、生活自理能力。

5.6.4.5 职业培训（态度、能力、人格）。

5.6.4.6 与特殊儿童有关的法律、法规及获得咨询保护的行政机构及方法介绍。

5.6.4.7 家长交流各自的教育历程及心得。儿童各阶段的教育及职业、生活关注。

5.6.5　家长和学校的协作

5.6.5.1　了解家长的学习需要（通过交谈、设计问卷、日常对家长的观察、了解）。

5.6.5.2　特殊教育本身对家长的要求。

5.6.5.3　根据家长各自的工作特点，综合确定家长学校行课的最佳时间。

5.6.5.4　拟订家长学校计划。

· 以一学期为计划期（一般在期末或新学期开始时）。

· 确定一期总时数。

· 确定每次的学习内容、目的、方法、讲授人、地点、时间。

· 征求家长意见。

· 将定稿计划打印出来，家长人手一份。

5.6.5.5　家长培训实施。

· 依计划安排，每次家长学校于活动前一周通知家长。

· 做好讲授人员安排（通知相关人员备课）。

· 做好一切物资准备（场地、有关资料、器材）。

· 进行讲授。

· 布置家长应该完成的功课、作业。

· 协助完成作业（到家庭指导训练或协助家长开展家庭教育）。

· 收回作业并做相应评量。

· 征求家长意见，做一学期家长学校工作总结。

· 拟订下一学期培训计划。

5.6.6　家长学校注意事项

5.6.6.1　家长学校意在提高家长素质，培养其参与智力障碍儿童教育的信心与能力，增进学校与家庭的联系。

5.6.6.2　注意对家长的态度，应平等、尊重。对所有家长一视同仁。

5.6.6.3　开办家长学校不可以营利为目的。

5.6.6.4　家长学校应有坚持性，注重实效，应给家长实实在在的协助。

5.6.6.5　提倡家长间的交流，鼓励家长参与班级部分活动及来机构（班级）义务服务。鼓励家长成为参与者、合作者、抉择人、推动者。

6. 生活保健

6.1　环境卫生维护

6.1.1　环境卫生的作用

环境卫生保证了教师、学生的工作、学习、生活的环境清洁、健康，并给人以暗示，是形成好心境，形成焕发向上精神，培养良好人格的必备因素，是衡量班级管理品质的第一指标。

6.1.2　环境卫生范围

这里的环境卫生特指由清洁人员负责的环境（其余的环境卫生由教师、学生等分管），包括厕所、寝室、盥洗间、走道、操场、草地等。

6.1.3　总要求

6.1.3.1　整洁、干净。

环境卫生须天天做到干净、整洁。标准是无痰迹，无纸屑果皮等垃圾，无臭气，门窗无灰尘，地面洁净，环境明亮，物品放置整齐。

6.1.3.2　能保持。

环境卫生贵在保持，能做到年年、月月、日日卫生，除清洁人员扫除以外，还需所有人员共同维护，有清洁卫生意识，有良好的清洁卫生习惯。

6.1.4　具体环境清洁卫生要求。

6.1.4.1　寝室。

- 每日早晨做寝室清洁（擦拖地面、抹床）。
- 全部窗户打开通风（冬天学生就寝关窗，仍需留通风窗，只要学生不在寝室，所有窗户均应打开）。
- 检查电视机、电灯等电器的使用情况。
- 整理内务（床铺理整齐、床下鞋子放整齐，每个学生床下只放两双鞋：拖鞋和白天上课穿的鞋，多余的鞋放在鞋架上，整理学生衣柜）。
- 每周擦一次窗户、门。
- 夏天每日喷洒灭蚊剂，冬天一周洒一次消毒水。
- 寝室必备当日开水。
- 学生就寝时小便在痰盂里要盖好，起床后要处理，大便视情况尽量上厕所，若遇特殊情况，学生大便后值班人员应立即处理。学生被盖1月拆洗1～2次。
- 除夏季外若有太阳，学生被盖一周晒一次。
- 夏季衣服天天洗涤，春秋季一周两次，冬季一周一次，遇偶发情况及时处理。

6.1.4.2　厕所。

- 厕所需天天冲洗（无污迹、地面清洁、无异味、墙壁干净）。
- 纸篓要每天清理。
- 保证下水道畅通（每日在冲洗时疏通）。
- 厕所清洁用具专用，不与其他清洁用具混淆。

6.1.4.3　盥洗间。

- 每日清扫盥洗间（地面清洁、无积水，水槽畅通、无污迹，洗衣台整齐、干净，不摆放多余物品）。

· 每日擦拭水龙头、口杯架、洗脸架（洗脸、洗脚、用水毛巾分挂，物品与学生姓名对应无误；口杯、牙具一人一具入格，洗脸盆、洗脚盆分格放置、肥皂盒排列整齐）。

· 保证每日洗脸毛巾的消毒工作，口杯、脸盆清洁工作。

· 每周一早晨煮、烫毛巾，消洗灵浸泡口杯、脸盆等（或进消毒柜）。

6.1.4.4　走道（兼餐厅）。

· 走道须天天清扫（早上拖地，用餐后拖地，无痰迹，无各种垃圾）。

· 餐桌每天上午用消洗灵水擦拭，每餐饭后擦拭。

· 椅子靠墙摆放，使用后归位。

· 门窗一周擦拭一次（包括纱窗）。

· 走道清洁应随时检查、保持。

6.1.4.5　操场。

· 每日清洁操场。

· 注意下水道清洁。

· 注意楼上玻璃窗是否关好，避免楼上坠落物造成危险。

· 有垃圾、抛掷物品或障碍物立即清除。

· 半月用水冲一次操场。

6.1.4.6　草地。

· 此处放置有大型体育用具，但要符合清洁要求。

· 每日捡拾废弃纸、石块、玻璃等物品。

· 一周清洗一次该场地的用具，并了解用具状况。

6.1.4.7　电教室。

· 每周做两次清洁（清洁地面、抹桌椅、摆放整齐并开窗通风）。

· 电教室使用后需立即清扫、整理，由使用人负责完成。

6.1.5　环境卫生注意事项

6.1.5.1　环境卫生除上述要求外，还有灭蚊、蝇、鼠、蟑螂等工作，应常备灭害灵等，每周应对学校所有角落用消毒水消毒一次，夏天每天喷洒药水，在消毒的同时注意用药安全，放置安全。

6.1.5.2　重庆夏季酷热，冬季室内寒冷。使用各类电器时间长，清洁人员夏初清洁电扇（寝室、走道、电教室）。夏、冬季每日注意收捡电灭蚊器、烤火器，注意卫生及水电安全。

6.1.5.3　一学期清洁窗帘、纱窗一次。日光灯管一学期擦拭两次，注意擦拭安全。

6.1.5.4　每日倾倒垃圾桶两次。

6.1.5.5　放假前学生床铺清理后打捆，贴上名字放于床上，盥洗用具按人收拾好放置床上。开学前全部翻晒被褥，所有盥洗用具消毒后方可启用。

6.2　健康检查

6.2.1　健康检查的目的

对智力障碍儿童和工作人员进行定期和不定期健康检查是为了采取相应的医疗、保健措施、确保教育教学正常进行并能及时了解学生的生长发育情况，增进儿童健康。

6.2.2　健康检查的分类

6.2.2.1　定期健康检查即入学、上岗常规健康检查及每年例行体检、生长发育监测。

6.2.2.2　不定期健康检查即根据儿童实际情况而进行的健康检查。

6.2.3　健康检查的实施

6.2.3.1　儿童入学检查。

· 儿童入学前需有国家规定医院出具的《儿童入学体检表》，即体检证明。

6.2.3.2　每年例行体检。

· 根据国家规定,本校每年4、5月份将对全体学生、教师进行一次例行体检(一般情况下在我院医院进行），体检结果存入学校《儿童健康档案》。

· 体检结果通知家长。若有问题建议家长带孩子到大医院做进一步检查，结果通知学校，按体检建议采取保健措施。

· 本学校两个月为学生测一次身高、体重，做好登记并告知家长和学生本人。

6.2.3.3　不定期身体检查。

若学生身体出现不适或教师观察到学生有异常状况时，依当时情况：

· 带学生去医院或校外大医院检查。

· 通知家长，由家长带学生去做检查。

· 可能情况下教师可对家长提出检查建议（如：视力检查、神经系统检查、听力测查等）。

6.2.4　健康检查注意事项

6.2.4.1　每个机构（班级）应制定《健康检查条例》，以便参照执行。

6.2.4.2　工作人员若有传染性疾病不得上岗，儿童有传染病应回家治疗，病愈后再来校。

6.2.4.3　按体检结果采用教育、康复措施（为低视力者制作大字教材，癫痫病患儿定时服药，预防感冒等）。

6.2.4.4　每日的晨间检查由生活职训教师执行，一看、二摸（看学生精神、情绪状况，学生是否发烧，检查身上是否有疮迹、伤痕等，每日做好记录）。

6.3　学生安全

6.3.1　功能

增强安全意识，具备安全常识，以最大努力确保学生不受伤害或减少受伤害的可能。

6.3.2　原则

6.3.2.1　工作人员随时有"安全第一"的意识。

6.3.2.2　工作人员严格遵守安全管理常规。

6.3.2.3　工作人员掌握一些简单急救方法，如使用灭火器、简单包扎。

6.3.3　具体安全措施

6.3.3.1　项目

· 用电安全：常检查线路、插头。

· 饮食安全：食物、水源、不洁物品、有毒物品。

· 药物安全：妥善保管各种药品，由专人负责。

· 活动安全：场地、器物、玩耍方式、人际冲突。

· 外出安全：离队、接触不安全因素。

6.3.3.2　办法。

· 每日值周老师检查学生活动场地，随时清理危险物品。

· 老师随时置学生于视野范围内。

· 一日活动中，减少学生无所事事的时间，以减少安全事故。

6.3.3.3　安全补救办法。

· 值班老师失职造成问题，由该老师负安全责任，学校承担管理责任。

· 做安全问题追踪讨论，拟订改正策略与方法，有整改措施。

6.4　清理活动

6.4.1　功能

清理活动是养成本班学生工作人格、工作技巧的极佳方式，应该充分利用，以发挥教育效果。

6.4.2　实施原则

6.4.2.1　以工作人格培养为导向，以工作技巧养成为最终目的。

6.4.2.2　学生工作分配及目标，均宜事先拟妥计划并逐步实施。

6.4.2.3　要针对学生需要，分配适当的工作，培养其需要的工作人格与功能。

6.4.2.4　由直接指导、间接指导，而至独立工作能力的形成。

6.4.3　实施内容

6.4.3.1　擦拭部分。

- 擦桌椅：擦桌。将抹布在水中浸一下拧干，折成三到四折托在手掌上，从左向右依次把桌子擦干净，擦桌子的侧面底板上下、擦桌子的腿和横档；擦椅子。抹布浸湿拧干，折成三四折放在手掌上，擦椅面及四周边缘，依次擦干净，擦靠背，先横档后竖档，再擦椅子腿和横档，抹布擦脏后洗一洗拧干再继续擦。
- 擦黑板。对着有字的地方擦，顺着字行左右往返擦几个来回，再从左边依次上下擦几个来回，把整个黑板都擦干净。
- 擦教室门。将抹布搓几下拧干，擦门的正面和反面，从上到下、从左到右，依次擦，再擦门框、门边、门槛。

6.4.3.2　打扫部分。

- 打扫教室、扫地、拖地板、擦黑板、擦课桌椅、排课桌椅。

6.4.3.3　刷洗部分：洗茶杯倒掉茶叶，用清洁剂擦洗，用净水清洗，用布擦干，放进茶盘。

6.4.3.4　整理排列部分。

- 桌椅。确定课桌的位置，以横向为排，排列第一行课桌以竖为行，每排一张课桌都应同前后左右的课桌对齐，排列整齐、舒适美观。
- 小型教具。从下向上依次排列整齐。

6.4.3.5　健康卫生部分。

- 穿、脱衣裤。穿脱衣服，辨清衣服的正反、前后，两手抓住衣领将衣披在肩上，左右手各穿进左右袖里伸出来，左右门襟对齐，手伸到背后，把后襟拉平；双手抓住左右衣的下部，将衣领向上翻，翻到肩后，左手拉住袖口，使右手脱出袖子，右手拉住袖子，左手脱出来。
- 穿、脱裤子。认清裤子的正反及前后，坐在椅子或床上，左右脚分别从左右裤腿伸出来，裤腰往上拉；脱下鞋，双手抓住裤腰将裤子往下脱，脱到屁股下，坐着将左右脚从左右裤腿退出。
- 穿、脱袜子。双手抓住袜筒口，将袜子折皱一把套到脚趾头上，两手抓住袜筒往下拉，袜面拉到脚脖处，袜底拉到脚跟处；两手抓住袜筒往下推，推到脚脖，脚跟从袜中退出。用手抓住袜尖往外拉。
- 认识男女厕所：认识头影标志、图形标志、字母、文字标志，选择适合自己性别的厕所。
- 用餐：良好的用餐习惯（少说话，不用手乱抓饭菜，用公共筷碗等）。
- 饮水：饮用开水或茶。
- 吃水果：用净水或清洗剂清洗，去掉水果皮。
- 按时用药：教师根据学生用药量及用药次数按医嘱帮助学生服药。

6.5　厨房管理及儿童营养

6.5.1　目的

　　为了保证儿童身体健康，促进其生长发育，要为儿童提供丰富营养的平衡膳食，让机体达到最佳状态。

6.5.2　厨房工作人员负责项目

　　负责儿童的主食（早、中、晚）三餐的主要食品购买、制作。根据营养结构进行合理安排及膳食搭配，确保厨房食品、用品、用具的卫生、清洁与安全。

6.5.3　实施步骤

　　6.5.3.1　擦拭部分。

・桌椅每天保持干净，橱柜、窗户（厨房内）玻璃、燃气灶、油烟机、排风扇、冰箱，每周擦拭一次，洗衣机保持干净。

・水槽、厨房内、调理台、灶台每天刷洗，保持干净。

・餐具：儿童的碗筷、茶杯、各种餐具每天煮沸消毒，并放入消毒柜。

　　6.5.3.2　清洗部分。

・厨房地板、灶台每天冲洗，用具，如刀、菜板（生、熟分开使用）用后洗刷干净。

・厨房各种餐具，排列整齐，分类安放。

　　6.5.3.3　饮食安排。

・根据食物的营养结构，订出每周的食谱。

・根据食谱进行计划、预算、采购。

・严格实行儿童营养标准，食品调节、搭配。

・根据学生的膳食费进行预算，采购食品不得超支过多。

6.6　晚间活动

6.6.1　目的

　　使儿童身心健康、安全活动，有充分的休闲、充足的睡眠。

6.6.2　晚间时段

　　6.6.2.1　户外活动（18：00—18：40）。

・要求：注意安全，老师要拉着孩子的手，不能任其乱跑，要遵守纪律。

・内容：散步、观赏校园美景、了解社区。

　　6.6.2.2　作业辅助（18：40—19：10）。

・目的：巩固当天学习的知识，完成白天遗留的作业。

・措施：老师每人辅导几个小朋友作业，再集体检查。

・活动：（19：10—19：30）。

・内容：教唱儿童、游戏、打球等。

·要求：注意安全，充分休息。

6.6.2.3　看电视（19：30—20：00）。

·内容：动画片、新闻、天气预报。

6.6.2.4　洗漱（20：00—20：30）。

·内容：用品放置与使用，洗脸、脚、洗澡、刷牙、如厕，保持清洁卫生。

·要求：形成良好的洗漱习惯。

6.6.3　寝室管理与实施

6.6.3.1　擦洗部分。

·要求：床、门、窗、衣柜每周擦洗一次；地板每天拖一次，窗帘、纱窗每期末清洗。

6.6.3.2　床上部分。

·要求：被子、床单、枕头、枕巾每天要叠放整齐，住读生要求家长每月带回家洗一次。

6.6.3.3　衣柜：柜子里衣、裤、袜要叠放整齐，便于存取。

6.6.3.4　就寝。

·要求：上床不打闹（不蒙头睡，不趴着睡，能保持侧卧姿势），能盖好被子，衣被放置于固定位置，上床关灯。

·形成良好就寝习惯。

第二部分　小学－初中生日常行为及生活能力教育课程 *

一、小学－初中生日常行为及生活能力教育课程简介

　　学校教育和班级管理的目的之一是培养学生的适应能力。为此，教育部颁布了小学生行为规范、中学生行为规范。为了配合小学生、中学生行为规范的实施，本文对简明的行为规范作了细致化分析，称为"小学－初中生日常行为教育"课程，以目标系统方式呈现，意在给教学双方以内容和评价的参考。课程分为日常生活和适应能力两大领域，突出以生活为核心的适应能力的培养。

日常生活领域	
饮　食	饮食技能，对食物的知识，饮食规范
衣着修饰	衣着修饰技能，衣着修饰常识，衣着修饰常规
仪表举止	行、坐、公共场所的行为
卫生健康	如厕、洗手、口腔、洗脸、洗脚、洗澡、洗头、剪指甲、用眼卫生、睡眠、饮食、穿着、公共卫生、生长发育青春期、体育锻炼、心理卫生
安　全	防火、用电、交通、药品及外用药辨识、疾病、游戏运动、特殊场景、其他、突发或特殊情况应对
娱　乐	娱乐形式、娱乐能力、娱乐中互动、娱乐常规、娱乐品质
适应能力领域	
适应自然环境	认识环境、对待环境
适应家庭及邻里环境	家庭角色认识、与家庭成员相处、承担家庭事务、劳动技能、认识邻里、与邻里相处
适应学校环境	认识环境、执行学校常规、学习能力培养、活动能力培养、品行修养
适应社会环境	认识社会环境、利用相关设施、了解民俗风情、礼貌用语、交谈、交往

　　适应能力的培养更为重要的是在生活场景当中随时随地进行，最好的适应性教育首推自然情景，即真实的家庭生活、学校生活和社区生活。

　　特殊儿童适应能力的培养与普通小学生、初中生并无二致，在此提供本课程，以供特殊教育班级管理者参考，执行中可根据具体的环境情况、个体情况进行分析，形成自然支持系统。

　　希望本课程对特殊儿童班级的管理有所帮助。

---

*　可扫描本书封底二维码获取文本。

二、小学一初中生日常行为及生活能力教育课程文本

代　号	训练内容	评　量					备　注
1.1	饮食▲						
1.1.1	饮食技能▲						
1.1.1.1	能自己舀汤喝，不泼洒						
1.1.1.2	能熟练地用筷子吃饭（熟练地夹起花生米、豌豆等小食物，吃的时候不掉下来）						
1.1.1.3	能小心正确地使用小刀切生日蛋糕、切水果（如苹果、梨等），动作准确，不伤手						
1.1.1.4	能使用小刀削水果皮或剥菜皮						
1.1.2	对食物的知识▲						
1.1.2.1	能叫出常见食物的名称（如：饺子、米饭、油条、大饼等）						
1.1.2.2	会正确区分特定的食物（如：凉拌黄瓜、白菜汤、红烧肉、粉蒸胡豆等）						
1.1.2.3	认识马、牛、羊、鸭、鹅、猫、狗等家畜或家禽						
1.1.2.4	认识收获回仓的当地主要粮食（如：麦子、玉米、稻子、土豆、大豆等）						
1.1.2.5	认识当地主要粮食作物（如：麦子、玉米、稻子、土豆、大豆等）						
1.1.2.6	认识当地常见的蔬菜如：白菜、芹菜、韭菜、萝卜、蒜、葱等						
1.1.2.7	认识当地常见的水果如：西瓜、梨、桃、橘子、甘蔗等						
1.1.2.8	知道当地主要粮食作物（如：稻子和麦子）的栽种、收获季节						
1.1.2.9	知道大米、面粉的基本生产和加工过程						
1.1.3	饮食规范▲						
1.1.3.1	能够等待大家上桌一起吃饭						
1.1.3.2	与长辈、客人一起吃饭时知道让他们先品尝						
1.1.3.3	吃饭时闭嘴嚼，不使劲咂嘴发出很大声响						
1.1.3.4	吃饭时不乱跑、不东倒西歪，不撒饭						
1.1.3.5	吃饭不乱吐食物，不将骨渣、蛋壳等丢弃在地上，而能放在桌上自己座位旁或专用盘内						

续表

代　号	训练内容	评　量					备　注
1.1.3.6	吃饭速度适当（不快不慢）						
1.1.3.7	参加宴会、郊游进餐或在餐馆进餐时，能特别注意餐桌礼仪（如：轻放碗筷，夹菜时不溅汤滴水，不乱翻盘内食物，无连续不断夹同一食物的现象，不挑食、抢食，面对不多的食物能考虑留给他人，端着碗而不是趴在桌上吃饭）						
1.1.3.8	分发食物时能将好的、大的留给别人						
1.1.3.9	招待客人或外出就餐时准备食物适量，不浪费						
1.1.3.10	待客或自己外出就餐后能将剩余食物带回，不任意丢弃						
1.1.3.11	每餐饭后都能将碗中饭粒吃干净						
1.1.3.12	知道节约粮食的道理						
1.1.3.13	饭后会用毛巾或纸擦嘴						
1.2	衣着修饰▲						
1.2.1	衣着修饰技能▲						
1.2.1.1	能自己脱、穿一般的衣裤						
1.2.1.2	能自己穿、脱较复杂的衣裤（比如：长拉链服装或打蝴蝶结的衣裙等）						
1.2.1.3	自己会戴饰物、配件（比如：自己系皮带、蝴蝶结、发带、红领巾、校徽、臂章等）						
1.2.1.4	能对着镜子整理穿着，看哪里脏了或皱了						
1.2.1.5	会照着镜子自己梳理头发						
1.2.1.6	穿着有自己的喜好（如式样、颜色）						
1.2.2	衣着、修饰常识▲						
1.2.2.1	知道为什么要穿衣，为什么要修饰的基本道理（穿衣的目的是御寒暑、遮羞，修饰是为了自己更好看、更有活力，也为了别人看着愉快、高兴、美）						
1.2.2.2	能分辨出一年四季不同的服装						
1.2.2.3	知道简单的穿衣过程						
1.2.2.4	能分辨简单、基本的棉毛织品和化纤织品						
1.2.2.5	知道棉毛织品收藏时要洗净、翻晒、晾后装箱						
1.2.2.6	知道棉毛织品装箱时要放入樟脑丸或驱虫药						

续表

代　号	训练内容	评　量					备　注
1.2.2.7	知道化纤及真丝绸织品不能煮或高温烫						
1.2.3	衣着修饰常规▲						
1.2.3.1	能根据天气变化，自己更换衣服（天热了减衣，天冷了加衣）						
1.2.3.2	衣服脏了或湿了不要大人提醒，自己会脱换						
1.2.3.3	能经常保持衣物整洁						
1.2.3.4	不要大人提醒，自己会将衣服等物品放在固定的地方不乱扔						
1.2.3.5	衣服放置地方适当（外衣挂在吊钩上，脏衣服不能进衣柜）						
1.2.3.6	自己会洗晾衣服						
1.2.3.7	衣服干了会叠好放入衣柜里						
1.2.3.8	自己能根据不同场合选择恰当的衣着（体育课着运动衣裤，六一节着漂亮、干净的服装，参加悼念会不着鲜艳服装）						
1.2.3.9	在课堂上及公众交际场所，注意正衣冠（注意不歪戴帽子，不将衣服披在身上，应扣的纽扣扣好，衣领翻好）						
1.2.3.10	在校学习不化妆，不戴耳环、戒指等						
1.2.3.11	不穿高跟鞋上学						
1.2.3.12	不着华贵服装，不着奇装异服						
1.2.3.13	知道学生着装应该表现出活力向上，而不应该刻意追求时髦						
1.2.3.14	不是只穿新衣服、好衣服，旧衣服也愿意穿						
1.2.3.15	能做到不将过多的精力放在穿戴上						
1.3	仪表举止▲						
1.3.1	行▲						
1.3.1.1	行走时不故意歪斜，不东张西望						
1.3.1.2	行走时挺胸、抬头，双脚稍抬高，不拖着步走，双手协调摆动，仪态自然大方						
1.3.1.3	行走时注意双手摆动不过大，以免影响他人						
1.3.1.4	行走时不故作娇态						
1.3.2	坐▲						

续表

代　号	训练内容	评　量					备　注
1.3.2.1	入座时双膝并拢						
1.3.2.2	坐着不弯腰驼背，保持良好坐姿						
1.3.2.3	当别人从你面前经过时，能注意是否会绊着别人，若有可能绊着他人，立即放下自己跷着的腿或伸出去的脚						
1.3.3	公共场所▲						
1.3.3.1	进图书馆、医院、宿舍等地方能注意脚步轻、说话轻，不大声喧哗、打闹						
1.3.3.2	能轻轻敲门，轻轻关门，轻放桌椅等物品						
1.3.3.3	不赤膊进教室及公共场所（如：上公共汽车、进影剧院等）						
1.3.3.4	不穿背心、拖鞋进教室和会场及公共场所						
1.3.3.5	在公共场合不随意脱鞋，不把脚随意放在椅子或桌子上						
1.3.3.6	不在公共场合挖鼻、掏耳、咬指甲、挠脚丫						
1.3.3.7	咳嗽或打喷嚏时会用手帕捂着，背着人打						
1.3.3.8	打哈欠时会用手掩着嘴						
1.3.3.9	懂得先后顺序，遵守公共场所的纪律（上车或购物，购票能依次前行，不插队、不乱挤。看电影或观球赛以后能依次退场）						
1.3.3.10	活动中能检点自己、考虑不影响他人，不给别人造成不方便（如：不紧贴着别人站、坐，不挡别人的去路）						
1.4	卫生、健康▲						
1.4.1	如厕▲						
1.4.1.1	能辨认男女厕所标志						
1.4.1.2	自己能去公共厕所解手						
1.4.1.3	能做到定时大小便						
1.4.1.4	大便后自己能用纸擦干净						
1.4.1.5	农村儿童会正确使用便坑、便桶（注意不将粪便溅在坑外、桶外，若有坑盖、桶盖便后会盖上）；城市儿童会正确使用抽水马桶或其他冲便设施（注意不将粪便、尿液滴在马桶上，便后能利用冲便设施冲洗干净，用过的手纸丢入专用筐内，以免管道阻塞）						
1.4.1.6	便后能注意整理好衣裤后再出来						

续表

代　号	训练内容	评　量				备　注
1.4.2	洗手▲					
1.4.2.1	能做到打好肥皂，手心手背搓着洗手而不是双手蘸湿水就算了事					
1.4.2.2	能做到回家后洗手，吃东西前、便后洗手，劳动后洗手					
1.4.3	口腔▲					
1.4.3.1	刷牙时能做到里里外外、前前后后认真仔细地刷					
1.4.3.2	能做到饭后漱口，早、晚都刷牙，不用火柴棍、针等物品掏牙缝，不将手指、铅笔等东西放入口中，不吃过烫的食物，以免灼伤口腔					
1.4.4	洗脸、洗脚▲					
1.4.4.1	洗脸能认真仔细擦鼻孔、耳根、脖子等处，而不是蘸水打湿脸就算完事					
1.4.4.2	能做到早、晚洗脸，剧烈运动后自动洗脸					
1.4.4.3	能做到每天睡觉前洗脚					
1.4.4.4	洗脸帕、盆和洗脚帕、盆分开，用自己的毛巾和手帕					
1.4.5	洗澡、洗头▲					
1.4.5.1	能自己洗头洗澡					
1.4.5.2	冬天能做到一星期洗一次澡、头，夏天能做到天天洗澡					
1.4.6	剪指甲▲					
1.4.6.1	不要大人提醒，自己能做到勤剪指甲（不用牙咬指甲）					
1.4.6.2	自己能将剪过的指甲修理整齐					
1.4.6.3	能保持指甲干净（指甲脏了会用肥皂清洗干净）					
1.4.7	用眼卫生▲					
1.4.7.1	写字看书时能做到眼离书本 33 厘米，手握笔离笔头 3 厘米左右，胸离书桌一拳头					
1.4.7.2	能做到光线暗的地方不看书、写字，阳光直射下不看书、写字					
1.4.7.3	能做到在走路时、摇晃的车厢内不看书					
1.4.7.4	不躺着看书					

代　号	训练内容	评　量					备　注
1.4.7.5	能做到不连续看书、看电视、玩电子游戏机等（看书等半小时至一小时应休息）						
1.4.7.6	课后或连续用眼之后能够看看远方，或闭上眼睛几分钟，或做眼保健操，以消除眼的疲劳						
1.4.7.7	能做到不用脏东西擦眼睛，不用脏手揉眼睛						
1.4.8	睡眠▲						
1.4.8.1	不要大人提醒，每天能做到按时就寝，按时起床						
1.4.8.2	能做到早睡、早起						
1.4.8.3	夏季能午睡						
1.4.8.4	有正确的睡觉姿势（侧着身子睡，而不是仰或趴着睡）						
1.4.8.5	不蒙头睡觉						
1.4.8.6	能用鼻呼吸						
1.4.9	饮食▲						
1.4.9.1	能辨认出腐烂的水果、蔬菜，变质的鱼、肉、饭等						
1.4.9.2	能辨认不干净的食物（如：小食摊上的不洁饮料，未清洗的水果、蔬菜等）						
1.4.9.3	能做到不吃腐烂的食物						
1.4.9.4	不吃不干净的食物（水果能洗净或剥皮等，不随便在小食摊购买食物）						
1.4.9.5	不乱吃零食						
1.4.9.6	不偏食						
1.4.9.7	不吃过少也不吃过饱，饮食能定量						
1.4.9.8	能按时进餐(不因贪玩或睡懒觉耽误进餐时间)						
1.4.9.9	进食时不谈笑，细嚼慢咽						
1.4.9.10	不边走边吃东西						
1.4.9.11	不边看书或边看电视边吃饭						
1.4.9.12	不喝生水						
1.4.9.13	不在饭前或劳动后大量喝汤水						
1.4.9.14	饭前饭后不做剧烈活动（如：踢足球、跑步等）						
1.4.9.15	能自觉地多吃有营养的食物（如：玉米、红薯、豌豆、胡豆、胡萝卜、豆腐等）						

续表

代　号	训练内容	评　量					备　注
1.4.9.16	使用自己的饮食用具（喝水用自己的杯子，吃饭用自己的碗筷）						
1.4.9.17	外出就餐能自备餐具（如：外出郊游，自己带上饭盒、筷子等）						
1.4.9.18	能做到集体进餐时使用公筷						
1.4.9.19	生病时自己能主动将自己的碗筷与他人分开使用（分开洗、分开放、分开用）						
1.4.10	穿▲						
1.4.10.1	能主动勤换衣服						
1.4.10.2	内衣着纯棉织品						
1.4.10.3	夏天内衣裤天天换洗						
1.4.10.4	冬天内裤 2～3 天换洗一次						
1.4.10.5	衣物、被盖常晾晒						
1.4.10.6	能做到衣裤穿着宽松（过于小、紧的衣裤影响生长发育）						
1.4.11	公共卫生▲						
1.4.11.1	不随地吐痰（能吐痰入盂或吐在纸内）						
1.4.11.2	不乱扔果皮纸屑						
1.4.11.3	不乱倒垃圾（能将垃圾倒入垃圾箱里或指定的地方）						
1.4.11.4	扫地时先洒水，以免扬起灰尘						
1.4.11.5	一般情况下能用湿布抹拭（比如抹窗子、桌子时能用湿帕子抹，不只是干抹两下就了事），看见蚊子、苍蝇、老鼠、蟑螂等主动消灭						
1.4.11.6	主动营造并保持周围环境的干净、整洁						
1.4.12	生长发育　青春期▲						
1.4.12.1	知道自己的性别						
1.4.12.2	知道简单的生育常识（一个人是由父亲的精子和母亲的卵子结合而成的）						
1.4.12.3	不吸烟，不喝酒						
1.4.12.4	注意保护嗓子（不大喊大叫）						
1.4.12.5	不挤压面部粉刺						
1.4.12.6	男生能正确对待手淫						

续表

代 号	训练内容	评 量					备 注
1.4.12.7	女生注意经期卫生（经期避免过重劳动、剧烈运动和冷寒刺激。不吃生冷和刺激性食物，注意外阴的清洁卫生，不坐浴、不束胸）						
1.4.13	体育锻炼▲						
1.4.13.1	喜爱拍球、跳绳、踢毽、玩呼啦圈等，以及小学生的体育活动						
1.4.13.2	能参加舞蹈、跑步、做操等健身运动						
1.4.13.3	爱好爬山、郊游、游戏等户外活动						
1.4.13.4	能做到每天参加运动锻炼						
1.4.13.5	每天能坚持做广播操						
1.4.13.6	能做到运动后不立即洗冷水浴						
1.4.14	心理卫生▲						
1.4.14.1	喜欢与邻居小朋友和班上同学一起玩						
1.4.14.2	大多数时间都感到高兴愉快，不为一点小事生气（比如：爸妈或老师责备了你，改正就好，不要生爸妈或老师的气）						
1.4.14.3	学习时能做到注意力集中						
1.4.14.4	劳动锻炼能保持充沛的精力						
1.4.14.5	学习或做其他事情时相信自己能做好，而不是遇到困难就说我不会做						
1.4.14.6	感兴趣的活动比较多（如：喜欢唱歌、画画、打乒乓球、踢足球等）						
1.4.14.7	活动中不甘落后，力求进步						
1.5	安全▲						
1.5.1	防火▲						
1.5.1.1	知道火灾可能造成的严重后果（燃烧掉房屋、财产，甚至烧死人）						
1.5.1.2	不玩火柴						
1.5.1.3	燃点使用蜡烛、油灯、柴火，使用天然气灶、煤灶时知道不靠近易燃物品，如被子、蚊帐、纸张、汽油、煤油等						
1.5.1.4	燃放鞭炮时在空旷的地方，注意不伤着自己的手、眼，不伤害其他人，不引燃周围的物品						
1.5.1.5	能够扑灭小火灾						

续表

代 号	训练内容	评 量				备 注
1.5.1.6	知道汽油引起的火灾不能用水熄灭，而应用砂土等隔绝或使用灭火器					
1.5.2	用电▲					
1.5.2.1	会安全地插入或拔下插头					
1.5.2.2	能做到不用湿手接触电源					
1.5.2.3	更换电灯泡时能切断电源，擦拭台灯、电灯时能切断电源					
1.5.2.4	会安全使用电视、电脑、音响、收录机、洗衣机、冰箱等电器（电视机用两三个小时后能关闭一段时间再用，打雷、大风时切断电源）					
1.5.2.5	使用电热杯、电炒锅后能记住拔下插头					
1.5.2.6	电线出现短路或燃烧时能立即切断电源					
1.5.2.7	看见有人触电时能立即切断电源，而不是伸手去拉扯触电者					
1.5.3	锐器使用▲					
1.5.3.1	知道使用剪子、刀子等物品时要小心					
1.5.3.2	传递剪子、刀子时知道应将刀口朝下，避免伤害他人					
1.5.3.3	知道不口衔筷子，不将筷子握在胸前奔跑					
1.5.3.4	知道针、锥子等物品使用后立即放回原处，不乱扔，以免戳伤人					
1.5.3.5	能正确使用榔头、螺丝刀，注意不伤手					
1.5.4	交通▲					
1.5.4.1	没有交通信号的地方行走时能注意来往车辆					
1.5.4.2	不在公路、铁道上追打、玩耍					
1.5.4.3	能识别主要的交通标志（识别红绿灯）					
1.5.4.4	能遵守交通规则（横穿马路走人行横道线，不翻越交通栏杆，骑自行车上慢车道，不与别人抢行，不骑车带人，不乱停放车等）					
1.5.4.5	乘坐公共汽车、轨道交通、火车、船、飞机等，待停稳后依次上下					
1.5.4.6	车辆在行进时拉稳扶手，注意头、手不伸出窗外					

续表

代　号	训练内容	评　量					备　注
1.5.4.7	车辆启动后不与车上的人握手						
1.5.4.8	不带易燃易爆的物品乘坐交通工具（如鞭炮、雷管、汽油等）						
1.5.5	有毒物品及外用药物辨认▲						
1.5.5.1	能根据文字或有关标记辨认出有毒物品及不能口服之药物						
1.5.5.2	能辨认汽油、酒精等不能入口的东西						
1.5.5.3	知道外用药（红药水、碘酒等）、老鼠药、杀虫剂不能入口						
1.5.5.4	能辨认出红药水、紫药水、碘酒等外用药						
1.5.5.5	不乱吃药						
1.5.6	疾病▲						
1.5.6.1	不舒服了自己能尽早躺下						
1.5.6.2	生了病会告诉大人						
1.5.6.3	父母或大人不在身边时，自己能去医务所或医院看病、诊治						
1.5.6.4	生病时能听从医生或父母的嘱咐吃药治疗						
1.5.6.5	自己能处理一些常见的小伤小病（如：手割破了小口，自己会擦上红药水，用纱布包裹；感冒或受热时，自己能服用感冒药或擦风油精等）						
1.5.7	游戏运动▲						
1.5.7.1	游戏或运动中不猛敲别人头						
1.5.7.2	不用绳索套别人的脖子或自己的脖子						
1.5.7.3	战斗游戏不使用真刀真剑						
1.5.7.4	从事投掷运动时注意让周围人让开						
1.5.7.5	不在房屋多的地方或人来人往的地方踢足球，以免打碎玻璃踢伤别人						
1.5.7.6	游泳之前做好预备活动						
1.5.7.7	最好能与其他同伴一起游泳						
1.5.7.8	身体不适时，不参加剧烈的游戏活动或体育运动						
1.5.8	特殊场景▲						

续表

代　号	训练内容	评　量				备　注
1.5.8.1	看到"此处危险"的文字、口头告示或有关标示等，能远离该处					
1.5.8.2	遇到斗殴场景会注意保护自己					
1.5.8.3	在高山、悬崖等处能十分留心					
1.5.8.4	处在高层建筑物上注意不攀越阳台，不站在窗台上活动					
1.5.8.5	在水边（如河边、海边、塘边、井边、沼气池边）活动能十分留意					
1.5.8.6	进入地窖、久不去人的地下室、防空洞等处之前，能预先做准备，不盲目进入					
1.5.9	其他▲					
1.5.9.1	不将玻璃珠、铁钉、圆珠笔套、钢笔套等物塞进口中、鼻中、耳中					
1.5.9.2	不用坚硬的东西如树棍、牙签、火柴棍等掏耳					
1.5.9.3	不将食物抛至空中用口去接					
1.5.9.4	不吃陌生人的东西，不随便接受陌生人给的东西					
1.5.9.5	不随便跟随陌生人走，拒绝陌生人触摸					
1.5.9.6	外出能告诉家人					
1.5.10	突发或特殊情况应对▲					
1.5.10.1	平时能够设想若迷了路，遇到水灾、火灾、雷电、地震、车祸、歹人等情况，自己应该怎么办（比如：遇到地震撤离高大建筑处或避于桌下、床下，离开房屋的外墙；遇歹人能见机行事或与之周旋后脱身或进入治安联防、民警与公安派出所、党政机关、部队、学校等地求得保护与援助）					
1.5.10.2	知道处理特殊紧急情况的社会服务设施（如火警电话119，报警110，医疗急救120，交通肇事122）					
1.5.10.3	遇到特殊或紧急情况时尽可能求得成人帮助（如老师、父母、邻居等），如果没成人或同伴时自己能保持镇静独立决策					
1.6	娱乐▲					
1.6.1	娱乐形式▲					

续表

代 号	训练内容	评 量					备 注
1.6.1.1	能做扮演角色的游戏（如扮演司令、士兵、医生、驾驶员等游戏）						
1.6.1.2	会玩桌上游戏（如扑克牌、棋子等）						
1.6.1.3	能参与赛跑等竞赛活动						
1.6.1.4	能学习并参与音乐、舞蹈、绘画、书法、乒乓球、篮球、旅游、手工艺、欣赏影视写作、上网等活动						
1.6.2	娱乐能力▲						
1.6.2.1	自己利用电影院、剧院、图书馆、博物馆、公共游泳池等，度过自己的业余时间						
1.6.2.2	自己能创造出娱乐环境（如：将两张桌子拼起来做乒乓球台，用竹竿学跳高等）						
1.6.2.3	自己能创造出一些比赛						
1.6.2.4	在指导下自己能订出娱乐计划并实施						
1.6.3	娱乐中的互动▲						
1.6.3.1	自己的玩具物品能与他人共用						
1.6.3.2	能主动邀请其他小朋友一起玩耍						
1.6.3.3	能与兴趣相同的人交朋友						
1.6.3.4	活动中能考虑同伴的意见作出让步						
1.6.4	娱乐常规▲						
1.6.4.1	借别人的玩具物品，用后能归还						
1.6.4.2	爱惜公共场所的设施及环境（如不随意损坏电子游戏机，不在风景名胜或公园里乱刻画等）						
1.6.4.3	观看电影、戏剧时不大声说话，不喝倒彩						
1.6.4.4	能欣赏演出，适时鼓掌，演员谢幕时知道站起来鼓掌						
1.6.4.5	观看演出或比赛能尽量做到不迟到、早退						
1.6.4.6	中途离场时能注意不影响他人，不将椅座等弄出大响声						
1.6.4.7	参加比赛能遵守比赛规则						
1.6.5	娱乐品质▲						
1.6.5.1	能说出自己喜欢或不喜欢某一活动的原因						
1.6.5.2	能根据自己喜爱与否选择娱乐活动						

续表

代 号	训练内容	评 量				备 注
1.6.5.3	比赛中能努力求胜求赢					
1.6.5.4	比赛遭遇挫折时能奋起努力					
1.6.5.5	对喜爱的活动力求达到熟练掌握（如：喜爱绘画，还力求画好）					
1.6.5.6	能合理安排调整文娱活动时间（如不因贪恋电子游戏或电视节目耽误每日的功课）					
1.6.5.7	能做到比赛不作弊					
2.1	适应自然环境▲					
2.1.1	认识环境▲					
2.1.1.1	认识常见的花（不少于五种，如：菊花、梅花、兰花、月季花等）					
2.1.1.2	认识常见的草（不少于五种，如：蒲公英、车前草、青蒿、扁竹根等）					
2.1.1.3	认识常见的树（不少于五种，如：杨槐树、黄桷树、松树、柳树、白杨树、桉树、梧桐树等）					
2.1.1.4	能说出自己家乡主要的山的名字					
2.1.1.5	能说出自己家乡的河、湖、江、海的名字					
2.1.1.6	知道一年四季的名称并能指出各季特征					
2.1.1.7	能说出自己家乡主要的气候特征					
2.1.1.8	能说出我国主要的山脉、平原					
2.1.1.9	能说出我国主要的江、河、湖、海					
2.1.1.10	能说出我国的地理位置					
2.1.1.11	能说出我国的土地面积					
2.1.1.12	能说出我国主要的农产品					
2.1.1.13	能说出我国主要的矿产品资源					
2.1.1.14	能说出我国主要的气候分布情况					
2.1.1.15	知道我国的地势及河流走向					
2.1.1.16	能说出树木花草对人的重要作用					
2.1.1.17	能说出动物对人的重要作用					
2.1.1.18	能说出山河对人的重要作用					
2.1.1.19	能说出森林对人的重要作用					

续表

代　号	训练内容	评　量					备　注
2.1.1.20	知道主要的自然灾害并能说出这些自然灾害对人类的危害（如：地震、风沙、水灾、旱灾、雷电灾等）						
2.1.1.21	能说出人类利用自然的实例（至少五种，如：水力发电、太阳能等）						
2.1.1.22	知道现代社会严重的污染包括哪些（如：大气、水、噪声、光、土地、食品等）						
2.1.2	对待环境▲						
2.1.2.1	有自己喜爱的树						
2.1.2.2	有自己喜爱的花草						
2.1.2.3	有自己喜爱的动物						
2.1.2.4	有自己喜爱的山						
2.1.2.5	有自己喜爱的水						
2.1.2.6	有自己喜爱的自然风光						
2.1.2.7	有自己喜爱的颜色						
2.1.2.8	能做到不随意损坏花草树木						
2.1.2.9	能做到爱护花草树木						
2.1.2.10	能做到不虐待小动物						
2.1.2.11	能做到爱护小动物						
2.1.2.12	能做到不随意破坏山、水（不在山上玩火、砍伐，不往河里倾倒污物等）						
2.1.2.13	能有意识地保护大自然（除了自己爱护花草树木以外，还能向别人宣传爱护自然的道理并能与破坏自然的现象作斗争）						
2.1.2.14	自己种过花草或庄稼						
2.1.2.15	自己参加过植树活动						
2.1.2.16	自己饲养过小动物（如金鱼、鸟、龟、蝌蚪、鸡、猫、狗、等）						
2.1.2.17	自己参加抗御自然灾害的活动（如：防洪、抗旱、植草、种防护林等）						
2.1.2.18	能做到不怕严寒酷暑（盛夏、严冬能与平日一样坚持体育锻炼、坚持学习活动）						
2.2	适应家庭环境及邻里环境▲						
2.2.1	家庭角色认识▲						

续表

代　号	训练内容	评　量				备　注
2.2.1.1	知道父母的姓名及工作单位、职业					
2.2.1.2	知道家庭其他长辈的姓名及职业（如祖父母、外祖父母，叔、伯、姑、舅、姨等）					
2.2.1.3	知道自己是父母生养的孩子					
2.2.1.4	知道自己何年何月在何处出生					
2.2.1.5	知道家庭间基本关系（如祖父母是父亲的父母；外祖父母是母亲的父母；叔、伯、姑是父亲的兄弟姐妹；堂兄妹是叔、伯、姑的孩子，表兄妹是舅、姨的孩子等）					
2.2.2	与家庭成员相处▲					
2.2.2.1	能接受父母、长辈良好的教育并听从其教导（比如：父母教导我们对人要诚恳热情，我们就能做到不说谎话，对同学、老师、客人都能主动招呼，热情相待）					
2.2.2.2	能够体会到父母、长辈对自己的关心爱护（比如：下雨了爷爷、奶奶来学校接你，夜深了妈妈还在为你织毛衣，你能体会到这就叫亲人的关爱，你能将这些小事记在心中）					
2.2.2.3	父母、长辈从外面回来会上前迎接（问候他们，接过他们手中的东西）					
2.2.2.4	能主动为父母长辈沏茶、端水、拿放鞋子等					
2.2.2.5	当父母长辈生气的时候能做到不去纠缠他们					
2.2.2.6	不向父母长辈提无理要求（比如：天下雨时一定要去公园等）					
2.2.2.7	父母长辈疲劳或生病时，能主动关心他们、照料他们（比如：问他们累不累？好点没有？给他们倒开水，盖好被子、递药等）					
2.2.2.8	在父母长辈的生日或节日能送给他们一点礼物（比如：三八节你能为妈妈做一碗面，爷爷过生日的时候你能做个老寿星或送一幅你的字画给他表示祝贺）					
2.2.2.9	能常常与父母长辈拥抱					
2.2.2.10	能珍惜父母及长辈给自己的吃穿用等物品（知道这是他们辛勤劳动换来的，不能随便浪费）					

续表

代 号	训练内容	评 量				备 注
2.2.2.11	父母长辈给的零花钱能存起来，有计划地使用					
2.2.2.12	不随便找父母要钱					
2.2.2.13	未经许可，不随便拿父母或长辈的钱物					
2.2.2.14	懂得报答父母长辈（能够以努力学习、强健身体、关心父母的行为来表示对父母的情感）					
2.2.2.15	设想过长大了自己将怎样关心父母长辈					
2.2.2.16	知道家庭是最温暖的地方，在家里能够主动与父母、长辈交谈（谈自己遇到的人和事，自己的想法以求得父母长辈的理解与帮助）					
2.2.2.17	能够在家里宣泄自己的感情（比如：当你被评为三好学生时，你能将这样的好消息首先告诉家里，让大家都高兴。当你受到很大委屈时可以在家里大哭一场，哭泣之后感到轻松，再去面对现实）					
2.2.2.18	能与兄弟姐妹（或堂兄表妹）和睦平等相处、相互关心					
2.2.3	承担家庭事务▲					
2.2.3.1	能主动做好饭前的准备工作（如：摆碗、盛饭、端菜等）					
2.2.3.2	饭后能主动做到擦桌子、扫地、收拾碗筷、洗碗等					
2.2.3.3	能为家庭购一定量的物品（如：买火柴、油盐、糖、水果、电灯泡、纸张等）					
2.2.3.4	知道关照家中的门窗安全					
2.2.3.5	知道关照家中水、电、气（火）的安全					
2.2.3.6	能主动收拾房间，保持室内的清洁					
2.2.3.7	能根据自己喜好将房间打扮美观（贴上画）					
2.2.4	劳动技能▲					
2.2.4.1	自己会烧开水、泡茶					
2.2.4.2	自己会热菜、热饭					
2.2.4.3	自己会煮面条					
2.2.4.4	自己会做简单的饭、菜					
2.2.4.5	自己会缝纽扣等					

续表

代　号	训练内容	评　量						备　注
2.2.4.6	会简单的刺绣							
2.2.4.7	会简单的编织（结）（如编结毛线或编竹篮等）							
2.2.4.8	会折纸（如纸船、纸飞机）							
2.2.4.9	会自制木船、木枪、木飞机等							
2.2.4.10	会做泥人、泥屋等							
2.2.4.11	自己能安装简易收音机或航空模型等							
2.2.4.12	会利用网络交流信息，获取信息							
2.2.4.13	会使用多媒体于学习、生活、娱乐							
2.2.5	认识邻里▲							
2.2.5.1	认识常见面的邻居							
2.2.5.2	知道常见面的邻居的姓（或者姓名全知）并知道其职业							
2.2.5.3	知道常见面的邻居在什么单位工作							
2.2.5.4	知道常与自己玩耍的小朋友的爸爸妈妈是谁，在什么单位干什么工作							
2.2.6	邻里相处▲							
2.2.6.1	看到邻居主动打招呼							
2.2.6.2	看到邻居困难能主动帮忙（如帮邻居家的老奶奶提菜，带小弟弟玩耍等）							
2.2.6.3	自己的活动能注意不影响邻居（比如：不将收录机、电视机等开很大声音，不在房内使劲跳跃，晾衣时不将水滴在楼下邻居的衣物上，不从窗内朝外扔东西等）							
2.2.6.4	能尽量做到与邻居和睦相处（一方面不做损害邻居利益的事；另一方面对邻居的一些行为能够宽容。如：邻居家宴宾客声音大影响了你午休应该容忍一下，能接受邻居善意的批评）							
2.2.6.5	到邻居家或别人家去玩要懂礼貌，能主动与别人家的叔叔、阿姨、爷爷、奶奶打招呼、问好等							
2.2.6.6	不随便翻别人家的东西，不吵闹							
2.2.6.7	看见别人快要吃饭、来了客人或正在读书等，知道立即告辞							
2.2.6.8	到别人家做客，知道控制时间，不成天泡在别人家中							

续表

代　号	训练内容	评　量					备　注
2.2.6.9	能做到与邻里的小朋友友好交往（不欺负比自己弱小的小朋友）						
2.2.6.10	不光扫自己家房前的清洁，还能打扫邻里及公共地段的清洁						
2.3	适应学校环境▲						
2.3.1	认识环境▲						
2.3.1.1	知道自己学校的名称						
2.3.1.2	能独立到学校去						
2.3.1.3	知道自己是几年级几班的学生						
2.3.1.4	能正确找到教室和自己的座位						
2.3.1.5	认识班主任老师并能称呼老师						
2.3.1.6	认识并能称呼所有任课老师						
2.3.1.7	认识全班同学，并能一一叫出他们的名字						
2.3.1.8	认识学校的主要负责人（校长等）						
2.3.1.9	知道学校的厕所在何处，能分辨男女厕所						
2.3.1.10	能独立上厕所						
2.3.1.11	知道学校的服务设施在何处并能利用这些设施（如：食堂、开水间、小卖部、医务室、运动场、图书室等）						
2.3.2	执行学校常规▲						
2.3.2.1	能做到按时到校上课，不迟到、早退						
2.3.2.2	能做到有事、有病先请假						
2.3.2.3	不逃学、逃课						
2.3.2.4	按时完成作业、交作业						
2.3.2.5	放学后按时回家，不在外逗留						
2.3.2.6	上课迟到了，知道喊报告，得到教师允许方才进教室						
2.3.2.7	进入办公室先喊报告						
2.3.2.8	升旗仪式时知道行注目礼或队礼，懂得升旗仪式规则						
2.3.2.9	上课前能做好准备（拿出将要用的课本、文具等）						
2.3.2.10	上课铃响了，不再打闹、说话						

续表

代　号	训练内容	评　量				备　注
2.3.2.11	按值日生口令起立、坐下（起立时两眼看着老师，说老师好！）					
2.3.2.12	上课时认真听老师讲课，注意力集中（不随便离开座位，不搞小动作，不跟同学谈与上课无关的话）					
2.3.2.13	能听从老师的教导，按老师的要求完成练习或其他活动					
2.3.2.14	上课时间认真思考问题					
2.3.2.15	上课时能主动发言					
2.3.2.16	回答问题声音响亮、清楚、有条理					
2.3.2.17	作业书写整齐、干净，不乱涂画					
2.3.2.18	爱惜书籍、作业本（保持书籍、作业本整洁，不撕书本）					
2.3.2.19	用过的纸或文具不任意丢弃，注意节约（用过一面的纸可以翻过来打草稿，铅笔头可插入套杆再用）					
2.3.2.20	能做到不用指头蘸口水翻书页					
2.3.2.21	不随意将书折角（需要查阅部分可以夹纸条或书签）					
2.3.2.22	上课时、开会、进图书馆等公共场所能关闭手机，不接听电话					
2.3.2.23	下课后清点、整理好学习用具					
2.3.2.24	离开座位后将椅子放回原位					
2.3.2.25	能准备好第二天上课所需的学习用具					
2.3.2.26	能认真负责地当好值日生（如发作业、擦黑板、喊起立，关开教室门，检查清洁等）					
2.3.2.27	放学回家后能做到每天都先完成家庭作业，然后再玩，绝不破例					
2.3.2.28	做家庭作业时能集中注意力（能排除电视、卡拉OK、打牌、玩游戏机等干扰），坚持认真完成					
2.3.2.29	能独立完成作业（主要自己思考，不要一点小问题就问别人，绝不抄袭别人的作业）					
2.3.2.30	考试前能认真复习功课					

续表

代　号	训练内容	评　量					备　注
2.3.2.31	能做好考前准备工作（自己削好铅笔，备好纸、橡皮等物品）						
2.3.2.32	考试时沉着冷静、严肃认真						
2.3.2.33	考试当中实在做不出的题宁可放弃，绝对不作弊（如：偷看同学的卷子，递纸条夹带答案等行为均应杜绝）						
2.3.2.34	不吸烟、不喝酒						
2.3.2.35	不赌博、远离毒品						
2.3.2.36	不沉迷于网络游戏						
2.3.2.37	能自觉遵守学生守则						
2.3.2.38	能自觉按学生行为规范规定的内容去做						
2.3.3	学习能力培养▲						
2.3.3.1	知道学习的重要性（只有好好学习，将来才能立足社会，才能很好地工作、生活）						
2.3.3.2	学习当中能克服困难（比如：解某数学题你用多种方法也未解出来，别的同学早就做出来出去玩了，你在这种情况下坚持下来继续解题，不灰心、不松懈）						
2.3.3.3	有学习的信心，比如：学习中相信自己努力能够学好，即使遇到困难，仍能有信心						
2.3.3.4	遇到问题首先自己动脑思考						
2.3.3.5	实在不懂的问题能询问老师或同学						
2.3.3.6	能够就学习中的问题，经常与老师或同学讨论						
2.3.3.7	对事、对人、对问题能够仔细观察（比如：看一树梅花能够看树形、花形、闻香味，白天看、晚上看、晴天看、雨天看）						
2.3.3.8	对问题能够深入一步地思考（如：能够由眼前梅花想到咏梅诗、赞梅的歌、画，想到人们赋予它的品格等，不仅仅停在表面的花形、香味上）						
2.3.3.9	能够设想用多种方法解决一个问题						
2.3.3.10	能经常提出问题（如向日葵为什么随太阳转、星星为什么要眨眼等）						

续表

代　号	训练内容	评　量					备　注
2.3.3.11	常常能够发现一些别人不易发现的问题						
2.3.3.12	学习中不光求懂会做，做得正确，还能做到迅速（比如：做数学题，能够在保质基础上求速度，作文既能写得好，又能写得快）						
2.3.3.13	能够做到一段时间内专心做作业而不分心						
2.3.3.14	能够做到老师讲授的课程要求，课后及时复习						
2.3.3.15	能够记住老师要求记住的内容						
2.3.3.16	自己能够主动记忆一些知识（如：读过的诗歌你认为好，能有意识地多读几遍背下来）						
2.3.3.17	除教科书涉及的内容外，自己能广泛阅读一些书籍，参与一些活动（如：绘画、音乐、书法、集邮、历史、地理、科技、天文、文学等）						
2.3.3.18	自己能拟订学习计划并实施学习计划						
2.3.4	活动能力培养▲						
2.3.4.1	喜欢参加小组、班上的集体活动（如野餐、郊游等）						
2.3.4.2	是学校（田径队、合唱团、美术组、气象组等组织）的正式成员						
2.3.4.3	代表班级或学校参加各种比赛并获得过名次						
2.3.4.4	能在老师督导下订出活动计划						
2.3.4.5	自己能够设计、策划活动（如舞蹈编排、六一节庆祝会的安排等）						
2.3.4.6	能够与其他小朋友协调合作实施自己设计的活动（比如：你设计了长达一个半小时的六一节庆祝会，并设计出会的形式文体结合，内容为诗朗诵、舞蹈、猜谜、击鼓传花、武术、自由表演等，你能够安排相关同学准备。为做好会场布置，你能与电工班、少先队大队部联系，最后完成）						
2.3.4.7	在活动中能够大胆发表自己的意见						
2.3.5	品行修养▲						
2.3.5.1	热爱自己的班集体（乐于为班上做事，在竞赛中总希望自己班得第一，班上受了表扬感到高兴，遭到失败感受到焦急，不做有损班级荣誉的事）						

代　号	训练内容	评　量					备　注
2.3.5.2	热心为班集体服务（如：为班上同学买电影票、联系比赛等）						
2.3.5.3	认真完成班集体交给的工作，能认真、负责地做好工作，忠于职守（比如：做班上图书管理员就一定按规章办事，哪怕是与你关系最好的朋友弄丢了书，也应按价赔偿）						
2.3.5.4	遇到挫折和失败，能够坚持不后退						
2.3.5.5	能与班上同学和睦相处，团结友爱						
2.3.5.6	能关心并帮助同学（比如：某同学生了病你能主动送他回家，并帮他记下作业或为他补习）						
2.3.5.7	男女同学能友好相处（男同学能主动帮女同学拿东西，给女同学让座，照顾保护女同学，女同学能关心男同学，对生病或有残障的同学能给予帮助）						
2.3.5.8	有自己喜爱的同学						
2.3.5.9	懂得交朋友的第一标准是诚实、善良并照此交友						
2.3.5.10	能分辨基本的是非、美丑、善恶						
2.3.5.11	自己能做到不欺软怕硬，不以强凌弱						
2.3.5.12	对班上出现的歪风邪气敢于与之抗争（比如：你班上有一位下肢残疾的同学常常遭到班上个别同学的讥笑或打骂，你能够站在残障同学一边保护他，关照他，个别同学哪怕个高、力大，你也不让步）						
2.3.5.13	遇到老师能打招呼（在老师任课期间如此，老师不任你的课也应该如此）						
2.3.5.14	老师跟你讲话时能主动起立						
2.3.5.15	能服从老师的指导（能接受老师的教育，按要求去做）						
2.3.5.16	老师对你的态度不好时，不随意顶撞老师（能做到先检查自己是否做错了事。如果错不在你，事过以后再向老师说明）						
2.3.5.17	不因某老师批评你就记恨老师						

续表

代　号	训练内容	评　量					备　注
2.3.5.18	能关心、爱护老师，帮助老师做些力所能及的事（比如：看到老师抱了许多作业本，不需老师叫你也能主动帮老师拿，老师声音哑了你能主动递上一杯水）						
2.3.5.19	过年、过节的时候能想到自己的老师（比如教师节到了，你能送老师一张贺卡或组织全班同学给老师鞠一躬）						
2.3.5.20	有自己尊敬、爱戴的老师						
2.3.5.21	爱自己的学校（能为自己是学校的一员感到光荣）						
2.3.5.22	不做危害学校荣誉的事（不打架斗殴、不逃学、不旷课）						
2.3.5.23	不随意损坏公物（如：不将脚印、球印踢在墙上）						
2.3.5.24	爱惜桌、椅、板凳，不砸玻璃窗、不乱刻画						
2.3.5.25	踏实参加班上或学校的公益劳动（劳动认真、仔细，不偷懒、不耍滑头，比如：打扫班上负责的卫生地段能够注意边角均扫干净，老师看见或看不见时都用一样的态度对待。而不是老师看见时才扫，老师没看见时就玩）						
2.3.5.26	懂得劳动重要的道理						
2.3.5.27	能以劳动为光荣，而不是逃避劳动（在校园里种花草时你能感到你自己的力量，并感到美，而不是以逃避了一次劳动感到幸运）						
2.3.5.28	有劳动的习惯（看到地脏了就能主动扫干净，看到垃圾满了不要人提醒自己能主动倒掉，不扫干净、不倒掉垃圾自己心里会感到不安）						
2.3.5.29	能够欣赏艺术作品（如：绘画、雕塑、书法等，看到某一作品时心里很感动、愉快，还能作些评议）						
2.3.5.30	能够欣赏音乐作品						
2.3.5.31	能够欣赏舞蹈、体操等造型艺术						
2.3.5.32	能够欣赏文学作品（如：诗歌、散文等）						
2.3.5.33	能够欣赏话剧、歌剧、戏曲（剧）等表演艺术						
2.4	适应社会环境▲						

续表

代　号	训练内容	评　量					备　注
2.4.1	认识社会环境，利用社会设施▲						
2.4.1.1	知道祖国有五千年的历史						
2.4.1.2	知道中国从三皇五帝到今天经历的朝代						
2.4.1.3	知道中国近百年遭受帝国主义侵略的历史						
2.4.1.4	知道中国人口总数						
2.4.1.5	知道中国主要行政区划						
2.4.1.6	知道中国主要民族						
2.4.1.7	知道中华人民共和国国旗及其含义						
2.4.1.8	知道中华人民共和国国歌及其含义						
2.4.1.9	知道自己是中华人民共和国的一员						
2.4.1.10	知道自己受中华人民共和国宪法保护						
2.4.1.11	知道自己言行必须不违法、不犯法						
2.4.1.12	知道军队是做什么的						
2.4.1.13	知道警察是做什么的						
2.4.1.14	知道法院是做什么的						
2.4.1.15	知道什么叫原告、被告						
2.4.1.16	知道律师是做什么的						
2.4.1.17	知道小食品在何处购买，并能购回小食品						
2.4.1.18	知道蔬菜在何处购买，并能购回简单的蔬菜						
2.4.1.19	知道粮食在何处购买，并能购回少量的大米、面粉等						
2.4.1.20	知道超市是做什么的，自己去购过物						
2.4.1.21	认识加油站、洗车场、停车场等设施						
2.4.1.22	知道邮局是做什么的						
2.4.1.23	自己写过信、信封，并邮过信						
2.4.1.24	知道银行（或信用社）是做什么的						
2.4.1.25	知道什么叫定期储蓄，什么叫活期储蓄、利息						
2.4.1.26	自己去银行或信用社存过钱、取过钱						
2.4.1.27	知道书店是做什么的						
2.4.1.28	自己能独立去书店购回自己需要的书						
2.4.1.29	知道图书馆是做什么的及博物馆的作用						
2.4.1.30	自己去图书馆借阅过书，参观过博物馆						

续表

代　号	训练内容	评　量					备　注
2.4.1.31	知道医院是做什么的						
2.4.1.32	去医院看过病（或由大人带领或自己去）						
2.4.1.33	会使用你所在地区的常用交通工具，如会骑自行车、会自己购车船票到常去的地方						
2.4.1.34	会利用交通工具去自己曾去过但不常去的地方						
2.4.1.35	会根据交通图或别人的介绍，参看站牌或价目表去未去过的地方						
2.4.1.36	能通过网络查询自己需要的信息						
2.4.2	了解民俗风情▲						
2.4.2.1	知道我国传统节日的时间、由来及风俗（如：春节除旧迎新，要包饺子、放鞭炮、拜年；九九重阳节敬老，登高；中秋节吃月饼，亲人团聚；端午节划龙船、吃粽子、纪念屈原等）						
2.4.2.2	知道国庆节、劳动节、妇女节、青年节、儿童节、教师节的时间及意义						
2.4.2.3	知道一些特殊纪念日的含义（如：一二·九、九·一八等）						
2.4.2.4	知道国家基本的政策、法令（如：改革开放政策、环境保护政策）						
2.4.2.5	关心国家大事（通过电视、广播、报纸等了解国家的政策及建设等情况）						
2.4.2.6	关心世界大事（如：中东、伊拉克战争，美国总统竞选）						
2.4.2.7	能关心自己家乡及社区的大事情（如：大桥的兴建、文物发掘、治安状况等）						
2.4.3	礼貌用语▲						
2.4.3.1	每天离开家时，能做到给家人打招呼："我上学了，爸妈再见"，或说"我到某小朋友家玩去了"						
2.4.3.2	回到家里会说："我回来了，爸爸、妈妈好！"						
2.4.3.3	遇到熟人、老师能打招呼问好						
2.4.3.4	客人来了会说"你好！请坐"。送客时会说"慢走，再见"等						

续表

代　号	训练内容	评　量					备　注
2.4.3.5	做错了事或给别人添了麻烦时会说："对不起""劳驾"，别人对你表示歉意时能说"没关系"						
2.4.3.6	对长辈用"您"等敬词						
2.4.3.7	向别人询问时能说："请问，老师／叔叔／伯伯／阿姨"，而不是不加称谓以"喂"，或直陈其事开头（比如："请问叔叔这个提包是您的吗？"比"喂，这个提包是你的吗？"有礼貌得多）						
2.4.3.8	能做到不说脏话、粗话						
2.4.4	交谈▲						
2.4.4.1	与人交谈时两眼能注视对方，侧耳倾听，并会以点头或"嗯"表示对对方谈话的注意						
2.4.4.2	交谈时注意对方表情，若对方有不注意的表情时能停止自己的谈话或修改谈话内容						
2.4.4.3	不随意打断对方谈话，对方讲完以后你再讲						
2.4.4.4	不一人抢着说话						
2.4.4.5	不一人夸夸其谈而忘了周围的人						
2.4.4.6	不要只是听别人说，自己一言不发（在别人谈话时你能插入一些评论或问话等）						
2.4.4.7	对对方问话能立刻作出应答（如：别人问你："你在哪个学校读书？"你应说："我在××学校读书。"而不能不作回答）						
2.4.4.8	如遇答不出的问题如实说："这个问题我不清楚。"不要不懂装懂						
2.4.4.9	注意说话不伤害他人（比如：说别人长了个死脑筋，长得太难看了，均属伤人之语）						
2.4.4.10	不谈及使对方伤心的事，和对方不愿谈及的事（如果你明知某小朋友没了爸爸，你就不能老问他爸爸是啥样的，在何处上班）						
2.4.4.11	交谈时能注意说话清楚、简明						
2.4.4.12	说话用词得当						
2.4.4.13	说话音量适度（不太大，太尖厉，也不过小）						

续表

代　号	训练内容	评　量					备　注
2.4.4.14	能注意语气平和（对长辈不用命令式如："奶奶，把鞋子给我拿过来！""妈妈真笨！"而是说："请奶奶把鞋子给我好吗？"对同辈也用平等、商量的口气）						
2.4.4.15	交谈态度诚恳、自然、朴实（不故作娇气、傲慢，不故意憋着嗓子说话）						
2.4.4.16	开会发言注意把握时间（不一个人大发言论，注意简洁，留些时间给别人，如开会发言规定了时间，一定遵守，不超时）						
2.4.4.17	交谈时，遇到突发情况能尽量克制自己不大发脾气，不大喊大叫						
2.4.4.18	打电话、上网、发送短信能注意文明用语						
2.4.5	交往▲						
2.4.5.1	与人交往表情大方坦然（不矫揉造作，不胆怯退缩，不骄傲狂妄）						
2.4.5.2	与人约定时间一定准时赴约，不迟到，不失约（如有特殊情况不能准时赴约，应事先通知对方表示歉意）						
2.4.5.3	与人商定的事情尽力按计划实行（比如：与同学商定某天某时去看老师由你准备礼物，你能按时准备好礼物，不论是出太阳还是下雨，不论是家里来了客人还是你比较疲倦，你都能按时前往）						
2.4.5.4	别人托你办的事只要你答应了，就要尽力去办（如：同学托你借一本书，你答应了此事，就不要忘了，应想办法借到本书）						
2.4.5.5	答应别人的事情若未办到，能有交代（比如：你答应为别人借一本书，你想了许多办法未借到，你能给他回话讲明原因而不是没有回复）						
2.4.5.6	不占别人的便宜（比如：买东西时售货员多补了你钱，你能将多余的退给他，而不占为己有）						
2.4.5.7	未经许可，不拿别人的东西（同学有一支你很喜欢的笔，一定要同学许可才能拿来用）						
2.4.5.8	借了别人的东西能够归还						

续表

代　号	训练内容	评　量					备　注
2.4.5.9	损坏了别人的东西，会马上说："对不起。"如果别人未发现，也不掩盖而能当面道歉，并能照价赔偿						
2.4.5.10	与同学或朋友发生矛盾后能想到他的好处，能以友好态度求得解决（或者忍让一步，或是推心置腹地谈谈而不是相互猜忌）						
2.4.5.11	当朋友、同学对不起你时，可以尽量做到谅解、宽容同学，而不打击、报复						
2.4.5.12	能接受别人善意的批评						
2.4.5.13	自己做错了事，或自己认为对不起人时，敢于承认自己的错误和缺点						
2.4.5.14	有改正和克服错误、缺点的实际行动						
2.4.5.15	看到朋友、同学的缺点，或不正确的行为能够善意指出						
2.4.5.16	不屈从于蛮横无理、霸道豪强的人（比如：某人要你把家里的东西偷出来交给他，否则就不与你玩，或者要欺侮你，你应敢于不听他的指令并与之抗争）						
2.4.5.17	对别人恶意攻击或不良行为有所提防并会应对（比如：某人无数次说你是猪，你可以回答他："看来你也高明不了多少。"如果某人纯属懒而以为你好欺总要你帮他拿东西，你可以推辞说："我们都有两只手，自己的事理当自己做。"某人外出为了占便宜总要你付款，而他从不掏腰包，你可以只付你那份）						
2.4.5.18	不做整人害人的事情（比如：挖陷阱，故意让人陷进坑里，或往饮用水里吐口水，等等）						
2.4.5.19	自己不愿做的事不强加于人（比如：你不愿挨别人打，你就不要去打别人；你不愿自己的房间又脏又乱，就不要弄脏别人的房间）						
2.4.5.20	同伴、朋友取得了好成绩时，能对他表示祝贺						
2.4.5.21	同伴、朋友超过了自己时能正确对待（一方面为同伴、朋友高兴；另一方面奋起直追。能注意追赶是靠自身努力，而不是贬低别人，甚至打击、诋毁别人）						

续表

代　号	训练内容	评　量					备　注
2.4.5.22	受到别人的关心、爱护能记在心中，并给别人以关心、爱护（比如：你没了笔，同学把自己的笔借给了你，下雨了他没带伞而你有，则可以先将他送回家）						
2.4.5.23	乐于帮助同伴、小孩、老年人、残疾人、妇女等需要帮助的人						
2.4.5.24	努力办好自己力所能及的事，力所不能及的事不勉强去做（比如：每天为班上取报纸，这事你能做到，就一定做好，但你不可能送某同学一部手机，这事就不必勉强去做）						
2.4.5.25	办事讲质量，不草率、马虎（比如：负责擦玻璃需里外都擦，用湿帕擦了又用干帕擦，直到擦得一尘不染。管理班上同学交纳的春游费能做到账钱相符，差一分钱都要再作清点，查找原因）						
2.4.5.26	办事讲速度，不拖沓，今日事，今日毕（比如：做算术，做得既好又快。洗衣机开着时，可以淘米、擦桌子。说好了今天练字就不要拖到明天，今天能收拾好书架，就一定今天完成）						
2.4.5.27	办事讲实效						
2.4.5.28	敢于承担责任，敢于做别人没有做过的事						

参考文献

［1］L.R.Marotz，等 . 儿健康安全与营养 [M]. 台北：心理出版社，1995.

［2］Priscilla Norton ，Karin M.Wiburg. 信息技术与教学创新 [M]. 吴洪健，倪男奇，译 . 北京：中国轻工业出版社，2002.

［3］Raymond M. Nakamura. 健康课堂管理——激发交流和纪律 [M]. 王建平，等，译 . 北京：中国轻工业出版社，2002.

［4］陈桂生 . 教育原理 [M]. 上海：华东师范大学出版社，1991.

［5］符绩才 . 小学安全教育读本 [M]. 广州：新世纪出版社，2002.

［6］金一鸣 . 教育原理 [M]. 合肥：安徽教育出版社，1999.

［7］李林静 . 学校卫生学 [M]. 重庆：西南师范大学出版社，1990.

［8］梁东标，汤礼深 . 班级心理辅导手册 [M]. 广州：广东教育出版社，2003.

［9］林进材 . 班级经营 [M]. 上海：华东师范大学出版社，2006.

［10］林孟平 . 辅导与心理治疗 [M]. 上海：上海教育出版社，2005.

［11］刘克兰 . 现代教学论 [M]. 重庆：西南师范大学出版社，1999.

［12］刘焜辉 . 辅导工作实务手册 [M]. 台北：天马文化事业有限公司，1986.

［13］沈玉顺 . 现代教育评价 [M]. 北京：中国对外翻译出版公司，2002.

［14］施良方，等 . 教育学理论：课堂教学的原理、策略与研究 [M]. 上海：华东师范大学出版社，2001.

［15］吴美慧，吴春勇，吴信贤 . 义工制度的理论与实施 [M]. 台北：心理出版社，1995.

［16］吴淑美 . 学前融合班教学策略篇 [M]. 台北：心理出版社，1998.

［17］吴武典 . 团体心理辅导手册 [M]. 台北：心理出版社，1999.

［18］吴增强 . 学校心理辅导通论 [M]. 上海：上海科技教育出版社，2004.

［19］许慧珍 . 教室管理 [M]. 台北：心理出版社，1987.

［20］叶立群 . 家庭教育学 [M]. 福州：福建教育出版社，1990.

［21］张文京，许家成，等 . 弱智儿童适应性功能教育课程与实践 [M]. 重庆：重庆出版社，2002.

［22］赵忠心 . 家庭教育学 [M]. 北京：人民教育出版社，2000.

［23］钟启泉.班级管理论 [M].上海：上海教育出版社，2001.

［24］陈文平.班主任对学校教育资源实施运作的方式分析 [J].常州师范专科学校学报，2003（1）.

［25］程福伦，刘大宇.合理配置教学资源的理性思考 [J].职业教育研究，2005（1）.

［26］杜全明.关于学校安全教育工作的探讨 [J].教学与管理，2001（9）.

［27］高月桂.谈谈幼儿园安全教育 [J].学前教育研究，1996（1）.

［28］韩红根.论学生的安全教育 [J].安全，2003，24（5）：7-8.

［29］李淑玲，廖雅琪.建立安全特色发展幼儿品德素质 [J].学前教育研究，1999（3）.

［30］刘秋芳.论全纳性教育课堂教学资源的有效利用 [J].教育理论与实践，2003（12）.

［31］万九妹.班级中安全教育的开展 [J].育人教育，2002（21）.

［32］吴嘉钰，储云.交通安全教育应从中小学生抓起 [J].学术论坛增刊，1998（S1）.

［33］杨四耕.师生关系与教学资源 [J].当代教育论坛，2003（8）.

［34］赵卓军.浅谈高校大学生的安全教育 [J].哈尔滨学院学报，2002（2）.

［35］郑俭，许家成.特殊教育网络资源的探索与启示 [J].中国特殊教育，2004（12）.

［36］朱良.学生校园的安全管理与安全教育 [J].学前教育研究，2003（12）.